长赢

先锋领航领先之道

Leadership Secrets from the Company
That Continues to Rewrite the Rules of the Investing Business

Charles D. Ellis　[美] 查尔斯·埃利斯　著
林宁宁　译

中信出版集团 | 北京

图书在版编目（CIP）数据

长赢：先锋领航领先之道 /（美）查尔斯·埃利斯著；林宁宁译 . -- 北京：中信出版社，2025.6.
ISBN 978-7-5217-7462-7

Ⅰ.F837.125

中国国家版本馆 CIP 数据核字第 2025BM4495 号

Inside Vanguard: Leadership Secrets from the Company That Continues to Rewrite the Rules of the Investing Business by Charles D. Ellis
Original edition copyright © 2023 by Charles D. Ellis. All rights reserved.
Simplified Chinese translation copyright © 2025 by CITIC Press Corporation
ALL RIGHTS RESERVED
本书仅限中国大陆地区发行销售

长赢——先锋领航领先之道
著者：　　[美]查尔斯·埃利斯
译者：　　林宁宁
出版发行：中信出版集团股份有限公司
（北京市朝阳区东三环北路 27 号嘉铭中心　邮编　100020）
承印者：　二河市中晟雅豪印务有限公司

开本：880mm×1230mm 1/32　　印张：11　　字数：248 千字
版次：2025 年 6 月第 1 版　　　　　印次：2025 年 6 月第 1 次印刷
京权图字：01-2025-0548　　　　　　书号：ISBN 978-7-5217-7462-7
定价：69.00 元

版权所有·侵权必究
如有印刷、装订问题，本公司负责调换。
服务热线：400-600-8099
投稿邮箱：author@citicpub.com

本书所获赞誉

没有人比查尔斯·埃利斯更适合讲述先锋领航集团这一杰出投资机构的故事了。埃利斯是一位才华横溢的作家，著有17本著作，其中《赢得输家的游戏》以敏锐的视角，给指数投资为何是最优投资策略提供了有力论据。埃利斯也是格林威治联合公司创始人，为金融服务企业提供战略规划和分析洞察。他撰写了高盛和美国资本集团等顶级投资公司的权威历史作品。他在著作《最伟大公司的7个秘密》中清晰地勾勒出成功的必备要素。

更为重要的是，埃利斯不仅是投资界的行家，而且是先锋领航集团的内部人士。他长期担任先锋领航集团董事，亲眼见证了这家公司的成长，以及那些使该公司成功吸引了超过8万亿美元个人和机构投资者资金的重大决策。在这本书中，你将了解到先锋领航集团创始人约翰·博格坚定不移的决心，以及杰出的继任领导者如何确保公司在快速增长的同时，继续传承机构标志性的独特文化。这个引人入胜的内幕故事向我们证明，将客户利益置于首位，确实可以打造出一家引领市场的行业巨头。

——伯顿·G. 马尔基尔，《漫步华尔街》作者

这是一本生动有趣、引人入胜、内容丰富的书！它详细描绘了先锋领航集团的领导者、愿景、理念、个性、冲突及市场动态。这些因素共同塑造了先锋领航集团，使其成为投资领域不可或缺的一部分。这本书还展示了先锋领航集团兴起的历程及未来的发展方向。查尔斯以其独特的风格，将有趣的逸事和关键的理念原则巧妙地结合在一起，讲述了一个先锋领航集团的内部故事。

——纳夫·纳瓦卡尔，哈佛管理公司首席执行官

作为投资管理领域一位资深的历史学家，埃利斯以其流畅的笔触和深刻的见解回顾了先锋领航集团的故事。他揭示了促使先锋领航集团崛起并持续成功的基本原则，并生动描绘了数十年来公司鲜明的创新领导者形象。读者如果有兴趣了解现代最具影响力和颠覆性的投资公司，那么阅读这本书将是一种极大的享受。

——罗伯特·华莱士，斯坦福大学首席投资官

这是一部扣人心弦的作品，记述了先锋领航集团及其特立独行的创始人引领资产管理行业进行根本性革新的故事。这本书节奏紧凑、洞见深刻，为我们提供了一个独特的视角，来理解成功的企业文化如何与其所处时代和面临的挑战紧密地联系在一起。先锋领航集团在两种近乎对立的管理文化中完成了过渡，直

面资产规模的指数级增长、技术水平的快速变革和激烈无比的竞争环境，成就了前所未有的辉煌。

——**古梅辛多·奥利韦罗斯，阿卜杜拉国王科技大学投资管理公司首席执行官兼首席信息官**

查尔斯·埃利斯以其敏锐的洞察力，为我们生动讲述了先锋领航集团的发展历程，并以此为基础，阐述了如何打造一家伟大的企业。我非常喜欢，强烈推荐！

——**塞思·亚历山大，麻省理工学院投资管理公司总裁**

查尔斯·埃利斯再次凭借其卓越的写作功底，为我们呈现了一段扣人心弦且富有洞见的历史。先锋领航集团为当今投资者习以为常的许多事物奠定了基础，如被动投资工具、交易所交易基金（ETF）、低成本投资选择，以及通过低费率、良好的治理和透明的运营惠及投资者而非投资公司的理念。如同他对高盛和美国资本集团历史的精彩叙述一样，查尔斯在讲述约翰·博格及先锋领航集团创建历程的同时，穿插了博格周围的人的幕后故事，其中有些人向博格发起挑战，有些人则与他并肩作战，共同构建起服务于散户和机构投资者的领先金融平台。

——**保拉·沃伦特，特许金融分析师，洛克菲勒大学副校长兼首席投资官**

谨以本书纪念
大卫·F. 斯文森和威廉·R. 鲁凯泽

目录

CONTENTS

序言   III

导言   先锋领航集团的传奇旅程   001

PART ONE 第一部分
打开机遇之门

第一章   青年博格   007
第二章   相得益彰的合并   019
第三章   风暴将至   039
第四章   对决威灵顿   057

PART TWO 第二部分
先锋领航的崛起之路

第五章   浴火重生   069
第六章   成本与费用关系   091
第七章   主动投资业务   109
第八章   指数投资业务   129
第九章   交易所交易基金   139

PART THREE

第三部分
建设企业帝国

第 十 章	权力更迭	147
第十一章	博格核心理念的传承	169
第十二章	伙伴重逢	175
第十三章	布伦南的方式	191
第十四章	资本力量	207
第十五章	飞轮效应	217
第十六章	蒂姆·巴克利的战略转型	231

PART FOUR

第四部分
引领与创新

第十七章	顾问业务	243
第十八章	划定边界	259
第十九章	展望未来	283

后记		291
附录1	交易所交易基金入门指南	297
附录2	布伦南的领导者指南	301
致谢		309
注释		315

序言

PREFACE

19世纪苏格兰哲学家托马斯·卡莱尔曾提出一个著名的论断："世界历史不过是伟人传记的汇编。"这种观点极具吸引力，它满足了我们内心深处对简单叙事的渴望，希望故事中的英雄与反派都清晰明了。

毕竟，我们无须用这种古老、陈旧的视角来观察世界。但即使在今天，好莱坞也在不断满足并强化我们对"主角"的向往，他们虽有各种瑕疵，但天赋异禀，单枪匹马就能改变历史的进程。现代版的蝙蝠侠故事甚至省略了他的助手罗宾。不过，现实生活总是更复杂，也更迷人。

如果说伟人能够塑造社会，那么社会同样可以塑造伟人。正如卡尔·马克思在《路易·波拿巴的雾月十八日》中所说："人们创造自己的历史，但是他们并不是随心所欲地创造，也不是在他们自己选定的条件下创造，而是在已经存在的、既定的、从过去承继下来的条件中进行创造。"

更深入的探索不可避免地向我们揭示，即便是最伟大的人物及其最令人印象深刻的成就,也是无数背后默默付出的人共同努力的结果。每有一个拿破仑,就有一个路易-尼古拉斯·达武或让·拉纳这样的将军或元帅,他们往往承担着构建帝国的大部分实际工作。

先锋领航集团的故事往往以约翰·博格开始,也以他作为结束。诚然,这家资金管理巨头的诞生很大程度上是由于其创始人的坚定意志,并深受他救世主般热情的影响。但将先锋领航集团的历程简化为一个人的故事,是极具误导性的。

很难想象有人能比查尔斯·埃利斯更适合记录先锋领航集团的真实历史了。他将内部人士的深刻洞见与行业资深人士的敏锐观察完美结合,为我们揭开了先锋领航集团的神秘面纱。

正如埃利斯所指出的那样,博格从不羞于把"圣杰克"的传奇形象置于更复杂的现实之上。例如,博格晚年认为他在普林斯顿大学发表的关于公募基金的论文体现了指数投资理念的核心。但人们如果不局限于博格精心挑选的语录而阅读更多的资料,并记起他在职业生涯的前25年里同样热衷于推广主动管理型基金,便会发现这一说法颇为牵强。

狂热的博格信徒可能会对埃利斯关于博格主义的某些质疑感到不悦。但其他读者或许会欣赏作者更为细腻的视角与洞见,理解先锋领航集团的非凡成功既得益于博格不断燃烧的驱动力,也离不开他众多能干的同事和继任者的共同努力。

威灵顿投资管理公司独立董事查尔斯·鲁特和博格的得力助理吉姆·里佩对先锋领航集团的诞生起到了至关重要的作用。天才"量化高手"扬·特瓦尔多夫斯基在先锋领航首只指数基金的创建中起到了不可或缺的作用,尽管这一产品起初惨遭失败,但最终成为先锋领航集团超越普通投资管理机构的关键。如果没有约翰·内夫这位因杰出的长期选股能力而闻名的传奇基金经理，先锋领航集团可能无法度过早期的艰难岁月。

债券部门负责人伊恩·麦金农打造了先锋领航集团庞大的固定收益部门，这对其成功至关重要。格斯·索特虽自谦为"猴子王"，但他对先锋领航集团在指数和量化投资领域取得的成就做出了巨大的贡献。比尔·麦克纳布则以高超的技巧带领先锋领航集团安然度过了金融危机。

或许最重要的人物还有杰克·布伦南，他与博格完美互补。这位勤奋、低调的波士顿人与富有远见、善于交际的费城人相辅相成，他在先锋领航集团许多最成功的宏大战略，如与Primecap投资管理公司的互利合作中，发挥了关键作用。虽然两人最终不欢而散，但不可否认，没有布伦南，先锋领航集团就不可能成为今天这个颠覆金融界的巨头。布伦南之于博格，正如马克·安东尼之于恺撒大帝（或者按照博格后来的看法，他是博格的马库斯·布鲁特斯）。

即便如此，这份名单也低估了在博格巨大的身影下默默耕耘的众多奉献者，他们确保了先锋领航集团的成功，却很少甚至从未获得在其他机构可能享有的外界声誉。比如杰夫·莫利托，他在互联网泡沫的顶峰时期坚决拒绝新发科技基金，为先锋领航集团赢得了稳健投资和客户至上的声誉。

所有这些人的共同努力创造了堪称辉煌的成就。即便是在今天，由于其低调的作风及远离华尔街中心的地理位置，先锋领航集团的庞大规模也常常被低估。

截至撰稿时，先锋领航集团管理着超过3 000万客户的8万亿美元资产，客户范围从神秘的主权财富基金到庞大的养老金计划，再到为退休生活每月进行少许储蓄的普通美国人、澳大利亚人和英国人。这使先锋领航集团轻松地成为仅次于贝莱德的世界第二大资管巨头，贝莱德主要通过激进收购策略实现迅速扩张，而先锋领航集团依靠的是稳健的内生增长。

在过去的 20 年里，先锋领航集团已成为指数基金的代名词，指数基金在其资产版图中占据 6.2 万亿美元的庞大规模。不过这模糊了一个事实，即先锋领航集团也管理着 1.7 万亿美元的传统主动管理型公募基金。仅凭这一点，这家最初以文书机构起家的公司就足以跻身全球十几家最大的资产管理公司之列。

先锋领航集团成功的核心原因并不难发现。博格经常半开玩笑地说，他对芝加哥大学尤金·法玛教授提出的有效市场假说（即主动管理型基金经理实际上难以战胜市场，这一理论支撑了第一代指数基金的发展）并不完全信服。但他坚信自己提出的成本至上假说（CMH），并通过独特的所有权结构和他自己不断树立的斯巴达式榜样，将这一理论深深地植入先锋领航集团的基因。

如今，先锋领航集团与生俱来的节俭作风在其总部体现得淋漓尽致。尽管先锋领航集团如今规模庞大、业绩傲人，以至改变了周边城镇的面貌，莫尔文周边几乎所有商务酒店都是为了服务于先锋领航集团的访客，但其员工办公的"船舰"即使与华尔街三线公司比也相形见绌。

更重要的是，低成本意味着先锋领航集团能够持续地压低价格，无论是在指数基金还是主动管理型基金领域。根据资产加权计算，先锋领航集团目前的平均费率仅为 0.09%。相比之下，根据晨星公司的数据，传统主动管理型公募基金的行业平均费率约为其7倍。

实际上，先锋领航集团的成本远低于几乎所有竞争对手，这些竞争对手需要取悦股东，满足一定的利润率和股息要求。对先锋领航集团的客户来说，这相当于在每场足球比赛开始时就比对手多进一球。

这种竞争优势对于成本极低的被动基金来说尤为明显。标普道琼斯指数公司估计，自20世纪90年代中期以来，股票指数基金已为美国投资者节约了累计3 650亿美元管理费。其中很大一部分可以直接归功于先锋领航集团。而且，这还不包括指数基金在这段时间内击败绝大多数主动管理型基金所带来的实际收益。

先锋领航集团的低费用策略偶尔会因为在技术上的保守投入导致客户体验不佳和技术故障问题，但这些小瑕疵并未影响其上升势头。2020年，先锋领航集团与印度IT（信息技术）巨头印孚瑟斯技术有限公司签署了一项重大合作协议，可能会改变其技术落后的名声。竞争对手必将密切关注此事。

即便如此，巨大的成功以及不可限量的发展前景也带来了一些问题。

贝莱德是一家全球巨头，但在美国公募基金行业，先锋领航集团占据绝对的主导地位。它控制着超过四分之一的美国市场份额，几乎相当于富达、贝莱德和美国资本集团的总和。有没有可能，在某一个转折点，先锋领航集团的成功从社会角度来看将成为一个问题？先锋领航集团的主导地位尽管是它应得的并且是对客户有利的，但是否会在某个时点变得无益甚至有害？

这也是博格在生命的最后阶段持续思考的问题。尽管他对学术界和传统投资界关于指数基金的种种质疑不以为然，但他承认自己对"指数基金行业具有许多寡头垄断特征的现实"感到不安。尽管这是一种罕见的为消费者带来看似积极的影响的寡头垄断，但博格认为，这种集中度在未来几年可能不会逆转，甚至会进一步加深，这一趋势并不一定符合"国家利益"。

当然，这需要考虑到博格晚年即使牺牲公司形象也要提升个人声誉的复杂性格。但他的担忧并非毫无根据。先锋领航集团不断扩大的规模将不可避免地将其拖入我们这个时代最具争议的议题。埃利斯明确地指出，先锋领航集团一直致力于"做正确的事"，并采用了大量实例作为佐证。但现实情况是，"正确"的定义往往因人而异，许多议题正在变得越来越两极分化。

例如，公司的一些客户可能认为，先锋领航集团应该尽最大努力向能源公司施压，要求它们停止勘探，甚至停止部分生产，以缓解气候危机。事实上，鉴于全球变暖可能引发社会经济灾难，他们可能认为先锋领航集团有义务这么做。其他客户则可能认为这一想法荒谬至极，他们认为先锋领航集团应该支持那些为经济活动提供基本原料的公司，强调先锋领航集团仅有的受托责任是实现客户回报最大化。

即使是智慧如所罗门王的人，也难以调和这些相互冲突且政治上敏感的争论。在极度被动和极度主动的股东之间寻求平衡，可能是先锋领航集团未来几十年的一项重大挑战。

然而，这正是成功的烦恼。先锋领航集团如今已成为金融界最举足轻重的公司之一，得益于近年来推出的多项雄心勃勃的战略举措，其未来的前景将比辉煌的过去更加光明。

先锋领航集团现已将目光投向价格高昂且常常表现不佳的投资顾问领域，致力于推广其在投资管理领域的成功模式。由布伦南的继任者比尔·麦克纳布于2015年推出的个人理财顾问服务业务，目前已经管理着2 430亿美元的资产。

在现任首席执行官蒂姆·巴克利的领导下，先锋领航集团的最新动作是与汉柏巍合作进军私募股权领域。这一举动看似与公司关于低费用和透明度的核心理念背道而驰，毕竟这些概念通常与私募股权行业并不相关，但私募股权领域可能成为先锋领航集团顾问与退休业务中的另一关键支柱。谁知道呢，或许先锋领航集团正在悄然策划着要将私募股权最终普及至大众层面？如果确实如此，那将是一场革命。

所以，拿一瓶博格最喜欢的便宜的赤霞珠红酒，坐下来读一读埃利斯关于先锋领航集团引人入胜、有血有肉的传奇故事吧。

罗宾·威格尔斯沃思
《金融时报》全球金融记者

导言　　　　　　　　　　　INTRODUCTION
先锋领航集团的传奇旅程

  大约 50 年前,先锋领航集团在传奇旅程开始时几乎一无所有:仅有的几十名员工大多是文职人员,负责处理 11 只公募基金的日常事务。投资者持续减少投资,基金规模不断萎缩。在销售和投资这两个公募基金的核心业务领域,先锋领航集团毫无作为,一度完全依赖于一个外部机构。该机构在经过日益激烈的争执后,最终终止了先锋领航集团创始人的职务。

  如今,先锋领航集团已成为世界上规模最大、最受推崇的公募基金机构。它服务于超过 3 000 万投资者和超过 8 万亿美元的资产,其规模超过 3 个主要竞争对手的总和。与此同时,它也是规模增长最快的投资机构之一。

  在其发展过程中,先锋领航集团不仅改变了公募基金行业的面貌,而且展现了在未来继续引领行业持续变革的强大潜力。

  如果你是 3 000 万将数万亿美元储蓄和投资托付给先锋领航集团的投资者之一,正如我、我的妻子、子女、孙子和我们的教会所做的那样,你会坚信自己的选择是正确的,因为先锋领航集团持续致力于推进低费率、高诚信的投资服务。如果你初次接触先锋领航集团及其服务于大大小小投资者的卓越承诺，你将了解这个充满美国精神的传奇故事是如何写就的，以及为何它仍是投资行业变革的主力军，持续惠及数百万投资者。

很少有大型组织在跨越数十年的动荡和变化后，依然将创始人的价值观和行为准则作为核心信条。但通过先锋领航集团的故事，读者将见证约翰·博格最初的信念如何发展成为今日先锋领航集团不朽的基因。读者将见证一位自称为"小企业家"的充满激情、创意和魄力的创业者，如何迎接爆炸式增长的管理规模带来的挑战，逐步建立起一套高效的组织系统，促进众多不同基金经理和团队之间的协作。如果没有约翰·博格的创新精神和不懈努力，先锋领航集团就不可能诞生、发展，也不可能在初期取得成功。同样，如果没有杰克·布伦南在恰当时机接任首席执行官，以及他的继任者比尔·麦克纳布和蒂姆·巴克利的贡献，先锋领航集团就不可能取得今天的非凡成就。

在先锋领航集团初创时期，低费率是投资者挑选资产管理人时众多标准中最不被看重的一条。然而，低费率最终成为先锋领航集团吸引投资者资产的一大亮点。在随后的超高利率环境下，一种新型公募基金——货币市场公募基金应运而生。这种基金投资于相同的低风险短期资产，如美国国债、商业票据等。由于这些基金极为相似，低费率便成为一个显著的竞争优势。低费率对投资者来说至关重要。先锋领航集团一直专注于控制运营成本，拥有行业内最低的费率，因此迅速占领了市场份额，吸引了大量资产。

不久后，先锋领航集团凭借这一显著优势迅速将业务范围扩展至应税债券和市政债券投资领域。投资者很快注意到这一点，先锋领航集团的资产随之飙升。随着资产规模的扩大，先锋领航集团得以继续降低管理成本和手续费用。紧接着，凭借同样的策略加上一些好运，公司成功进军股票市场。先锋领航集团推出了由约翰·内夫管理的股票基金，该基金不仅收益率表现出色，而且费率较低。随着先锋领航集团不断降低费率（而其他公募基金实际上却在提高费率），先锋领航集团声名鹊起，为越来越多的投资者所知。

先锋领航集团能够实施低成本、低费用的策略，主要得益于其独特的组织结构：先锋领航集团过去是，现在仍然是一个共同基金组织；先锋领航集团由先锋领航基金持有，从而间接地由基金的投资者持有，因此不存在忠诚度分歧问题，也不用像其他投资机构一样，通过提高利润来回馈公司所有者。

一个重要的市场机遇让先锋领航集团有机会在交易所交易基金（ETF）和指数基金领域建立起庞大的业务。近几十年来，主动投资管理领域发生了许多变化，使得主动基金经理的投资表现越来越难以超越指数。大多数主动基金经理的尝试都以失败告终。

主动投资管理领域的一大变化是竞争的加剧，这源于一种达尔文式的优胜劣汰过程，业绩不佳的基金经理被逐渐淘汰，仅有更优秀的基金经理能够留下来并继续竞争。另一大变化是，基金经理可获得的信息质量和数量均有大幅提升，信息传播的速度也明显加快。所有专业的市场参与者都配备了强大的计算机系统和彭博终端，能够即时访问和分析各种资讯。

交易量显著增加，特别是专业机构投资者的交易占比从不足 10%（当时银行业务仅限于单个州，美国银行有 1.4 万多家，小银行的信托部门便可以这样做）上升至超过 90%（大多由对冲基金和激进的主动基金经理完成）。这意味着，专业投资者大多数时间都在与其他专业投资者进行交易，他们几乎同时掌握着相同的优质信息，因此超越对手变得极为困难。成本和费用问题至关重要，并且越来越难以克服。长期来看，89% 的主动管理型基金未能达到其所选目标市场的基准表现，更不用说超越市场了。

这解释了为什么先锋领航集团的指数基金和 ETF 能够大幅增长。对其一系列主动管理型基金，先锋领航集团与基金经理协商降低费率的谈判能力也在投资者中建立了引人注目的优势。它在挑选和监督主动基金经理方面的经验也是如此。低费率产品也使先锋领航集团能够在美国 401（k）计划方面建立起庞大的业务，在退休金产业中占据日益重要的地位。

展望未来，只需稍微放缓其已经很低的费用下降的速度，先锋领航集团就能够年复一年地进行超过 5 亿美元的资本投资，在新的增值服务上不断创新，为当前和未来的投资者提供服务，持续引领投资服务行业的变革。先锋领航集团的传奇旅程仍在继续。

PART ONE

第一部分

打开机遇之门

第一章

青年博格

CHAPTER 1

杰克·博格出生于一个迅速衰落的富裕家庭。

他的父母，来自新泽西州蒙特克莱尔的威廉·耶茨·博格二世和来自布鲁克林的约瑟芬·洛兰·希普金斯，均于1896年出生在富裕家庭。他们于1924年结婚，居住在新泽西州维罗纳的豪宅中。洛兰的首对双胞胎女儿约瑟芬和洛兰在分娩中夭折，1927年她生下了儿子威廉·耶茨·博格三世，大家也称他为巴德。1929年5月8日，她又生下了一对双胞胎男孩——戴维·考德威尔·博格和约翰·克利夫顿·博格，她也叫后者杰克。

杰克的名字取自其祖父，他将自己的曾祖父菲兰德·巴尼斯特·阿姆斯特朗视作精神上的导师。阿姆斯特朗在保险行业工作期间多次发表演讲，并撰写一本书——《授权盗窃：人寿保险业如何从民众手中窃取数十亿美元》(*A License to Steal: How the Life Insurance Industry Robs Our Own People of Billions*)，试图号召读者每人捐献2.5美元加入保单持有者联盟，迫使保险公司"吐出通过欺诈性的法律、会计手段、死亡率估计、利润分配、充公程序及保费政策窃取的巨额财富"。①

多亏了遗产,博格家族享受了几年的奢华生活。在杰克的回忆中,他的母亲洛兰"既迷人又魅力四射,人人都爱她"[1]。威廉有时被人们戏称为"威尔士亲王",部分原因是长相似,但更多原因可能是其挥霍无度的生活作风。他在第一次世界大战期间是英国皇家飞行队的成员,他驾驶的索普威斯骆驼式战斗机在英国坠毁后,他去了美国砖业公司(American Brick)做销售,这是一家他父亲创立的公司。之后他又去了美国罐头公司(American Can),这家公司曾在1917年他父亲创办的另一家公司——卫生罐头公司(Sanitary Can)陷入财务困境时,对其进行了收购。然而,1929年的股市大崩盘彻底改变了他们的生活,威廉·博格继承的遗产化为乌有,博格一家,包括尚在襁褓中的双胞胎,从富裕的生活陷入日益严重的经济困境。

年幼的博格兄弟早早开始打工以贴补家用。10岁的杰克不仅送报纸和杂志,还在冰激凌店打工。他回忆说:"我不仅完成了工作,而且非常有责任心。"[2] 到了16岁,杰克和戴维跨过了第一个工资里程碑:"我的时薪超过了1美元!达到了1.04美元!"他们在新泽西州贝海德镇的邮局分拣邮件、盖销邮票。在财务上,杰克学会了精打细算,并始终保持前进的动力。"我想,没有什么比认识到你必须为自己想要的东西努力工作更有益的

---

① 然而,1907年,阿姆斯特朗担任卓越火灾保险公司(Excelsior Fire Insurance Company)总裁期间,该公司被纽约州总检察长和保险监管局置于破产管理中。据称,这家小公司的30万美元资本金中有13.75万美元从未入账,而是虚构了信贷。

了,"他后来回忆说,"这是一种伟大的恩惠。当你在年轻时就开始工作、与社会打交道时,你会学到人际沟通和准时上班的重要性,你会知道有时候老板真的很严苛,你会知道'顾客永远是对的'。"杰克还学会了运用其独特的感知构建一个自我保护的幻想世界,并懂得了如何持续且令人信服地将这个内心世界展现给他人。

杰克·博格谈论起他的父母时总是十分深情。"我父亲从小就是个花花公子,过着菲茨杰拉德夫妇式的社交生活。他试图销售砖块,但有一天他对自己说,'这个家伙今天不想买砖'。于是他就去了街对面的酒吧。"他父亲很快成为一个酒鬼。在经历了 20 世纪 30 年代和 40 年代初一连串的工作挫折后,他最终失业了,酗酒情况更加严重。他不得不卖掉维罗纳的房子,博格一家搬进洛兰父母在莱克伍德的房子住了两年(可能是免租金的)。然后,为了进一步节省开销,他们搬到了泽西肖尔。

到 1945 年,他们只能搬到费城附近的阿德莫尔,住在一栋普通住宅三楼的一套两居室公寓里。两个房间之间有一个咖啡机和一个电热板。(有时,博格的故事会被改写为一家人住在一个曾经是车库的地方,年幼的杰克睡在泥地上。)博格家的晚餐通常在附近的 Horn & Hardart 餐厅解决,这是一家以售卖机自动出餐而闻名的连锁店。博格很快解释说:"我们没有去自动售货区,我们坐下来正常用餐。"[3] 多年后,他和两个兄弟轮流给患有宫颈癌的母亲注射杜冷丁(哌替啶)以止痛。"她在一家小服装店日复一日地工作。天哪,我的母亲做出了多么大的牺牲!"博格感叹,"你无法想象她背负的重担。"

在他 80 多岁的时候,博格依然珍视与父母的回忆,并按照

第一章 青年博格

他希望的方式看待这个世界。"我爱我的父亲,现在仍然爱他。他尽力了。在我父母的眼里,我是个乖孩子。我的母亲给我读《小火车头做到了》。一切都很美好。我始终认为我们有一个非常、非常棒的家庭。"他停顿了一下,继续说,"我学会了储蓄,为买一辆自行车而存钱。"又停顿了一下,"我不喜欢花钱。从来都不喜欢。"[4]

在杰克的孪生兄弟专心于学业和艺术的同时,杰克和他的哥哥巴德之间却产生了强烈的胜负欲。"我们总是打架,动真格的那种,互相投掷石头或用锤子砸对方。"巴德回忆说,"那种暴力真的很诡异。

> "我不喜欢花钱。从来都不喜欢。"

正如尼采所言,'凡是杀不死你的,都会让你更强大'。"经过这些挑战,杰克变得更加坚韧了。"成长在一个充满挑战的家庭中,你要么挺过来,要么垮掉。"他回忆说,"挺过来的人,比那些生活一帆风顺、以为世界任我驰骋的人要强大得多。为了挣钱谋生而工作和因为热爱而工作,是两种截然不同的体验。"

巴德学到了惨痛的人生教训。多年后他回忆说,他保护弟弟杰克免受"父亲陷入的各种不良行径的影响,包括酗酒、女色和放纵。我是那个必须找到该死的酒瓶并当着他的

> "成长在一个充满挑战的家庭中,你要么挺过来,要么垮掉。"他回忆说,"挺过来的人,比那些生活一帆风顺、以为世界任我驰骋的人要强大得多。为了挣钱谋生而工作和因为热爱而工作,是两种截然不同的体验。"

面砸碎的人",这一幕让父子俩都泪流满面。"那真是太可怕了。目睹家中发生的一切对我来说实在太过沉重。"因此,他选择离开家,到康涅狄格州与母亲的哥哥克利夫顿·阿姆斯特朗·希普金斯同住,后者在华尔街工作。在克利夫顿的帮助下,洛兰为她的儿子们在有着百年历史的布莱尔学院争取到了勤工俭学奖学金。巴德在一年后毕业,杰克和戴维则在两年后,也就是1947年完成了学业。布莱尔学院对杰克来说是一片沃土,杰克也回馈了布莱尔,成为学院历史上最大的捐赠者,并担任了多年的校董。

回顾在布莱尔学院的岁月,杰克说:"我是个非常内向的人。我的兄弟们比我交友广泛,这是毫无疑问的。大多数时候,我喜欢独处。我拥有丰富的想象力和许多志向,我也将它们一一实现了,包括成为学生服务员的队长。"布莱尔学院严格的学术要求对杰克产生了至关重要的影响,学院经历成为他一生的转折点。"我一生中几乎所有的成就都始于那里。"即使是70年后,博格仍然记得,"我在杰西·威瑟斯庞·盖奇的代数课上最初只得了糟糕的40分,最终却以100分的成绩结业。据说这是盖奇给出的唯一满分。"杰克特别擅长数学问题,尤其擅长使用计算尺。

杰克以优异的成绩毕业,被同学们评为"最佳学生"和"最有可能成功的人"。即便如此,他也未成为在毕业典礼上致辞的最优秀毕业生,他以极小的分差错失了这一荣誉,只能作为第二名发言。此时,杰克展现出他成年后一再显露的强烈胜负欲,他找到几位老师,请求他们重新考虑他的分数,希望能以班级第一的成绩毕业。但他未能如愿。晚年时,他仍然坚信排名第二不够好,甚至引用了填字游戏中对"获得第二名"的定义,即

"失败"。[5]

考虑到家庭的经济状况,博格三兄弟中只有一个人有机会上大学,其余两人必须工作以支持家庭。显而易见,如果能够获得足够的经济援助,那么凭借杰克在布莱尔学院的出色表现和强烈的竞争意识,他将成为那个有幸上大学的人。最终杰克做到了,他凭借一份慷慨的奖学金进入普林斯顿大学,加上勤工俭学的收入,他足以支付大学的全部费用。

在杰克就读普林斯顿大学期间,巴德加入了海军陆战队并驻扎在日本。家中的情况越发恶化。退伍后不久,巴德不得不向他的父亲坦陈:"你的妻子、我的母亲和我,已经无法再忍受了。"巴德含泪将父亲送上了开往纽约的火车。几十年后,杰克以其一贯的方式淡化了这段创伤,只愿意说"他们分开了"。

作为普林斯顿大学的奖学金学生,杰克感到了属于自己的"分隔线"。普林斯顿大学的专属餐饮俱乐部主导着校园的社交生活。属于"正确的"俱乐部非常重要,一些成员并不愿意把奖学金学生视作平等的成员。杰克成为最负盛名的常春藤俱乐部的一员。在那里,作为一名奖学金学生,他成为服务员。在某些方面,他似乎"融入"了圈子,但从另一方面来看,他又被拒之门外。

为了挣够生活费和学费,杰克同时打两份工。除了每周最多工作30小时的服务员工作(就像在布莱尔学院一样),他还在体育协会学生票务办公室工作,后来还当上了经理。"我每周工作40小时。"大二时,他的成绩下滑到普林斯顿大学的 C 级,差点儿失去奖学金。他不得不将平均分提高到 B,第二年又提高到 B+。

随后，杰克在暑假找到了一份每周 40 美元的工作，在《费城公报》担任通讯员，负责报道第十街和杰斐逊街辖区的治安情况。一个周日早晨，他在接获一起火灾讯息时，并未前往现场查看便草草报道了一篇常规新闻。一位老练的编辑心生怀疑，问道："那里的房子是什么颜色的？"杰克无从回答。这次经历让他悟出一个人生道理："没有捷径！说出事实，说出全部事实，只说事实，别无选择。"[6] 即使这有时意味着需要一些精挑细选的修饰。

由于数学方面的天赋，杰克被经济学吸引了。在杰克大二那年，保罗·萨缪尔森的《经济学：入门分析》(Economics: An Introductory Analysis) 首次出版。"这本书让我对经济学世界有了全新的认识，我看到了一个我之前完全不了解的新世界。经济学是一种法则体系，是准科学甚至是科学。"[7]（1993 年，萨缪尔森为《博格谈公募基金：基金投资者的明智选择》撰写了序言。[8]）

到了大三，杰克开始为他的毕业论文找选题。作为博格，他追求的是独一无二的选题。他在《财富》杂志 1949 年 12 月刊上找到了灵感，一篇题为《波士顿的巨额财富》的文章分析了当时全美最大的公募基金——管理着 1 亿美元资产的马萨诸塞投资者信托基金。回过头来看，"巨额财富"似乎是个不太恰当的说法。70 年前，所有公募基金管理的总资产加起来也只有 20 亿美元，仅占家庭储蓄的 1%。这篇文章虽然指出"公募基金可能看起来微不足道"，但也认为它是"一个迅速扩张并颇具争议的行业，拥有巨大的潜在价值"。这为杰克提供了一个展现自我、独立研究、发挥他写作和数学技能并做出成绩的机

第一章　青年博格

会。他130页的论文《投资公司的经济角色》获得了最高评级1+（在普林斯顿大学，最高成绩是1+，而非A+）。这意味着杰克将以优等成绩毕业。正如他后来所说："我感觉自己像在天堂一样！"[9]

遗憾的是，他的母亲在1951年2月去世，正是杰克从普林斯顿大学毕业的那一年。同年晚些时候，他的父亲在表维医院因中风去世。父母去世时都是55岁，杰克当时只有21岁。即使在他生命的最后时刻，回忆起那段家庭时光，他的双眼也会噙满泪水。

在普林斯顿大学，博格已经展现出了他的核心特质：才华横溢、胆识过人、独立无畏、想象丰富、坚韧不拔、敢于冒险、目光长远，以及对个人生活的浪漫情怀。这些特质多年后汇聚在一起，使他成为他那一代人中最成功的企业家之一，直接影响了数百万个人投资者及其家庭，并对公募基金行业产生了深远的影响。大约70年后，博格富有哲理地说："我个人已经属于过去，但我的思想将继续主导未来。"[10]

任何读者都无法不被博格普林斯顿大学毕业论文的广度和深度打动，这是一位年轻人对一个鲜为人知且历史短暂的行业进行的深入研究。正如任何一篇关于新兴行业及其前景的长篇本科论文一样，因为该行业的未来充满活力，一切仍在发展中，所以一些精选的论文摘录可能富有前瞻性，而另一些摘录则可能显得天真幼稚。

多年后重读1951年的论文，他以典型的博格式自谦和自我鼓励写道："人们可能会期望，对64年前基于当时鲜为人知的主题所写的学术论文进行回顾性反思，可能会带来许多更正、道歉和重新思考。但这样的期待并不成立。我在论文中阐述的基本原理经受住了时间的考验……我的第一反应是,我并不是一个很出色的作家!我的第二反应是,对一个十几岁的孩子来说,这篇论文写得相当不错,尤其是考虑到那个时候我并不是世界上最聪明的孩子。"[11]

一个客观的评价者肯定会认同,这篇论文写得很好,研究内容丰富翔实,尤其是对一个本科生来说。文章在原创观点和相关的统计数据、表格和图表中实现了平衡。但鉴于后来博格作为行业公认的思想领袖经常引用自己的论文,对他的自我评价进行一些严格的审视似乎是公道的。总而言之,在有了50年的行业经验和后见之明后,博格表示:"我以惊人的准确度击中了我的大部分目标。"好吧,或许并不是大部分。但那篇大学论文为先锋领航集团的一些原则奠定了基础,使其成为行业中独一无二的存在。以下是其中的核心理念:

诚信服务。杰克·博格不仅将先锋领航集团打造成了诚信的标杆,并且不断敦促行业变革,与他同行。有多少投资者知道,在长达15年的时间跨度中,近九成主动管理型公募基金的回报率都未能超过它们选择的市场基准?公募基金行业历来不以坦诚著称,总是倾向于夸大正面成绩,却对负面情况轻描淡写。

股东至上。"我在论文中曾正确指出",行业的"理想目标"是将客户的利益放在首位。这种理想主义与当时行业的实际情况相去甚远,甚至与博格早年在威灵顿投资管理公司的实践也相去甚远,但30年后却成为先锋领航集团显著且独特的核心理念。正如晚年的博格经常说的那样，大多数基金公司主要关注的是公司的业务成功和利润，而非客户的利益。

指数基金。"我在论文中暗示了指数投资的强大理念，'基金无法声称自己超越市场平均水平'。"这一暗示几乎是微不足道的。将这一微小的暗示与指数投资缓慢起步半个世纪后的飞速发展联系起来，似乎有点儿牵强，尤其是对一个在职业生涯的前 25 年中积极推广和销售主动管理型基金的人来说。正如我们将看到的，博格只是为了在不违背董事会具体决策条款的情况下进行销售，别无他法地选择了指数基金，并且这一策略在 15 年后才开始有成效。

费用控制。基金的主动投资管理费用在经历了 50 年的大幅增长后，直到最近才开始下降。自博格撰写论文以来，基金的费用表总体上与经济理论相悖，尽管多年来基金交易量大增，费用却不降反升。直到离开原雇主并创立先锋领航集团数年后，博格才开始强调成本控制。

公司治理。公募基金在公司治理方面并未起到强有力的引领作用。直至最近，基金经理才从完全的袖手旁观态度中转变过来，开始对所投资公司的管理运作表现出兴趣。值得一提的是，今天在公司治理中走在前列的都是头部指数公司，如先锋领航集团、贝莱德和道富。

创企投资。几乎从未有公募基金投资于初创企业，实际上也确实不应该这样做，因为初创企业流动性差，给定价尤其是日常定价带来巨大困难。它们对大型公募基金公司来说体量太小，不足以"移动业绩的银针"。创企投资需要特殊的技能，如果成功了，将会为投资者带来非同寻常的回报。

在 20 世纪 40 年代至 60 年代的行业起步阶段，公募基金处于一种混乱、竞争激烈、以销售为导向的状态。随着个人和机构越来越多地投资于公募基金产品，该行业才逐渐拥有可观的盈利。虽然行业正在向博格年轻时所期待的方向发展，体量逐渐增长并逐步获得了投资者的信任，但这种进步十分缓慢，仍主要由外力推动。这给了博格批评同行及其竞争对手的机会。博格被公认是公募基金行业最严厉的批评者，特别是在其职业生涯的晚期。

> 博格被公认是公募基金行业最严厉的批评者，特别是在其职业生涯的晚期。

博格的成长经历足以压垮大多数人。他面对着酗酒的父亲，对亲戚的经济依赖日益增长，孩子们为了减轻家庭负担不得不早早开始工作。家庭生活环境每况愈下，他们不断搬到更小的房子中，最终一家五口挤在两个房间里，走廊里放一个电热板。这一切会使大多数孩子受挫，但博格并未被击垮。

他一生中经历了 6 次心脏病发作，并最终接受了心脏移植手术，这样的健康状况足以让大多数人退居二线。但博格从未退缩。

他所经历的一系列职业挫折足以让大多数高管气馁，选择退休并舔舐伤口。但博格百折不挠。

博格总是与众不同。他那种"我永远是对的"的固执态度，为自己的成年生活带来了无数挑战，也为他铺就了一条非凡的成功之路。他是一位智慧而坚忍的战士，他的毅力和动力远超周围人的想象。博格不仅在量化分析方面颇具天赋，而且是一位极富创造力的梦想家和企业家，有着"不顾一切勇往直前"的动力。

在这一切结束前,博格取得了非凡的成就:

- 他构思、创建并设立了世界上规模最大、最受尊敬和最值得信赖的投资机构之一,为3 000多万投资者提供服务,管理着超过8万亿美元的投资储蓄。
- 他成为曾经被认为是离经叛道的信仰和原则的最著名、最令人钦佩的倡导者之一,而这些理念和原则正日益被接受为投资宝典。一群自称为"博格信徒"的忠实粉丝,每年都会与他聚会。他们通过书籍和活跃的网站积极推广他的核心理念,传播理性、成功的长期投资原则。
- 他成为布莱尔学院最大的捐赠者和筹款人、任期最长的校董,学院内有两座重要建筑以他的家族成员命名。他资助了众多博格学者,是普林斯顿大学公民参与中心的重要捐赠者,并主导了费城国家宪法中心的资金募集活动。
- 他出版了12本书,认为这将"使我免于被遗忘"。他获得普林斯顿大学和其他13所大学的荣誉学位,当选美国艺术与科学院院士,长年热衷于壁球和网球比赛。

尽管他的妻子总是徒劳地恳求:"杰克,你不能再这样下去了,你必须停下来。"但年近90岁的他却无法停下脚步。这不是博格的风格。他仍有东西要证明。正如他对一位职场密友所说:"如果我停下来,我就会死!"[12]

第二章
相得益彰的合并

CHAPTER 2

杰克·博格在寻找毕业后的首份工作时,命运之神对他眷顾有加。他在普林斯顿大学餐饮俱乐部经理沃尔特·麦格斯勒那里,偶遇了从事公募基金行业的前俱乐部成员沃尔特·摩根。麦格斯勒向摩根极力推荐博格,并提到了他关于公募基金的毕业论文。摩根起初不太愿意,他认为普林斯顿大学的学生大多喜欢安逸,不愿勤劳苦干。但出于对麦格斯勒的尊重,他让自己的两位资深员工 A. 莫耶·库尔普和约瑟夫·E. 韦尔奇去见见博格。见面后,他们为这位年轻人对行业的深刻见解所打动,极力建议摩根读读博格的论文。摩根阅读后大为赞赏,甚至鼓励所有员工都读这篇论文,他评价说:"他对基金业务的理解比我们所有人都要深刻!"[1]

摩根尽管决心聘用博格,却仍然故作犹豫,对博格说:"我不确定我们应该怎样安排你,我们似乎并不真的需要人手。"博格也不甘示弱,明确表示其他机构对他也很感兴趣,一家大银行已经向他发出了正式的工作邀请。这促使摩根直言:"杰克,你在银行是没有未来的!银行业太无聊了!加入我们吧,我们是一家快速成长的公司,你将成为我们的核心力量之一。"

起初,博格犹豫不定。他自小就是一名财务上的保守派,对银行业的稳定充满向往,但他也有雄心壮志,渴望在一个能够充分发挥自己创造力和企业家精神的投资公司大展身手。到了1951年,公募基金逐步获得市场的认可,吸引了百万投资者,尽管当时的平均投资规模仅有3 000美元。博格在1951年7月9日加入了摩根的威灵顿公司。当时,威灵顿管理的总资产仅为1.94亿美元,占行业市场份额的6.2%。

博格与早他几天入职的吉姆·弗伦奇共同完成了他的第一项工作任务,弗伦奇后来成为威灵顿的交易主管。这是一项文书工作,演示摩根最近发明的股息再投资计划的优势,告诉投资者,如果在过去的15年里投入1万美元,将会产生怎样的收益。弗伦奇有一台新的计算器,博格则手持一把计算尺,但他打赌自己可以更快地算出答案。博格赢了。

在这样的基层岗位历练数月后,博格逐步晋升,开始协助沃尔特·摩根撰写股东报告和致投资者的信函,这项工作他做了7年,通常需要反复打磨修改,才能达到摩根的要求(博格后来也是这样要求其他人的)。大约一年后,他的职责扩展到公关领域,包括向销售团队和行业组织发表演讲。他擅长使用简练风趣的"金句",对股市动态、公募基金趋势及经济环境发表见解。这是博格成长为公关大师的开端。他凭借对数据的高超组织技巧和天赋,总能巧妙地展现威灵顿的亮点。博格专注于成为销售领域的"外部担当",却从不涉足研究、投资组合管理或基金运作等"内部人士"的核心业务。

沃尔特·摩根的坚韧性格是其一生艰苦磨炼的结果。他目睹祖父在金矿炒作等投资骗局中损失了毕生积蓄，他在1920年从普林斯顿大学毕业不久，也差一点儿步了祖父的后尘。其中一项这样的"投资"是一个疯狂的石油勘探计划。另一项则涉及本地公用事业公司的拟议合并，其中他的头寸使用了高达90%的保证金杠杆。当拟议合并告吹时，股价应声暴跌，摩根不得不向家人借款平仓。

摩根深知，仅凭普林斯顿大学的经济学学位并不足以取得成功。于是，他投身费城的皮特·马威克·米切尔会计师事务所积累实战经验。这份工作月薪125美元。夜间，他则进修金融课程。几年后，因请求加薪被拒，他转投哈斯金斯·塞尔斯会计师事务所，并取得了注册会计师资格。后来在祖父的激励与敦促下，他决定自立门户，"哪怕只开一个小花生摊"，也要开启属于自己的事业。他创立了摩根会计师事务所，提供税务与投资顾问服务，"将我所有的想象力和冒险精神与我积累的分析经验和会计技能结合起来"。

在20世纪20年代，大多数投资公司或公募基金采用"封闭式"运作模式。像普通上市公司股票一样，这些基金份额可以在二级市场上交易。基金价格既受所持有资产价值的影响，也取决于买家的出价。除了投资证券的相关风险，这种模式还增加了基金交易价格低于基金内在价值的风险。为了避免这种风险，第一只"开放式"公募基金——马萨诸塞投资者信托基金于1924年3月成立。这只基金仅有200名投资者，并进行了一项重要的创新，即投资者可以在交易日以基金投资组合中的每股精确收盘价买卖基金份额。①

在狂飙突进的 20 年代，股市涨了 4 倍多，吸引了数百万没有投资经验的新手。摩根发现自己一遍又一遍地给客户提供相同的建议：分散投资，平衡股债配置，着眼长远。他决心成立一个开放式投资信托基金，因为他知道他必须通过向个人投资者零售基金份额来筹集资金。为了满足监管机构要求的最低 10 万美元的启动资金，他自己投入了 2.5 万美元，从一位富裕的会计客户那里筹得另外 2.5 万美元，并通过家人和朋友筹集了剩余资金。大部分新资本并非现金，而是各种公司的股票，包括许多知名的蓝筹股。1929 年 7 月，摩根在股市大崩盘前夕开设了他的新基金。

> 摩根发现自己一遍又一遍地给客户提供相同的建议：分散投资，平衡股债配置，着眼长远。

摩根最初将该基金命名为工业电力证券公司，他认为："这是一个符合时代精神的名字，能唤起人们对美国工业的雄伟想象，向投资者展现了一幅日益壮大的经济动力图景，似乎能满足投资者的一切期待。"但后来，他将它斥为"一个没人能记住的名字"。该基金不同于典型的公募基金，后者大多 100% 投资于股票。鉴于他和家人近期在股市上遭受的损失，他将基金设计成一种股债"平衡型"基金，分散投资于蓝筹股和优质债券。摩根

---

① 当时市场上有超过 250 家封闭式信托基金，利用杠杆投资于公司股票、债券或房地产。开放式基金虽然在美国是新事物，但在英国却很常见。

还回避了当时许多封闭式基金为追求高收益而常用的债务杠杆策略。在牛市中，投资者预期获得超额回报，许多封闭式基金的价格远超其净资产的100%。正如摩根所学到的，杠杆的力量是双向的，既能放大收益，也会放大损失。

幸运的是，在新基金成立初期，摩根采纳了两位投资顾问的建议，他们分别是费城国民银行的投资主管布兰登·巴林杰和投资银行家 A. 莫耶·库尔普，正是后者推荐摩根雇用了博格。他们建议将基金的股票配置比例从占总资产的75%降至33%。当年，随着市场暴跌，基金净值平均回撤幅度高达90%，而摩根的基金在7月按照每份12.74美元的价格发行，首年每份仅亏损了45美分。特别幸运的是，摩根在股市大崩盘前以每股124美元的价格卖掉了当时费城商业巨头柯蒂斯出版公司的股票。该股票在随后的3年中暴跌96%，降至每股5美元。作为一只平衡型基金，摩根的基金大量持有受益于利率下行的债券和现金。这一睿智之举引起了投资者的关注。由于良好的业绩，基金首年便吸引了众多新投资者，资产规模翻了一番，次年又增长了53%。

然而，随着挑战重重的20世纪30年代滚滚向前，摩根的基金规模停止了增长。摩根意识到，销售（分销）对未来的增长至关重要，而基金原来的名字记忆度过低，于是他在1935年将基金更名为威灵顿基金，与他几年前成立的投资管理公司的名字保持一致。（他研究过第一代威灵顿公爵阿瑟·韦尔斯利，并对其深表钦佩。他认为这个名字具有"难以形容的高贵气质，极其适合作为一家保守金融机构的名称"。）为了充分宣传基金优异的历史表现，他聘请了销售团队，向费城、纽约、哈特福德和波士顿的证券交易商进行推销，尤其是对月度定期投资计划进行了重点宣传。这种"每月固定投资一定金额，持续投资10年"的方案，最早是由威灵顿基金的头部销售商阿尔文·J.威尔金斯提出的。到1935年末，威灵顿基金的规模已增长至100万美元（相当于今天的约1 900万美元）。该基金在1939年德国入侵波兰之前成功募资，因此在1939—1944年轻松跑赢了市场。

得益于第二次世界大战的结束、持续的销售攻势以及股市的飙升，威灵顿基金的资产达到2 500万美元。它迫切需要一支更大的管理团队。摩根说服莫耶·库尔普从投资顾问升任全职投资主管，并提拔阿尔文·威尔金斯为销售主管，约瑟夫·韦尔奇则成为执行副总裁。该基金持续增长，1949年其资产规模达到1亿美元，两年后又升至1.9亿美元。威灵顿基金迅速成长为美国第四大公募基金，沃尔特·摩根也成为这个竞争激烈的以销售为导向的行业公认的领导者。

到了1955年，当基金的资产规模增至6亿美元时，摩根将博格提拔为威灵顿投资管理公司的副手，赋予他更大的职权，但仍然坚持要求完美。博格在这一职位上工作了7年，他后来回忆说："显然，我是那种无论做什么事情都想要掌控一切的人。我可能并非天生聪慧，但我很有决心。"几年后，他开始负责市场营销工作。摩根开始视博格为潜在的接班人，前提是他能证明自己是一位积极进取的领导者。

> 摩根开始视博格为潜在的接班人，前提是他能证明自己是一位积极进取的领导者。

然而，到了 20 世纪 50 年代末，麻烦接踵而至。在股票牛市和债券熊市的背景下，威灵顿平衡型公募基金的理念被全股票公募基金的光芒掩盖。机智如博格，他提出了威灵顿着力推广的"6%方案"。这一策略其实更多是一种语义游戏。该方案计划每年将威灵顿基金市值的 6% 以现金形式支付，就好像这是股息。虽然这些巨额"派息"中的一部分确实来自股息或者债券投资的利息，但剩余部分来自资本利得。这种策略通过将股息与资本利得结合起来，为股东创造了一笔可观的现金"派息"，足以吸引那些渴望获得大笔现金分配的不了解情况的个人投资者，他们愿意听信销售人员的保证，认为这些分配"几乎等同于股息"。实际上，近三分之一的"派息"只是资本的回报。这种做法引起了竞争对手的不满，1950 年，美国全国证券交易商协会禁止将资本利得与股息合并的做法。但博格和威灵顿继续进行这种投资者乐于接受的"派息"，尽管他们并没有明确声称这就是股息。到了 20 世纪 60 年代，"派息"中来自资本利得的部分几乎与来自股息和利息的份额一样大。

博格后来回忆说："每年，莫耶·库尔普都会和我聚在一起，我会问：'我们能实现的股息和利息收入有这么多，你能用资本利得来补足剩下的部分吗？'这种做法持续了几年，但我们知道它不可能无休止地继续下去。我们正在耗尽未实现的资本利得。随着时间的推移，资本利得被一再提取，直到再也没有剩余。几乎在同一时间，积极成长型基金吸引了经纪人和公募基金投资者所有的注意力。"他含蓄地补充说："威灵顿的表现并不算差，但确实低于平均水平。"实际上，威灵顿基金在公募基金市场的定位是错误的，业绩不佳，试图依靠误导的手段留住投资者，最终陷进看似缓慢却不可避免的衰败之中。当资本利得被使用殆尽时，博格回忆说："1970 年，在我的提议下，董事会勉强批准了从盈余中派息 25% 的方案……虽然我不太喜欢这个主意，但它似乎奏效了。"[2]

在公募基金行业，质变与量变同等重要。80 年前，公募基金并不怎么受欢迎，而是需要被推销的产品。股票经纪人是主要的销售渠道。这群人收入水平偏低，较为功利，总是在考虑"我能从中获得什么好处"。经纪人通常只会将小额账户引导至公募基金。当时的股票交易佣金高达每股 40 美分，至少是今天费率的 4 倍，经纪人通过引导大额投资者频繁交易个股账户可以赚更多钱。

因此，公募基金需要为销售人员及其所在公司提供强有力的财务激励。这种激励源自销售费用，通常占投资金额的 8.5%，从投资者投入的资金中直接扣除。举例来说，当一位投资者投资 100 美元时，实际上只有 91.50 美元被用于投资，剩下的 8.50 美元，也就是实际投入资金的 9.3%，被用于支付经纪人及其公司的费用。（对于大额购买，销售费用会按比例递减。）

博格越来越确信，尽管他的老板和导师沃尔特·摩根致力于自己创建的平衡型基金，却离公募基金的销售市场越来越远。摩根坚信，专注于单一类型的公募基金既是明智的营销策略，也是控制成本、保证盈利的关键。相比之下，博格认为推出多只基金将有助于吸引不同类型的投资者，因此他撰写了一份商业计划，最终促使威灵顿开发了一系列完备的基金产品。接受这一计划意味着需要克服摩根长期以来对单一基金和平衡型基金的双重坚持。

随着威灵顿基金表现的持续落后，摩根最终接受了博格的建议，顺应市场趋势推出一只全股票基金，最初命名为威灵顿股票基金。博格首次成为基金管理者，出任威灵顿股票基金的投资助理。该基金在首次发行中募集了令人满意的 3 300 万美元，其资产规模在 1959 年底增至 4 400 万美元。

20 世纪 50 年代，随着股票和债券市场的同步上涨，公募基金业务蓬勃发展。到 20 世纪 60 年代初，威灵顿投资管理公司旗下资产超过 10 亿美元，沃尔特·摩根决定让公司上市。他一如既往地强硬，决心保持对公司的严格控制权。他创建了两类股份，包括 86.78 万份 A 股，每份仅有一票投票权，还有由他和约瑟夫·韦尔奇持有的 1 万份 B 股，每份拥有 250 票投票权。在 340 万票投票权中，摩根和韦尔奇的 1 万份 B 股占据超过三分之二的投票权。

新成立的威灵顿股票基金在最初 3 年中表现出色，轻松跑赢市场，但在 1961 年市场下跌 8.7% 的情况下，该基金暴跌了 25%。当股市回暖时，投资委员会过于谨慎，担心可能只是短暂的反弹，未能迅速重新投资现金储备，因此基金再次表现不佳，销售陷入停滞。一位威灵顿基金的股东提起诉讼，声称股票基金的糟糕表现损害了规模更大的威灵顿基金的业绩。这一切都表明，威灵顿急需做出重大变革。

解决诉讼的一个简单办法是给股票基金取一个新的名字——"温莎基金"。更具意义的变化是 1964 年任命约翰·内夫为新的投资组合经理。在接下来的 32 年里，内夫成为投资界公认的顶尖专业人士，几乎没有人能像他那样在长时间内如此出色地管理一只大型公募基金。①

然而，威灵顿投资管理公司公开上市后仍面临诸多挑战。尽管威灵顿基金仍然为公司带来95%的收入，却面临资产持续流失和市场份额不断下降的困境。

1960年劳动节周末，当时31岁的博格在与他30岁的妹夫约翰·J.F."杰伊"·谢雷德打网球。博格正准备发球，突然感到一阵剧痛，眼前一道闪光，随即面色苍白。

"杰克，你还好吗？"

"杰伊，我需要停一下，"博格低声说，"我想我刚刚心脏病发作了。"这个想法似乎很荒谬，两人都笑了，很快又回到了比赛中。（博格后来回忆说，他赢下了那场比赛。）开车回家途中，他的状况恶化了，他的妻子伊夫驾车将他送去了医院。博格带着一种洞悉一切的微笑回忆说："我遇到了不小的麻烦。"他在医院住了6个星期。

在接下来的35年里，博格又经历了5次心脏病发作。一次发生在打壁球时，幸亏对手及时对他实施了胸部按压。另一次则是两名医生通过心肺复苏术使他的心脏再次跳动。"这让我的生活相当困难，"他干巴巴地说，"尽管如此，我总是满怀热情和专注地投入每一件事。如果你患上某种疾病，这并不算太坏。这肯定比什么都不做，只是坐以待毙要好得多。"[3]

---

① 美国资本集团的比尔·牛顿的业绩甚至更佳，但由于他所在的公司采取"多经理"方式管理基金，他的业绩并不为投资公众所知。

随着新的股票基金的推出,摩根开始将博格视为困境中的威灵顿投资管理公司的潜在接班人。新基金上市初期收益表现不佳,严重影响了销售业绩。总体而言,由于投资表现不佳和产品线过时,母公司在欣欣向荣的行业中却显出颓势。这让公司面临的问题更加糟糕,也更加明显。公司持续失去市场份额,这对一家新上市的公司来说绝非好事。

尽管已经通过各种巧妙的方式最大限度地提高了销售额,并尽可能延缓了赎回,但威灵顿投资管理公司的商业策略还是陷入了僵局。威灵顿基金的资金流入,30% 来自那些备受争议的 10 年期投资计划合约。在这些计划中,投资者第一年的"投资"实际上有一半用于支付高额的销售佣金,这是为了激励股票经纪人销售这些推广困难且十分耗时的锁定投资合约。通过分配这些经纪佣金,威灵顿能让一些公司(但不是最优秀的那些)推动其销售人员加大对威灵顿基金的销售力度。但对经纪人的物质激励只能在一定程度上起作用,现在他们越来越多地放弃威灵顿,转而销售那些更容易推广的"业绩"基金。总而言之,威灵顿已经用尽了老牌公募基金过时的强销策略。

20 世纪 50 年代,博格作为一名年轻高管,正在苦心钻研与媒体互动的艺术,力图成为媒体的"行业联系人"或"消息来源"。他的风格是:简明扼要、实事求是、独树一帜、引人深思,且通俗易懂;善于提供精辟的"金句";更重要的是,他随叫随到。随着岁月的

> 他的风格是:简明扼要、实事求是、独树一帜、引人深思,且通俗易懂;善于提供精辟的"金句";更重要的是,他随叫随到。

流逝和被引用次数的增加，他成为记者和读者心目中值得信赖的人。记者习惯于先联系博格，因为他总是那么乐于助人，始终站在常被忽视的普通投资者一边。自然而然，媒体也倾向于对博格和威灵顿进行正向报道。

正当年轻的博格步步高升的时候，规模庞大的威灵顿却日渐式微。按照资产流失的速度，公司只需几年就会沉没破产。作为一个精通数字的人，博格深入研究这些趋势，明白公司必须采取果断措施来解决问题，越大胆越好。公司的问题包括依赖单一的平衡型基金，缺乏强大的股票基金，投资人才匮乏，以及完全依赖公募基金业务等。作为一位充满斗志且精通业务的年轻领导者，博格坚信自己正处于恰当的时机，是采用大胆决策扭转乾坤的最佳人选。

摩根在 1965 年将博格从行政副总裁提拔为执行副总裁，并嘱咐他"不惜一切代价扭转公司局面"。一条可行的路径是招募一批才华横溢的基金经理，组建研究团队，创造卓越的投资业绩，然后将威灵顿重塑为一家充满活力、与时俱进的投资机构。但这需要投入巨额成本，可能需要 10 年甚至更长的时间，而且成功与否很难预料。在业内，威灵顿被贴上了守旧落后的标签。费城在投资领域的重要性也远不如纽约、波士顿或洛杉矶。在股票基金市场份额快速增长的同时，威灵顿唯一的一只股票基金却遭受重挫、步履维艰。重组和重塑威灵顿无疑是一条充满挑战和风险且成本高昂的道路。

当时，大型养老基金正从银行信托部门撤资，逐步转移到以投资收益为导向的投资管理公司。恰当的收购，尤其是那些能够拓展正在蓬勃发展的大型养老基金机构业务的收购，可以迅速实现公司的重塑战略，同时风险更小，成本也更低。正如博格后来所说："我那时年少轻狂、自信满满、行事冲动，但我在1966年找到了一劳永逸解决所有问题的方案。"

如果博格无法带领威灵顿超越"业绩"基金的表现，那么通过合并加入它们无疑是更好的选择。当时主要的公募基金包括富达、美国资本集团、德雷福斯、普特南、基石投资（Keystone）等，但它们的规模都太大了，因此他排除了它们。如果他能找到一家合适的投资管理公司，最好是业绩卓越的私人投资机构，威灵顿投资管理公司就可以利用其公开上市股票进行有针对性的精准收购。通过恰当的收购，博格可以低风险、低成本地快速重塑威灵顿投资管理公司。这将是面向未来的一次巨大飞跃，也是年轻的博格个人的巨大成就。

零售市场的机遇显而易见。威灵顿投资管理公司已经建立起一个强大的批发分销系统，通过零售经纪公司销售基金份额。威灵顿利用大额的"准现金"经纪佣金，以获得主要零售经纪公司的青睐。为了获得更多来自威灵顿的大额经纪佣金，这些公司会给予经纪人更多提成激励并设定"必须完成"的销售配额，确保其销售人员优先营销威灵顿投资管理公司的基金产品。

在20世纪60年代日益成熟的股票市场中，巴赫公司（Bache & Co.）是一家规模庞大但日渐衰落的老牌"电报行"经纪商，它在个人投资者市场中的份额正在流失，无法有效地与日益激增的新兴机构竞争业务。尽管如此，巴赫仍是威灵顿投资管理公司的主要分销商。两家公司对彼此都很重要。巴赫需要威灵顿的互惠佣金,而威灵顿需要巴赫的销售力量。①

1965年底,博格在与巴赫的全美公募基金销售经理约翰·C.扬辛共进午餐时,分享了他对公司的一些担忧。他故意漫不经心地说,他正在考虑收购一家具有投资人才和卓越投资业绩的公募基金公司。这家公司拥有威灵顿没有的一只业绩强劲的纯成长型基金,同时需要威灵顿所拥有的优势:可供回馈给经纪人的佣金,以激励他们对个人投资者的营销,以及一个强大的批发销售体系,能够通过零售经纪商进行分销。理想的收购对象需要具备三个关键特质:出色的投资人才团队、近年来优异的投资业绩,以及薄弱的销售组织,因为这将使得威灵顿投资管理公司在销售方面的优势更具吸引力。

扬辛正好知道一家合适的公司,这家公司位于波士顿,拥有出色的投资业绩,但几乎没有销售团队。"如果你真的考虑合并一只表现出色的热门基金,波士顿有一家公司管理着一只Ivest基金,业绩出色,但销售力量薄弱。他们还为富裕个人和机构客户提供优质顾问服务。这家公司由一个四人团队运营,你跟他们会非常合得来。"扬辛同意介绍博格与这家波士顿公司认识,它以四位主要负责人的名字命名,叫作桑代克·多兰·佩因·刘易斯公司(TDP&L)。

博格毫不犹豫地抓住了这个机会。正如他后来所说,"美总是存在于观赏者的眼中"。由于在收购方面毫无经验,他只看到

---

① 后来,巴赫公司从保诚保险公司获得大量资金注入,招募了一大批研究分析师,并全力投入大宗交易,但最终仍未能成功打入机构业务领域。

了巨大的美好前景。这家波士顿公司所管理的 Ivest 基金在全美所有公募基金中拥有最佳的 5 年业绩记录。过去 6 年多的时间里，标普 500 指数只翻了不到一番，上涨了 94%，而 Ivest 基金的收益率是其 4 倍，达到了 389%。[4]

尽管拥有亮眼的业绩，Ivest 基金的销售成绩却几乎为零，前一年仅有 1 700 万美元销售额。不需要丰富的想象力就能设想出博格在合并中所构想的即时机遇。威灵顿拥有强大的分销网络，Ivest 基金拥有出色的业绩表现。通过强强联合，博格将一举把威灵顿投资管理公司转变为一家强大的公司。不久后，他便与其他人将本次合并誉为"天作之合"。锦上添花的是，这家波士顿公司还拥有坚实的投资顾问部门。这将为威灵顿涉足养老基金管理和捐赠基金管理等快速增长的机构业务提供一个极具吸引力的入口。凭借威灵顿的销售实力和知名度，以及 Ivest 基金的业绩，博格确信基金的销售额可以轻松倍增。

36 岁的博格没有看到任何潜在风险。他知道自己是业内最了解情况、工作最努力的年轻领导者之一，这个行业正在经历快速的增长、重大的结构变革，并拥有广阔的发展前景。他确信，其他人（沃尔特·摩根、威灵顿的所有经理以及整个公募基金行业的从业者）很快就会见证他所预见的伟大战略举措。

博格没有浪费任何时间，很快与罗伯特·W. 多兰和 W. 尼古拉斯·桑代克就合并的具体事宜展开了谈判。从初次会面到合并完成，整个过程只用了 9 个月，进展非常顺利。正如多兰后来回忆的那样，博格"非常聪明，极具热情。他充满活力，生机勃勃。这些初步的交谈非常非常积极"。多年后，博格回忆起自己当时的想法："让我们合并吧！我们将一次性解决所有问题。"

但回顾过去，他苦涩地认识到："如果你既愚蠢又急躁，合并总会对一方或另一方不利。"[5]

在合并讨论期间，67岁的沃尔特·摩根以其满头的白发、保守的天性及对20世纪四五十年代公募基金业务艰苦往昔的亲切回忆，奠定了讨论的整体基调。博格外表自信，内心更是自信满满，是典型的主动、乐观、独断且雄心勃勃的领导者。与之形成鲜明对比的是，多兰是一位善于倾听的团队合作者，对他人的想法和感受持开放态度。他乐于进行开放自由的讨论，认为这可以引导一群合作伙伴和朋友逐渐达成共识。在社会地位优越的波士顿贵族桑代克看来，博格似乎急于达成交易。双方都能看到一个互利双赢的整体交易结构，但在一致性的财务利益背后，存在个性、管理理念和组织文化上的重大差异。随着时间的推移，这些差异将慢慢展现出来。

在TDP&L，每个工作日8时30分至9时30分的晨会已成为一项神圣的传统。晨会制度始于1958年，当时是四位朋友的聚会，他们在不同的公司工作，便在早上聚在一起交流想法和信息。在早期，大多数会议都在斯蒂芬·D.佩因的公寓里举行。佩因家族拥有一家火鸡农场，所以他们的早餐通常是火鸡肝和炒蛋。用餐者需要支付30美分早餐费。随着组织的发展壮大，多兰越发重视这些会议及其"自发随性、几乎没有任何形式"的特点，希望晨会能够促使参与者相互学习，加强公司的协作文化，而不是形成一致的共识或盲目从众。现在，公司的晨会在一间拥有多层座位和多个屏幕的房间里举行，这些屏幕显示着财务信息、当前的投资组合持仓以及市场价格趋势。这里没有等级之分，讨论是彼此尊重且富有理性的，偶尔穿插些许诙谐幽默。精选的客户和潜在客户被邀请坐在后排，观看专家们交换见解。这种做法新颖有趣，给人留下了深刻的印象。

"我们从未有过宏伟的战略，但面对新机遇，我们总是跃跃欲试。"多兰解释道，"我们公司之所以能够坚持下来，是因为大家坚守着独特的文化。归根结底，我们的故事是关于人们如何彼此平等相待，以及这一集体决策如何成为企业的基石。"[6]

就在合并谈判进行得如火如荼之际，神秘且粗鲁的美国交易商伯纳德·"伯尼"·科恩费尔德跳出来反对合并。他来自海外投资者服务公司，该公司在全球范围内销售公募基金，总部设在瑞士以避税。在科恩费尔德控制的离岸公募基金中，海外投资者服务公司持有威灵顿投资管理公司10%的A类股份，因此他的支持至关重要。科恩费尔德甚至威胁要提起诉讼以阻止合并。因此，从未出过国的博格不得不办理了护照，飞往日内瓦与他会面沟通。

科恩费尔德直言不讳地说："这次合并简直太荒谬了！问题不在于他们是浑蛋，而在于他们是一群一无是处的浑蛋。如果他们未能达到你的期望，你无法摆脱他们，他们会把你赶走！"[7]博格对科恩费尔德及其激烈的言论感到困扰，但并未因此退缩。①

---

① 科恩费尔德关于阻止合并的虚张声势最终化为乌有。他后来因金融欺诈罪在瑞士被判处监禁。投资于海外投资者服务公司的大部分资金是非洲部落首领和个别国家军官的"逃亡资本"。

没有什么比为一个目标而战更能说服正义的了,当被问及这次合并是否与威灵顿保守的风格相悖时,博格带着了然的微笑自信地回应道:"每个人都喜欢交易。"他不顾一切地继续前进,尽管日后他可能会为这一天的决定深感后悔。

就在这时,博格的好友、费城同乡保罗·F.米勒二世和博格的妹夫杰伊·谢雷德带来了另一个合并机会。他们俩精通投资研究和投资组合管理,在德雷克塞尔·哈里曼·里普利公司工作时声名鹊起,该公司是两家老牌证券公司合并的产物。米勒需要将越来越多的时间投入日常组织管理,他希望重返全职投资工作。他看到了机会,于是在一天晚上来到博格家中,提议他们一起合作,博格负责行政和销售事务,而米勒负责投资研究和管理。

博格不想终止与TDP&L的合并计划,他从米勒的提议中看到了一个战略双赢的契机。他提出了一项大胆的双重方案:邀请保罗·米勒加入,主导费城的投资工作,同时推进与波士顿的交易。威灵顿将同时做这两件事!尽管米勒对波士顿团队保留自己的意见,但博格说服他与自己一起管理费城团队,而多兰和桑代克则负责波士顿团队的运营。一份宣布这一新安排的新闻稿已经准备就绪。

然而,谢雷德深知,鉴于二人各自的性格特点,博格和米勒不可能长久合作,他不愿失去米勒。"你们俩都习惯于领导大局。杰克是一个事无巨细亲力亲为的管理者,而保罗则偏好宏观政策,对细节不屑一顾。我实在难以想象你们互相指挥的样子。"[8] 随后,德雷克塞尔提出大幅提高米勒的薪酬,让他独立负责一个投资团队,同时将行政任务转交给其他人。米勒决定留任原职。那份新闻稿最终未能发出。后来,米勒和博格都意识到谢雷德的先见之明。正如米勒所言:"我认为如果我们真的合作了,最终肯定会发生严重的冲突。"与 TDP&L 的合并继续进行,并于 1966 年 6 月 6 日完成。一些参与者后来评论说,1966 年 6 月 6 日似乎暗含了某种不祥的征兆。

合并在第一年就出现了严重问题,当时博格又一次因心脏病发作入院治疗。"尽管他住院了,但他仍然会否决我们在办公室做出的决定。"多兰回忆说,"从那时起,我们意识到我们的管理风格非常不同。"[9]博格也逐渐认识到这一点。"波士顿团队独立自主,层级扁平,倡导合作式的管理风格,同事之间共享决策、彼此对话和辩论,而费城的管理则是专制和层级分明的。我知道自己既不圆滑也不善于交际。"博格轻描淡写地说,"这些不同的风格往往会发生冲突。"[10]

然而,博格直到多年后才逐渐意识到这一点。在合并之初,他坚信不会出现重大冲突,因此同意将摩根和韦尔奇持有的 1 万份 B 类股(每份拥有 250 票投票权),以每人 1 250 份的形式分配给波士顿的四位合伙人。此外,他们还将获得价值 400 万美元的 14.8 万份 A 类股。因此,波士顿公司的每位合伙人将掌握 10% 的投票权。而博格拥有 4 000 份 B 类股,加上他原有的 A 类股,掌握了 28% 的投票权。[11]

沃尔特·摩根希望至少再维持几年的控制权,让两个团队相互适应,因此他提议建立一个为期 5 年的表决权信托,持有所有股份直至 1971 年 4 月 1 日。这将给董事们充足的时间来观察合并的效果。此后,表决权信托将被解散,桑代克将担任威灵顿投资管理公司董事会主席,多兰担任首席运营官,博格担任首席执行官。波士顿和费城均保留办公室,四位波士顿合伙人将加入威灵顿投资管理公司董事会。波士顿团队赞赏这一计划及摩根的远见卓识。

正如博格多年后感叹的那样:"我天真地认为,我至少可以说服他们中的一个人支持我的立场,这样我就可以获得38%的投票权,超过剩下三个人合计的30%。"然而,博格失算了,他没能预见到自己即将面临的险境。四位波士顿人之间存在一种亲密无间的朋友关系,考虑到他们的合计票数占优,他们会团结一致投票,特别是在局势紧张和分歧加剧的情况下。博格后来承认:"我当时是太天真了吗?愚不可及可能更为贴切。"

第三章
风暴将至

CHAPTER 3

　　正如博格期望的那样，合并后的威灵顿投资管理公司在销售策略上更为积极主动，也调整了其投资策略。"合并效果显著，"博格回忆道，"最好的例证就是 Ivest 基金的销售表现，1968 年我们的新增销售额中有 70% 来自 Ivest 基金。"Ivest 基金的资产规模从 1961 年底的 100 万美元激增至 1966 年底的 5 000 万美元，到 1968 年底更是飙升至 3.4 亿美元。

　　多兰和桑代克惊讶地发现，费城的团队实际上具备了相当出色的投资才能，远远超出他们的预期。尽管如此，他们仍然坚信，一个非结构化、互动的组织将更有助于创造性投资，因此他们热衷于重组费城办公室的分割式结构。其中至少有一项举措引发了争议。多兰在一个周末来到费城办公室，调整了办公室的布局，旨在打破传统模式，增强团队间的协作。他后来回忆说："可想而知，当员工周一回来上班时，有些人颇感不快。"

　　威灵顿基金的转型是合并后的一项关键举措，其使命从"保护本金、在不承担过多风险的情况下追求适当利润"转变为一个含糊不明的新宗旨"动态保守主义"。无论这个新目标具体意味着什么，这一转变都导致投资组合的换手率增加了2/3，从此前每年换手15%的证券提高到现在的25%，同时股票配置比例从55%提高到至少75%。

在接下来的几年里，威灵顿基金推出一系列更加激进的基金产品。探险者基金（Explorer Fund）聚焦于小盘成长股；技术投资基金（Technivest Fund）采用"技术性"市场指标；受托人股票基金（Trustees' Equity Fund）尽管名字保守，却旨在追求市场短期趋势的获利机会。1967年，约翰·内夫推出了一只双层结构基金，被称为"双子星基金"。双子星基金是一种封闭式基金，其创新之处在于，一半的份额享有所有的股息，而另一半则享有所有的资本利得。在当时的税法下，公司间85%的股息收入可以享受免税优惠，因此保险公司纷纷买入双子星基金中的"股息份额"。然而，那些为了享受两倍杠杆的预期收益而购买"资本份额"的早期投资者却蒙受了严重的损失。① 在随后几年的熊市中，这些基金的市场价格较其低迷的资产净值又折价了40%。

此时，威灵顿投资管理公司管理着10只基金，总规模达26亿美元。其中，一半资产集中于苦苦挣扎中的平衡型威灵顿基金，剩余资产中的70%分布在Ivest和温莎两只基金中。为了回

---

① 但这些遭受重创的投资者中并不包括我。基于杰伊·谢雷德对双子星基金"资本份额"后期低价的观察，我大胆增持并提高了我的账户保证金。后来，随着价值股的飙升，这些基金从折价变为溢价。

应股东在转出威灵顿基金时取消支付 8.5% 销售费用的诉求，博格创立了新的 W.L. 摩根成长基金（W.L. Morgan Growth Fund）。该基金最初被命名为摩根成长基金，由于受到摩根士丹利和摩根担保信托公司的法律控诉，博格便又在前面添加了"W"和"L"。他后来指出："所有这些基金都是由波士顿团队管理的，都采取了激进策略，一时间受到经纪人的热烈追捧。但不久之后，它们的表现都开始变差。"

威灵顿投资管理公司的营业收入从 1.51 亿美元增至 1.8 亿美元。虽然合并的初衷正在渐渐实现，威灵顿投资管理公司的业务逐步改善，但随着文化的碰撞，紧张情绪和敌意正在蔓延，这些压力最终演变成个人之间的矛盾。尽管博格公开庆祝"新威灵顿投资管理公司"运作得比预期还好，但他后来"开始怀疑，这次合并是否真的符合自己的利益"。

博格提议发行一只债券基金。1970 年，美国只有 10 只债券基金。波士顿团队对此嗤之以鼻。"这是我听过的最愚蠢的主意，"斯蒂芬·佩因断言，"债券已是过去时！"但博格反驳道："不，债券代表着未来！"在博格的坚持下，1970 年韦尔斯利收益基金（Wellesley Income Fund）成立，该基金为 60% 债券和 40% 高股息股票。[1] 随着博格继续推动纯债基金，威斯敏斯特债券基金（Westminster Bond Fund）于 1973 年应运而生。他的远见在不久后得到了验证，到 2000 年，美国已有超过 3 000 只债券基金。

1967 年，博格再次心脏病发作。那年春天，他因心律不齐在克利夫兰诊所安装了起搏器，为此休养了 6 周。在那里，他一度心脏停搏,一位资深心脏病专家甚至认为他可能永远无法重返工作岗位。

面对连续不断的心脏问题,博格四处寻访顶尖的心脏病专家,最终找到了波士顿布莱根妇女医院的伯纳德·劳恩医生。劳恩医生发现,博格的病症并非常见的冠状动脉堵塞引起的心肌梗死,而是一种严重的心律失常。这意味着博格只有 5~10 年的预期寿命。然而,博格展现出了惊人的生命力和顽强的意志,他的身体状况并未恶化。这种情况十分罕见。劳恩医生让博格进行了压力测试,预计他最多只能坚持 7 分钟,但博格坚持了 18 分钟。这展现了他敢于挑战和勇于坚持的顽强意志,一如他在生活中多个方面所表现的那样。随后,劳恩医生准确诊断出博格的问题所在:每当清晨醒来或是激烈竞争时,他的心脏便跳得太快,无法有效泵血。在这些时刻,他极度紧张,释放出的肾上腺素"如同职业拳击手步入赛场一般"。劳恩医生为这些特定时刻开出了强效药物,并制定了一套新的治疗方案,在接下来的 8 年里,这套方案效果显著。在一次复查中,博格更是刷新了医院纪录,完成了 50 种不同的运动测试。他还重返网球和壁球场。然而,在合并后重要的第一年里,他长期缺席费城办公室,在波士顿办公室的时间更是少之又少。[2]

博格在波士顿医院住了整整一个月。这引发了一个特别棘手的误会。事情起源于波士顿团队对博格健康状况的问询,尤其是在他即将被任命为首席执行官的背景下,他们有理由感到担忧。在不确定他能否长期履行所有职责的情况下,将他任命为一家上市公司的首席执行官是否负责任?况且,如果他因病长期住院,无法履行首席执行官的职责,为何还要让他背负这些行政责任？既然他们不会将工作置于自己的健康之上，他们又怎能要求博格做出这样的牺牲？因此，他们提出了尖锐的问题，建议在公开宣布博格为首席执行官之前慎重考虑。博格认为这些质疑缺乏同情心，冷酷无情。毕竟，他担任首席执行官的决定已是板上钉钉。作为整体协议的一部分，这一决定本应在合并后立即实施。

紧张局势持续升级，并蔓延至由波士顿团队主导的董事会和担心选边站队、卷入政治纷争的下属。博格无意改变自己的工作风格，他勤勉努力、注重细节、行事果断，正是这些特质使他成为威灵顿投资管理公司的高层领导者。他知道自己对他人的意见容忍度有限，甚至以自己的独断专行为荣。正如基金董事会成员芭芭拉·巴恩斯·豪普富勒所说："在杰克看来，他的方式就是正确之道。"他从未想过要改变。摩根对此负有一定责任，他坦言："我教会杰克变得强硬，像我曾经那样。因为我几乎控制了所有股份，我可以随心所欲。但当有四五个人几乎与你平起平坐时，你就不能这么做了……"

误解加剧了组织的结构性问题。领导权分散在相距 5 小时车程、480 多千米的两个历史名城之间。两组人马从事着截然不同的投资业务。公募基金零售分销依赖于机构间成熟的商业关系（证券经纪商、公募基金批发商和基金管理公司），涉及大量小额交易；而机构投资则侧重于养老基金高管和投资组合经理之间的一对一长期专业关系。这两种业务的费用结构、经济效益及成功要素各不相同，商业机遇、利润驱动因素亦大相径庭。最关键的是，两种业务的有效领导风格和管理流程有天壤之别。从许多层面来看，两者的关键成功因素几乎完全相反。

第三章　风暴将至

性格差异进一步激化了矛盾。博格渴望主导决策，一直试图支配他人。尽管进行了合并，他对"合伙人"或平等的概念毫无兴趣。不论是一对一的会谈、小组讨论还是大型会议，他的天性都是掌控全局，成为焦点，阐述观点，推动决策，赢得辩论。他擅长专注于自己的看法，巧妙地将魅力和热情融入自己的结论和推理，同时不失谦逊地承认过去的错误和误判。

"我知道自己不够圆滑，也不善于交际，"他坦言，"我就是那种要么掌控一切，要么什么都不做的人。我不喜欢委员会制度，不愿意让太多人参与决策。一旦做出最终的抉择，我就不希望再争论不休。"他轻视波士顿团队"集体参与式"的决策风格，认为那是懒惰和不负责任的表现。

作为公募基金从业者，博格自然而然地以零售指标来评估"波士顿四人组"。而来自投资顾问业务的波士顿团队，则用他们最熟悉的机构标准来评价博格。双方都失去了对对方的尊重。更糟糕的是，威灵顿投资管理公司的董事会由波士顿团队主导，他们不尊重来自费城的首席执行官，而后者反过来也不尊重他们。地理距离、投资策略（增长与保守、个人零售与机构销售）等差异虽然真实存在，但更深层的差异主要是文化上的分歧。博格是权威主义者，多兰和桑代克则相信共识的力量。正如博格指出的："我十分自信。有时即便会事后后悔，我也总是试图说出真相，不愿取悦他人。"

> "我十分自信。有时即便会事后后悔，我也总是试图说出真相，不愿取悦他人。"

他回忆道："我与由波士顿团队主导的威灵顿投资管理公司

董事会展开了一场真正的权力斗争。我想要掌控全局，他们也是如此。"一方做出决策，另一方随即推翻。这种不满逐渐累积成怨恨，争执由幕后走向台前，在会议中公开爆发。博格在销售和推介新基金方面非常积极，但在投资方面相对保守。波士顿团队在投资上较为激进，但对销售和推介新基金则比较保守或不太感兴趣。博格力求推进营销和开拓新业务，而波士顿团队更倾向于让业务自己找上门，认为这样更能体现专业性，能够吸引更高质量的业务。他们对主动电话销售或招揽机构业务持高度怀疑态度。工作习惯的差异也十分突出。虽然多兰通常会在早上 7 点前到办公室，但波士顿团队中的其他成员可能 8 点才开始一天的工作，并在晚上 6 点半之前离开。相较之下，博格一直是个工作狂，不仅早到晚走，而且对每件事情的所有细节都要亲自盯梢。

博格要求自己活出"约翰·C. 博格"的形象，希望所有人都知道他是谁并了解他的成就。博格取得了非凡的个人成就，但在与内心恶魔的浮士德式交易中，他付出了高昂的代价，他总是必须不顾一切地坚持前行。正如他后来所说："我们往往活在世界的期待之中。所以，如果世界愿意称呼我为'圣杰克'，我就努力表现得更符合这一形象。"[3]

> "我们往往活在世界的期待之中。所以，如果世界愿意称呼我为'圣杰克'，我就努力表现得更符合这一形象。"

最终，波士顿团队决定博格必须离开。在给其他费城董事的备忘录中，精算师兼精明老到的管理者查尔斯·鲁特和一家成功的管理咨询公司的高层罗伯特·沃登[4]报告说:"大家公认博格是当代知识最渊博的公募基金专家之一,TDP&L也认为他比任何人都聪明。但问题是,博格对桑代克的管理能力和多兰的投资能力持负面看法[①],并且在与这两人的沟通处理上不够圆滑。这种隔阂因地理上的分离而加剧……桑代克和多兰决定,他们不再与博格共事,并希望……将他踢出公司。"[5]

在72岁时,沃尔特·摩根决定辞去公募基金主席一职。仅比摩根年轻几岁的约瑟夫·韦尔奇也退休了。因此,博格被选为统筹所有不同基金的单一董事会主席,这将成为创建先锋领航集团的一个关键因素。该董事会仅对几只基金负责,而不对威灵顿投资管理公司负责。

在表面看似平稳有序的过渡背后,公司内部的紧张关系却在不断加剧。博格为紧张局势感到极度不安,他考虑要么辞去首席执行官的职务,要么发起一场针对威灵顿投资管理公司的投票代理权争夺战。为了避免公开对抗,基金董事会请求两位董事协助双方达成和解。他们很快意识到,这将是一项艰巨的任务。

一个月后,两位董事向基金董事会报告称,双方的敌意非常严重,可能会导致公司分崩离析。桑代克对博格提出了严厉批评,称他"难以信任或依赖他人,不喜欢通过会议分享想法,更倾向于通过命令而非讨论来给出指示"。尽管多兰认可博格在公募基

---

① 的确,博格后来说道:"我感到遗憾吗?当然!我曾天真地相信存在能够永远或长时间保持优秀业绩的投资经理。这是糟糕的判断,是错误的决定。真是愚蠢!"

金方面的专业知识和智慧,但同时指出,博格"与公司的严峻现实脱节,没有任何坦诚交流的空间"。

当多兰和桑代克在1972年12月初与鲁特会面,告知他唯一的解决办法是让博格离职时,鲁特失去了耐心。正如他后来所说:"我实际上已经摊牌了。我说:'你们手中抓着一副好牌,别搞砸了!你们必须停止这种行为。'……然后局势逐渐缓和了。"12月晚些时候,博格表示愿意改善与多兰和桑代克的关系。在给鲁特的一份备忘录中,他写道:"我们仨都同意淡忘过去的问题,竭尽全力使新的安排发挥作用,为了组织利益放下个人恩怨。"稍后,鲁特报告称,尽管多兰和桑代克做出了重大努力,但他们再次决定不能与博格共事,他应当离开公司。

与此同时,博格继续与媒体保持随时可联系的状态,并总能提供引人注目的言论,进一步巩固他与财经新闻界的关系。当然,他非常享受媒体将他置于众人注目的中心位置。通过一通通电话、一篇篇报道、一场场讲演以及一句句金句,他逐步建立起个人形象,成为业界最知名的个人品牌之一。对于这一切,他乐在其中。

1971年4月1日,摩根的表决权信托如期终止,B类股按照先前约定进行了分配。随后近两年的时间里,公司内部似乎恢复了平静。长期担任威灵顿董事的詹姆斯·F. 米切尔二世即将70岁,面临着退休。他退休后,波士顿团队只需说服在波士顿和费城两派之间保持中立的一位董事理查德·科科伦,就能获得实质性的控制权。有人质疑,在公司内部紧张局势得到缓解之前,是否应保持相同的董事会成员,而不是试图让新董事熟悉过去的所有争论。鲁特预见了这一情况并表示:"我已经问过米切尔了,他同意在内部紧张局势解决之前继续留任,现在做出改变将十分尴尬。"于是米切尔留了下来。

到了 1972 年 1 月,当詹姆斯·L. 沃尔特斯加入威灵顿担任法律总顾问时,博格与波士顿团队之间的摩擦已经相当严重。费城团队考虑重组基金,让博格担任主席,并由精心挑选的董事组成单一董事会,人们称这一方案为"博格逃生舱"。在接下来的几年里,这一比喻所蕴含的预见性逐渐显现。随着摩擦的加剧,博格要求,作为首席执行官,他必须随时掌握全部信息,并请沃尔特斯寻求方法以确保自己对基金保持尽可能大的控制权。

随后,博格与沃尔特斯讨论了 1970 年《投资公司法》中的"内部化"条款,似乎是想考验沃尔特斯的专业水平。博格越来越确信,传统的管理公司与投资公司结构是不平衡的,无论理论上如何,基金管理公司的利益始终超过投资者的利益。他开始探索各种可能的重组方案。在沃尔特斯加入威灵顿之前,博格就曾向他施压,询问"共同所有权"概念以及基金是否能够自行管理行政事务。当然,波士顿团队并不支持这些想法,他们怀疑博格是否在为内部收购做准备。[6]

1973 年,鲁特建议独立基金董事聘请自己的法律顾问。他们同意了,并聘请了理查德·B. 史密斯。他是一位证券法律专家,曾担任美国证券交易委员会委员,也是纽约知名的达维律师事务所的合伙人。鲁特试图让博格改变那种"我是对的,他们都错了"的立场。这种立场基于博格错误的信念,即"他们迟早会让步"。鲁特十分怀疑波士顿团队是否会妥协,尤其是对博格妥协。

用鲁特的话说,他对这一僵局感到"震惊,如遭雷击"。他对波士顿团队的投资能力持怀疑态度,认为博格具备引领威灵顿走向成功所需的领导才能。鲁特认识到一个至关重要的事实,基金董事会依法有权决定保留哪家投资管理公司作为公募基金的管理者。在过去的十几年里,更换养老基金管理者已成为常态,为什么不能以同样的方式为公募基金更换管理团队,以确保基金有最佳的管理者呢?鲁特宣布,如果博格被解雇,他将建议基金董事会终止与威灵顿投资管理公司的投资咨询合同,选择新的管理者。这意味着博格手握关键的王牌。如果失去了管理各类公募基金的收入,作为一家上市企业的威灵顿投资管理公司将难以为继。

多兰作为波士顿团队的发言人,担起了重任。虽然之前的分歧曾被暂时弥合,但现在局势再度升温,需要一个永久的解决方案。在多兰看来,团队士气低落,博格没有培养团队的协作文化,反而"以一种除博格先生外没有其他人能够胜任工作的态度,削弱了高层管理人员的信心"。多兰指出,在博格的领导下,高管们"经常被提醒他们的局限性,而不是被激励去取得更大的成就",这"损害了相互信任的精神"。博格的独裁作风与威灵顿试图打造的团队合作式专业化组织背道而驰。为了公司未来的成功,多兰和桑代克得出结论,博格真的必须离开。

经通货膨胀调整后,20世纪70年代中期的大熊市实际上比1929年的股市崩盘还要惨烈。道琼斯工业平均指数暴跌58%,在1974年10月跌至580点的最低点。这场可怕的市场崩溃使威灵顿投资管理公司陷入严峻的财务困境,资产下降了近25%,利润下降了近30%。更糟糕的是,公司股价暴跌80%,从合并时的每股40美元跌至8美元。四名波士顿人的个人持股价值从150万美元跌至仅18.5万美元。

1973年2月，多兰告诉博格，桑代克打算在管理中发挥更积极的作用。博格对此感到不悦，但多兰向他保证，鉴于公司面临的困难和挑战，高级管理人员希望扮演更重要的角色是很自然的事情。博格对这种毫无说服力的观点并不买账，他怀疑这反映了波士顿团队对他决策及执行方式的不满，他从斯蒂芬·佩因手中夺走了探险者基金的管理权，在股市平均下跌5%的情况下这只基金下跌了35%。

1973年8月，博格将公募基金从费城市中心迁至韦恩郊区一个名为格伦哈迪的办公园区。这里距离福吉谷不到5千米，博格后来巧妙地将福吉谷作为公司的邮寄地址。9月26日，波士顿四人组在格伦哈迪办公室与博格会面。多兰告诉博格，他们希望对公募基金业务拥有更多的控制权。

然后，在11月14日，多兰震惊了博格："事情进展得并不顺利。我和其他人谈过了，我们认为你离开公司是最好的。"博格再次表示他不会辞职。随后，多兰提出了两个选择：博格彻底离开，或是离开威灵顿投资管理公司但在基金中继续担任严格受限的行政职务。后者的工作博格并不喜欢，并且已经完全委托给了他的得力助手吉姆·里佩。虽然多兰并未明言，但这等同于将博格降为首席文员。他要么收拾行囊走人，要么就得战斗。博格就是博格，战斗是他唯一的选择。

多兰提出了一项财务和解方案，给予博格为期15年、每年2万美元的年金，前提是博格以当时的市场价格每股6美元将B类股卖回给公司，放弃享有控制权转移的溢价。鉴于当时极高的利率水平，这份年金的折现现值甚至不足 15 万美元。令人惊讶的是，对一个由经验丰富的金融人士提出的方案来说，它实在过于微薄，博格根本无法考虑接受。博格无意将财务和解作为其辞职并转移控制权的协商的一部分，尤其是当由公司支付这笔钱，而波士顿团队却从中获益时。"我从未听过比这更愚蠢的事情，"博格怒斥，"我工作出色，为了确保与你们所有人沟通顺畅、和谐相处，我付出了额外的努力。"愤怒驱使他进一步表态："我已经受够了这一切，烦透了！我要求你们四人都签字给我一份书面报价！"[7]

博格坚称，尽管面临种种困难，他的管理风格和担任首席执行官的表现均无可挑剔。他指出，如果将他撤职，那会引发严重问题，"不仅会产生重大的公关危机，还会使威灵顿员工、监管机构以及金融界遭受重创"。

4 天后，博格明确告诉多兰，他不会按照非正式要求辞职。1973 年 12 月 12 日，桑代克的朋友、Ivest 前董事会成员、吉列公司执行副总裁科尔曼·莫克勒同意介入调解，希望避免问题升级至基金董事会层面。然而，他只能重申先前的提议，博格回应莫克勒说："他们如果想买下公司的控制权，就得自己掏腰包让我离开！"

波士顿方面以严肃的态度对待博格的还价，认为这至少是谈判的开端，于是散布消息称博格即将离职。然而，沃尔特·摩根对此坚决反对："你们不能解雇他！他对这个行业的了解比威灵顿投资管理公司所有人加起来还要深！"

博格明白，在 1974 年 1 月 23 日的威灵顿董事会会议以及次日的基金董事会会议上，正式解除他职务的事宜将被提上议程。为了陈述自己的立场,他给独立董事写了一份长达 20 页的备忘录,回顾了自己的成就,并提出了几项富有创意的未来规划,其中包括共同所有权改革。

共同所有权改革被视作一项打破当时大多数公募基金公司标准架构的根本性变革。在传统架构中,管理公司被视为旗下各基金的组织者、销售商、投资经理以及行政管理者。这一结构是对历经 20 世纪 30 年代、40 年代和 50 年代艰难时期的公募基金先驱的历史的致敬,他们是一群坚韧不拔、以销售为导向的小企业创业者,恰好经营起了名为公募基金的投资产品。根据法律规定,基金管理公司的股东必须确保基金董事会中的多数成员"独立"于管理公司,但传统上他们只会选择那些值得信赖的亲密朋友出任董事,这些人也理解,这是他们被选中的原因。

在过去的 20 余年里,博格一直奉行其导师兼雇主摩根的经营理念,为销售和利润不惜一切代价。在这几十年里,他的座右铭"勇往直前!"成为他的每日指引,引领他专注于销售和利润增长。而现在,随着目标的巨大转变——就像律师有了新的委托人一样——他将竭尽全力为一个真正属于投资者的公募基金组织辩护。

博格深信,只要公募基金仍受制于创建并运营它们的管理公司,管理公司的权力就必然会导致更高的费用,进而降低投资者的回报。在他的长篇备忘录中,他提出了一项初步的重组方案,通过将管理公司转变为由多只威灵顿基金共同持有的企业形式,摆脱这种利益冲突。他预计这样至少可以削减 40% 的成本。

实际上，3年前博格就已在一份"高度机密"的长篇备忘录中完整阐释了这一设想。这一方案简洁明了，具有决定性意义。威灵顿公募基金集团将以600万美元收购威灵顿投资管理公司，从而获得400万美元的固定资产和流动资产。此后，基金自行承担投资管理和分销职能，成本自理。通过不再向威灵顿投资管理公司支付管理费（这在威灵顿投资管理公司每年的利润中占比40%），剩余的200万美元收购款可在一年内收回。与此同时，与TDP&L的合并将终止，后者将再次成为一家独立的投资咨询公司，管理着16亿美元的资产，并可以自由拓展机构业务。[8]

在备忘录中，博格补充了一系列理由：共同所有权改革将顺应公众日益高涨的消费者意识和对利益冲突容忍度降低的趋势；它将"彻底解决一个长期存在的深刻难题，即公开上市的投资管理公司的适当性问题"。对基金而言，因此节约的成本将是"惊人的"，共同所有权改革将解决长期困扰基金董事会的企业难题。总之，这是正确之举，将为基金股东带来可观的长期成本节约，可以惠及威灵顿员工，并且无疑具有高度可行性。

1月23日，在经过一上午的例行工作和午餐后，博格阐述了他的主张。尽管博格认为自己的提案基础扎实、极具说服力，但它并未得到任何回应，被彻底忽视了。事实上，大多数参与者都不明白博格为何要如此费心地提出这个提案，除非他寄希望于对手会接受他的提案，这样对手就会认定，要实施这项提案，只能借助他和他的声誉。他得到的唯一回应就是董事会同意指派4名董事组成研究小组审议他的提案。然而，这个研究小组实际上从未召开过会议。

多兰解释说，管理层已经做出了解除博格职务的决定，并表示这一决策需要董事会批准。作为会议主席的桑代克直言不讳地说:"那么,博格先生,您愿意辞职吗?"

这个问题标志着威灵顿内部波士顿和费城两派之间长达6年、与日俱增的冲突终于达到高潮。博格清楚自己已走到了悬崖边缘。他知道如果拒绝辞职,这个问题只会有一个替代答案:他将会被解雇。

面对这一局面,博格一如既往地强硬,表示他会考虑这个问题,同时要求董事会听取他被革职的原因。多兰概述了这些理由,董事会成员对这些论述都已经很熟悉了:博格固执己见、难以合作,及其他种种问题。当多兰列举完各项原因之后,主席桑代克再次发问:"博格先生,您现在愿意辞职吗?"

博格随即拿出一份28页的文件,拒绝接受他们的辞职提议,并逐页宣读,最后总结道:"鉴于事情发展的不平等、不公平和随意性……以及已经做出的预先承诺,我们今天坐在这里更像是一个私设的法庭,而不是董事会。"

他以4个理由拒绝了辞职请求。一是这可能给公司造成无法挽回的损失,并且没有证据表明这符合威灵顿投资管理公司的最佳利益。二是解雇"违反了基本的公平原则以及公认的公司行为标准"。三是解雇条件"不仅有悖于职业操守,而且存在违法嫌疑"。四是如果接受此请求,则意味着董事会将"严重滥用公司资产和违反受托责任"。他指出,在近期动荡的市场中,当大多数基金公司的收益都在下降时,威灵顿的收益却有所增加,并以此告诫其他董事应当"保持开放心态继续前进"。

他没有就此结束发言:"我所概述的过程可能适用于大学兄弟会或社交俱乐部,但它绝对不该是管理着40亿美元他人资金的公司董事会应有的行事方式。如果不严肃以待，我们将沦为笑柄。"[9]

这些言辞虽然在博格心中激昂澎湃，却未能改变董事会的决策。董事们以10票赞成1票反对要求博格辞职，作为交换条件的补偿方案稍有提高：在他找到新工作之前公司将向他每年支付6万美元，他找到新工作后降为每年2万，总计32万美元。

不过，博格仍拒绝辞职。

在随后迅速进行的第二轮投票中，10票支持革职提议，2票弃权（分别是博格和内夫）。会议达成一致意见，博格将继续领取目前的薪水，并为那个从未召开过会议的研究小组担任顾问。

事后看来，波士顿团队冒了相当大的风险，不管他们是否充分意识到这一点，鲁特的威胁都会成为现实。多兰后来回忆那一天的情景和当时的想法："我们深知解雇博格将带来极大的风险，但无论如何我们都认为这是正确的做法。当然，基金董事会有权对威灵顿投资管理公司采取极端行动。他们本可以说：'你们刚刚解雇了博格，所以我们也要解雇你们。'这种情况确实有可能发生，但我们认为概率不大。事实上，我们无法确定基金的独立董事会将做出何种抉择。"[10]

"评判一个人的标准在于他在逆境中的表现。那是杰克最光辉的时刻。他处理得不能再好了。"

站在博格一边的内夫后来表示："评判一个人的标准在于他在逆境中的表现。那是杰克最光辉的时刻。他处理得不能再好了。"[11]

董事会投票选举多兰担

任总裁兼首席执行官,并决定暂时继续向博格支付薪水。作为投资高管,博格现在几乎一无所有。他失去了公司和职位。哪家基金公司愿意雇用这样一个饱受争议的人物呢?在业内,他被认为特立独行,难以共事,为之工作更是难上加难。他的合并策略已被证明是错误的。作为一名管理者,他无法与多兰和桑代克共事,逐渐形成了独断专行、固执己见的名声。他总是要掌控一切,做所有决定。

会议直到午夜才结束。杰克·博格凌晨1点回到家,告诉妻子他刚刚被解雇了。

伊夫对此并不感到意外。

第二天早上,1974年1月24日,博格和他的得力助手吉姆·里佩一同乘坐清晨6点的火车前往纽约市,决心不顾一切地继续前进。

第四章
对决威灵顿

CHAPTER 4

博格和里佩怀揣一项大胆的提案,踏上开往纽约的火车,准备参加威灵顿公募基金董事会会议。如果这个计划能得到董事会的认可,昨日惨痛的个人挫败将会转变为一场决定性的胜利。博格的对手,他所谓的"敌人",虽然是威灵顿投资管理公司董事会中的多数派,但在统领威灵顿基金集团多个公募基金的基金董事会中只占少数。

基金董事会共有 11 位成员,包括博格、桑代克、多兰和其他 8 位独立或外部董事。其中 5 位之前只在费城的基金董事会任职,另外 3 位仅在波士顿基金任职。博格估计,支持他的董事有 6 位,即他本人加上 5 位费城董事,而对立面则有 5 位,包括多兰、桑代克和 3 位波士顿董事。一些费城董事担心,博格被解职后,他们可能会被更多来自波士顿的董事取代。这还不是波士顿董事唯一的劣势。在会议召开的前一天晚上,当多兰和桑代克驾车穿越暴风雪抵达纽约的尼克博克俱乐部时,所有房间都已被预订,他们只好在更衣室的长椅上度过了难眠的一夜。

在会议上，博格意识到自己胜算大大提高。他的朋友查尔斯·鲁特提议，鉴于各方利益冲突，博格、多兰和桑代克应回避表决。基金董事会同意了这一提议，博格的票数优势显著提高至5比3。但随后形势又发生了变化，董事鲍勃·沃登打电话给多兰，表示在深思熟虑后决定改变投票意向。这样一来原本可能形成4比4的平局，但就在当晚，沃登突发心脏病去世。在短暂沉默以纪念他的离世后，权力的博弈继续进行。

作为一个坚定的费城派[1]，鲁特不仅对博格的才华赞赏有加，也对波士顿团队的能力不以为然。他具备独立思考并坚持到底的勇气。他力劝基金董事们自行选举基金主席和总裁，并自主选择和签约合适的投资管理公司。博格回忆道："在那场长达12小时的马拉松式会议中，作为各只公募基金的主席，我提议我们宣布脱离威灵顿投资管理公司，实行基金共同所有权改革，自主选出管理层和员工，并授权他们按成本价运营基金。"在这个管理公司的主导地位从未受到挑战的行业中，这样大胆的举措将开创先河。战役就此打响，这将是一场漫长而艰苦的战斗。

博格事先与基金董事们进行了充分沟通，当他提出共同所有权改革方案时，他们表现出了兴趣。这一突如其来的变故使威灵顿投资管理公司陷入守势，它很快将面临保住公募基金管理权的斗争，而这正是其业务的重中之重。

鲁特关注的是基金董事拥有的法律权力，即选择聘请哪家投资管理公司作为公募基金的管理者的权力。考虑到这种"聘用与解雇"的权力（尽管公募基金董事会很少动用这一权力），董事会如果不考虑所有可能的选项，至少在理论上是有失受托职责的。为什么不终止与威灵顿投资管理公司的合作，转而聘请新的管理机构呢?

随着董事会会议的进行,一个显而易见的问题摆在众人面前:博格是否应继续担任公募基金董事会主席一职。鲁特已经表明了他的立场,支持杰克·博格留任。

博格对董事会说:"这是你们的公司。你们由股东选举出来,代表股东监督公募基金。威灵顿投资管理公司既不拥有也不控制这些基金,控制权在你们手中。这是让基金拥有话语权的绝佳机会,你们不必解雇我!"[2]

他继续推进他的共同所有权改革提案。一些董事被他的勇气折服,其他人也对他不同寻常的理念印象深刻。根据他的计划,威灵顿基金集团将收购威灵顿投资管理公司所有的流通股,并继续其所有业务,但会迎来一个重大变革,所有业务均会以成本运作。博格指出,所有公募基金本质上都存在深层的利益冲突。理论上,基金管理公司应当作为专业人士和受托人,服务于投资者的利益。但在实践中,它们往往被当作企业来经营,旨在最大化管理公司股东的利润,这些管理公司负责赞助、管理、推广并向投资者销售公募基金份额。

正如博格向基金董事阐释的那样,如果威灵顿集团旗下的各只公募基金收购了威灵顿投资管理公司的全部股票,那么威灵顿集团将转变为一家独特的共同所有权基金组织,由基金的投资者持有,并完全由基金董事会独立治理。[①] 随着时间的推移和持

[①] 当时,还有另外两家基金集团实行了内部所有权改革,但它们很快就转向了传统的管理公司所有权结构,在组织架构中设立了一家可以出售的管理公司。

之以恒的努力，这样的差异有望转化为威灵顿未来的决定性竞争优势。

遗憾的是，尽管基金董事一开始确实对此表示出了兴趣，但这一系列变革对他们来说还是太过激进了。他们都是典型的保守派，没有人像博格那样大胆或是不顾一切。他们陷入僵局，难以达成共识。进一步的研究成为回避艰难决策的一个舒适借口。

在这次关键的基金董事会会议落幕前，独立董事们决定对威灵顿的组织结构进行一番深入研究。这项研究将由博格牵头（他将继续获得正常薪资），此外加上鲁特、芭芭拉·豪普富勒和约瑟夫·韦尔奇等董事。他们将先召开一次委员会内部会议，然后与全体基金董事一起，广泛研讨各种战略选择，从维持现状到推动基金的共同所有权改革，再到收购威灵顿投资管理公司等种种可能。

直到数月后人们才意识到，这次董事会会议彻底扭转了权力格局。又一次经历了生死关头后疲惫不堪的博格，在回费城的火车上与吉姆·里佩一同痛哭。但他迅速坚称他们并未失利。现在只要采取正确的行动，就可以获胜。[3]

尽管博格向董事会提出的每一步都具有合理的理由，如"推进现代化""精简流程""简化操作"等，但事后看来，未被言明的主要动机似乎在为他未来的行动铺路，即将所有基金转变为一个由他控制的共同所有权基金机构。1974年3月，在里佩的协助下，博格向基金董事们提交了一份45页的机密备忘录，总结概述了"威灵顿投资管理公司集团的未来结构"。备忘录先列出了5个目标：适当的业务独立性、最优质的投资服务、最佳的成本效益管理、吸引和留住优秀人才的能力，以及与未来消费主义潮流和日益严格的监管环境相适应的企业架构。该备忘录提出 7 种可能方案，重点探讨 3 种相对温和且影响较小的方案，核心目标是实现公募基金的独立自主。

这份备忘录显示，采纳方案二将使管理成本内部化，不再支付威灵顿投资管理公司 40% 的利润，可以节省大笔开支。方案三进一步将分销（销售）环节内部化，从而实现更大的节省，并明确提出取消前端费用模式的前景。方案四则提出由公募基金收购威灵顿投资管理公司。备忘录中声明："我们详尽的研究表明，这一做法在经济上是可取的，在组织上是可行的，而且能够得到法律的许可。"备忘录还补充说，收购威灵顿投资管理公司的费用将通过每年的节约额迅速收回。

里佩和博格的长篇备忘录最后总结道，"基金已向自给自足迈出了第一步"，"余下的步骤需要通过方案二内部化管理成本来实现，这虽然在人员调整上变动微小，但在财务和理念层面将迎来巨大的跃升"。

多兰和桑代克对此做出了强烈回应，他们提交了一份近 100 页的备忘录。经过深入分析，他们得出了 4 个主要结论：

- 无法在不造成损害的情况下，将威灵顿的公募基金及机构投资顾问业务进行剥离。
- 威灵顿投资管理公司提供了卓越的行政服务和值得信赖的投资业绩。
- 与潜在的收益受损风险相比，节省的成本微不足道。
- 内部化并不会增加独立性或减少利益冲突，反而会让新的利益冲突取代原有的、已为人所知并受到管理控制的矛盾。

威灵顿投资管理公司意识到自己肯定会失去部分基金业务，便派多兰、桑代克和詹姆斯·沃尔特斯组成团队，向基金董事们进行陈述。沃尔特斯着重阐述了一个核心理念：如果基金董事接管的不仅仅是基金管理（主要是账务处理），他们就有可能违背受托责任，承担超出自身能力的工作。这一点让董事们感到忧虑，也引起了新任特别法律顾问理查德·史密斯的关注，在这个充满变数、前所未有的局面中，他自然倾向于谨慎。[4]

经过半年的探讨与分析，董事们选择了最温和的变革方式。他们投票决定采纳方案二，即管理成本内部化。这一选择使得威灵顿成为业内独树一帜的机构。更为重要的是，这让博格掌握了与股东沟通的主导权。即便如此，他也心有不甘，他希望控制的不仅仅是管理职能，还有分销职能，后者一直是他职业生涯的重点。行政管理工作近乎"洗碗扫地"般琐碎，是他在基金业务中最不感兴趣的部分，而且他在这方面的经验比较有限。不过，这至少标志着变革的开始。

一个新的组织将为公募基金提供服务，这将是一支由28名会计和职员组成的小型团队，旨在为公募基金股东提供行政服务，并与威灵顿投资管理公司保持适度的距离。尽管博格保住了职位，但他坦言："这勉强算得上一场胜利，但我担心这可能是一场代价沉重的胜利。"[5] 这个新组建小团队的任务仅限于内部运营，博格依靠里佩主持日常工作，自己则聚焦于战略规划。①

博格已经在展望下一步，那就是"未来架构研究"中的第三个选项：分销环节内部化。"虽然（这个方案）目前尚未被接受，但可能只是时间问题。或许在两三年内，基金分销将面临巨大的挑战，届时这个环节的内部化将成为必然。"正如他在备忘录中总结的那样，"问题或许不在于'是否'，而是'何时'（这些基金）将完全独立运营"，从而切断与威灵顿投资管理公司最后的正式联系。

在博格仍任职威灵顿期间，一项关键的预备动作在悄然进行，所有威灵顿旗下的公募基金悉数被重新注册为马里兰州的企业。此外，原先分散的"费城"和"波士顿"基金董事会被整合为一个大的基金董事会。这一系列调整需要经历 3 个烦琐冗长的审批程序：第一，各董事会需达成共识，确定哪些董事留任、哪些离职；第二，每只公募基金的股东需参与投票表决；第三，需得到联邦监管部门美国证券交易委员会的批准。敏锐的观察者可能会注意到一个重要细节：在合并后的董事会中，绝大多数成员

---

① 博格当时的境遇堪比英国海军中将威廉·布莱（1754—1817），他于 1776 年在库克船长手下服役，1787 年担任"邦蒂号"船长。1789 年，他遭遇了弗莱彻·克里斯蒂安松等人发动的哗变，布莱和 18 名忠诚的船员被抛弃在太平洋上，他们乘坐的是一艘仅 7 米长的小船，船上没有航海图，仅备有一周的食物和饮用水。历经 47 天的天文导航，他们奇迹般抵达了约 6 700 千米外的帝汶岛，每人每天仅靠 376 克面包度过了 25 天。此后，布莱又在 1801 年哥本哈根战役中效力于纳尔逊，并在 1805 年获任新南威尔士州总督。3 年后，他在另一起被称为"朗姆酒叛乱"的哗变中被约翰斯顿少校及其 400 名官兵逮捕。

恰好一致支持一个人，那就是杰克·博格。

与威灵顿投资管理公司分道扬镳的过程，既引发了法律层面的摩擦，也带来了情感层面的争执。早期的一个争执焦点是"威灵顿"这个名字。双方都想要沿用这个名字。博格在得知由于监管原因他不能使用"威灵顿"这个名称时勃然大怒："这是最后一根稻草！这太愚蠢了！我不干了！我要辞职并退出整个行业！"次日早上，查尔斯·鲁特给他打来电话："忘了那个名字吧！名字并不重要。你可以为你的新公司取任何你喜欢的名字，然后让它成为整个公募基金行业中最好的品牌！"[6]

几天后，博格的怒火平息了。他开始思考一个重要问题：该给新公司取什么名字？幸运的是，一名古董版画商找上了博格这位历史爱好者，向他出售4幅描绘纳尔逊、威灵顿及拿破仑时期英国重大海战的版画，其中包括一幅名为"尼罗河口之战"的作品。在那场战役取得决定性胜利之后，纳尔逊在向英国海军部发出的战报中称赞他的旗舰："HMS Vanguard（先锋）号在尼罗河口发出捷报。"博格立即领悟到了"先锋"一词的传统含义——引领一个新趋势，他果断地将其放到新公司的名字中。"我们曾考虑过诸如'美国公募基金服务公司'这样的名字，相比之下，'先锋领航'这个名字无疑更响亮。因此，我们的决定很容易。但股东是否认可这个名字呢？"

> 博格立即领悟到了"先锋"一词的传统含义——引领一个新趋势。

答案是肯定的。作为变革的第一步，1974年8月20日，在博格坚持不懈的游说下，基金董事们一致同意设立一家完全由公募基金持股的新公司。⁷按照基金董事会的决定，这家新公司将接手基金的各项管理事务，即执行博格和里佩提出的多项方案中的方案二，但董事会明确规定，禁止其提供投资顾问或营销分销服务。⁸自此，先锋领航集团正式开启了它的征程。在接下来的4年里，先锋领航集团与威灵顿投资管理公司展开了一场争夺公募基金业务各主要职能控制权的斗争。

1974年9月26日，在美国股票市场史上最严峻的熊市即将结束的前夕，先锋领航集团正式成立。1975年5月1日，先锋领航集团启动行政运营职能。

PART TWO

第二部分

先锋领航的崛起之路

第五章
浴火重生

CHAPTER 5

　　1975年成立之初，博格羽翼未丰的先锋领航集团还只是一家承担着机械性管理职能的小型机构，管理着一个中等规模的公募基金集团仅14亿美元的资产，而且资产处在持续流失中。11只威灵顿基金连续40个月遭遇股东净赎回，这一趋势还将延续40个月，直至1978年1月才有所改善。其间，基金累计净现金流出达到9.3亿美元，占基金总资产的36%。

　　博格后来将这段时光形容为"痛苦的消耗战"。

　　更糟糕的是，这家蹒跚起步的初创企业对未来的发展方向几乎毫无自主权，因为每家公募基金组织的成功都依赖于两个主要职能：投资和销售。而在这两方面，先锋领航集团却毫无作为，全部依赖于威灵顿投资管理公司，那家将博格革职并使其在投资风暴中孤立无援的机构。

　　然而，博格非常渴望成功，坚信先锋领航集团的小规模反而赋予了它制定策略的灵活性与创新能力。他后来回忆道："我们当时的挑战在于，在一场大规模企业冲突的废墟之上构建一种全新的、更好的公募基金管理模式。"他所发起的这场"先锋实验",旨在证明"公募基金能够独立运作,并以一种能够直接造福股东的方式运作"。[1]

博格将先锋领航集团的早期战略形象地比喻为"充沛的机会主义"加上"些许策略性的言语模糊"(这自然是委婉的说法),再加上不可或缺的"坚定决心"。不过,这些描述都是博格历经多年艰辛奋斗取得成功之后才总结出来的。对当时任何一个务实的旁观者来说,他的下一步计划无疑都是一场愚蠢的豪赌。

博格将基金运营工作(这理应是先锋领航集团的核心业务)委托给吉姆·里佩管理,这样他就可以专注于业务战略规划以及与基金股东和媒体的沟通。他寻找任何可能的方法来突破或绕开不得销售及管理公募基金的协议约束。为了寻找创新路径和创新者,他联系了迪安·勒巴伦。勒巴伦是因连续创业而闻名的新兴投资公司 Batterymarch 金融管理公司的创新领头人。在投资界,这两家公司都因小而美且独具个性而备受关注。"我对你和你的公司早有耳闻,"博格开场说,"我们应该聚一聚,看看是否有可能合作。"

"听起来是个好主意,"勒巴伦迅速回应,"什么时候见面?"[2]

他们在多个层面上产生了共鸣。两人都是特立独行的创新者,都自称吝啬鬼,都致力于降低成本,都擅长吸引公众关注并乐在其中,都是大胆无畏的创业者。

勒巴伦在国际投资领域堪称先驱,尤其是在亚欧新兴市场以及逐渐对外国投资者减税、放宽利润汇回限制的拉丁美洲市场。这些市场的会计标准出了名地宽松,几乎不存在由具备专业能力的证券分析师所写的公正客观的研究报告。本地知情人士总是能比外部投资者抢先一步掌握所有投资信息,无论是好消息还是坏消息。

通常,勒巴伦总能看到这些障碍背后的潜在机遇。如果Batterymarch公司能够找到办法绕过甚至利用促使大多数机构投资者远离拉丁美洲市场的问题,那么在这个效率极低的市场上,他们将几乎没有任何竞争对手。勒巴伦决定Batterymarch公司将自行开展一级市场研究,立志成为新兴市场的引领者。他回忆道:"我曾劝说博格进行国际化投资以分散投资风险,但他对国际投资总是心存疑虑。"

博格虚弱的心脏加剧了他的谨慎态度。"博格表示他愿意前往拉丁美洲,但我必须接受心肺复苏术培训,与他坐在同一架飞机的相邻座位上,并与他在同一酒店入住同一个房间。我答应了,但事实上我们从未真的成行。"

勒巴伦之所以敬重博格,有诸多原因。其中之一便是先锋领航集团成功吸引了一批高素质的董事加盟,尤其是考虑到当时独立董事往往只是基金管理公司高层的亲信密友,这一点显得格外难得。此外,他还赞赏先锋领航集团的创新理念,即公募基金集体持有先锋领航集团股权。

博格对勒巴伦的钦佩同样源于其坚持原则的做法,勒巴伦拒绝允许其机构客户将Batterymarch公司交易产生的佣金分配给他们喜欢的经纪人。他认为,如果经纪佣金的水平太高,以至具有"货币"价值,那么这种价值应该归属于其公司管理的养老基金。20世纪70年代初,在佣金费率可以议价之前,机构的经纪佣金平均为每股40美分,而今天仅为1~2美分。这些佣金常常被作为"软美元"货币,以支付各种服务费用,大部分情况下受益的都是市场内部人士而非投资者。

博格还敬佩勒巴伦的一项政策，在为其基金所持有的公司就代理问题投票表决时，Batterymarch 公司会"实事求是"，从不因公司是否为其客户而受到影响。Batterymarch 公司投票反对任何授权进行"绿票讹诈"（通过购买足够多的股份以威胁进行敌意收购，迫使目标公司按照溢价回购自己的股票）的董事，并在他们担任董事的每一家公司中也持同样的立场。[3] 这一举措让一位 Batterymarch 公司客户的董事长感到困扰，他焦虑地致电勒巴伦："你知道 Batterymarch 公司正在对我投反对票吗？"

"是的。我们有一项严格的政策，坚决反对任何批准'绿票讹诈'的董事，无论哪家公司。"

"如果这是你的最终立场，迪安，你被解雇了！"

"知道了。"

博格对勒巴伦的成本意识赞不绝口，他对传统投资机构的不敬态度也让博格很有共鸣。两人都认为管理公司的费用和投资经理的薪酬过高，他们过于关注自身的收入，而很少关注为客户服务。

> 两人都认为管理公司的费用和投资经理的薪酬过高，他们过于关注自身的收入，而很少关注为客户服务。

博格和勒巴伦都擅长数字分析，因此他们知道大多数主动基金经理并未跑赢市场。相反，在扣除交易成本和管理费后，市场击败了越来越多的主动基金经理。他们采用了"既然无法打败市场，那就加入它"的简单策略，对新兴的指数基金产生了浓厚兴趣。学术研究以及诺贝尔奖得主保罗·萨缪尔森在《新闻周刊》上发表的一篇文章[4]，为指数投资提供了强有力的理论支持。（指数基金通过跟随股价变动调整权重以精确复制标准普尔 500 指数等主要股票市场指数中所有股票的资本化百分比权重。指数基金还可以追踪市场某个细分领域，如成长股或小盘股。）

Batterymarch 公司和其他少数公司已面向机构投资者推出了指数基金，尽管它们在某种程度上突破了金融法规。[①] 当时，美国证券交易委员会的法规要求每笔交易都由合格的高级官员签署批准，这对指数投资者来说几乎是不可能的。时任美国证券交易委员会主席约翰·沙德告诉勒巴伦："这是违法的，但我们会睁一只眼闭一只眼。你的初衷是好的，但可能走错了方向。"

> 你的初衷是好的，但可能走错了方向。

当时还没有任何一家公司向个人投资者提供指数公募基金。但博格和勒巴伦都认为，面向个人的零售指数基金时代已经来临。

博格确信他捕捉到了一个关键的机遇。指数基金不需要对公司或行业进行研究以预测未来收益，也不需要聘请薪酬高昂的基金经理来决定买入哪些股票或是何时改变策略。一旦第三方机构创建了股票市场指数，指数基金只需要简单而忠实地将其复制

---

① 最早一批面向机构投资者的指数基金由富国银行投资顾问公司（富国银行的子公司）、道富银行和美国国民银行提供，后来三家机构逐步签约养老金基金。

为一篮子证券即可。对先锋领航集团而言，指数投资可能成为其突破性的战略举措。博格决心说服董事会，同意推出首只指数公募基金，即第一指数投资信托基金（First Index Investment Trust）。

1975年9月，就在先锋领航集团成立仅4个月后，博格出人意料地提出创建这样一只新型公募基金，一只保证不会跑赢市场的被动管理基金。业界反对者很快将这个概念贬低为"追求平庸"或"长期失败者的公式"。谁愿意满足于市场平均水平？谁会向往被动投资呢？博格一如既往地以数据为依据。在1964年至1974年的10年中，有7年标准普尔指数的表现优于一半以上的主动基金经理。从整个10年区间看，它超越了78%的基金经理。3/4的股票型公募基金未能跟上市场的步伐！这意味着在投资表现的竞赛中，指数基金将成为"前四分之一"的赢家。

博格对作为"先行者"推出首只零售指数基金充满热情。就像早年的其他战略举措一样，他将面临董事会的强大阻力。只有凭借创新的思维、坚定的决心和对数字的敏锐把握，他才能赢得胜利。他着眼于特定目标，巧妙地将论点集中在一个语言细节上：指数基金不需要投资管理。管理指数基金只需要基本的行政能力。通过精准的交易执行，它能够复制像标准普尔500指数这样独立设立的股票市场指数。按照这一逻辑，指数公募基金不会违反先锋领航集团狭窄的授权限制。先锋领航集团现在将拥有一个不需要"投资管理"的基金产品。

经过几个月的深思熟虑，先锋领航集团的董事们终于在1976年5月正式同意向美国证券交易委员会递交第一指数投资信托基金的申请。尽管说服基金董事接受指数投资是一项艰巨的任务，但这只是博格即将面临的更大挑战的序曲。接下来，他必须向华尔街推销他的新基金构想。这将是一场硬仗。

尽管博格充满希望，但投资银行家对承销新基金一点儿都不感兴趣。他们有充分的看空理由，先锋领航集团一文不名，对华尔街来说并非重要客户。1973年至1974年的股市大熊市使道琼斯工业平均指数下跌近50%，在调整了猖獗的通货膨胀后，情况更加糟糕。个人投资者仍然心有余悸。指数投资意味着"满足于平均水平"，这显然不是一个有吸引力的卖点。更糟糕的是，新基金将收取8.5%的前端费用或销售费用，这一成本几乎确保投资者从一开始就会远远落后于市场，永远无法迎头赶上。

在获准推出指数基金后，博格首先联系了熟知华尔街巨头的威灵顿资深交易员吉姆·弗伦奇。"弗伦奇，我需要你的帮助。我们应该找哪些华尔街公司来承销指数基金？"[5] 经过一番思考，弗伦奇列出了一份名单，名单上的公司既是"威灵顿的朋友"，又拥有强大的零售分销能力。

博格的第二个电话打给了先锋领航集团年轻的量化交易员扬·特瓦尔多夫斯基，他将负责实际的指数化工作。特瓦尔多夫斯基表示，新基金需要拥有足够的资金来复制标普市场指数，资金越多越好。

整个冬季和春季，博格都在筹备首次公开募股。最终，他成功说服迪恩威特公司牵头，与另外3家公司一同承销。承销活动定在1976年春季，目标为1.5亿美元。为了激发股票经纪人的兴趣，博格走访了波士顿、纽约、洛杉矶和芝加哥等主要城市，而里佩则被派往底特律、萨克拉门托、布法罗、明尼阿波利斯、奥斯汀和孟菲斯等较小的城市。他们发现，市场对新基金的需求相当有限。

由于反响冷淡,最初的1.5亿美元目标被下调到7 500万美元。

随着他们与更多经纪人交流,他们收到的几乎每个问题都是负面的。"为什么我们要推销一只永远不会跑赢市场的基金?""一只没有焦点、不需要管理技巧且没有明星基金经理的基金有什么吸引力呢?"

7 500万美元的销售目标再次被下调至4 000万美元。

一位明尼阿波利斯的经纪人制作了海报,分发给主动基金经理。在爱国战争时征兵海报的山姆大叔的画像下,有一行清晰的文字:"指数基金不具有美国特色!"经纪人又提出了更多疑问:"指数基金在机构市场上的销售并不顺利,你凭什么期待在零售市场上能取得成功呢?"

当销售目标降至2 000万美元时,先锋领航集团的问题变成特瓦尔多夫斯基的担忧:这个规模是否过小,以至无法准确复制指数?

当销售目标降至2 000万美元,随后是1 500万美元时,特瓦尔多夫斯基的保证带上了条件:"我们需要对小盘股进行抽样,而不是完全复制,但这不会对基金业绩产生重大影响。"

"你确定吗?"

"相当确定。"这是充满希望的回答。

首次公开募股的结果让人失望。

1976年8月,博格的指数基金筹集的资金不到最初计划的10%,仅有1 140万美元。[6]

博格的战略出现了错误,产品设计有误,销售策略不当,推出时机也不对。回过头来看，他足足早了10年。

这只基金的资产规模太小，赚取的管理费不足以覆盖运营成本，也无法按比例复制标准普尔指数中的所有500只股票。事后看来，问题显而易见，大多数个人投资者对指数基金闻所未闻。第一指数投资信托基金的名字对经纪人和投资者来说都缺乏吸引力。基金始终无法克服需要扣除前端费用的初始劣势，而且它的管理费率非常高，尤其是对一只"不需要管理"的基金来说。这是一个注定失败的项目。

尽管这是一个非常明显的商业失败，很快被称为博格的蠢事，但多年后他坚称这是一次"艺术上的成功"。在回顾先锋领航集团的指数投资历程时，博格将明显低于预期的募集金额含蓄地称为"我们所需的种子资本"，并补充说，"我们终于拥有了自己的指数基金，我们为这一关键事实而感到欣喜若狂"。[7]

即使无人看好，博格也将指数基金视作一个开端。它打破了董事会对先锋领航集团管理投资的禁令。博格巧妙地将另一只由先锋领航集团管理的埃克塞特基金（Exeter Fund）合并到指数基金中，从而增加了5 800万美元的资产，随着市场上行，增加的资产规模达到了近9 000万美元。这次合并让基金足以持有标准普尔指数500只成分股中的一部分。经过6年的漫长等待，基金的资产规模在1982年缓慢增长到1亿美元。但一个意想不到的营销难题出现了。在那些年里，与大多数年份不同，约3/4的主动管理型股票基金跑赢了标准普尔500指数，因此也超过了第一指数投资信托基金。最终，随着市场的上涨，标准普尔500指数再次超越了大多数主动管理型股票基金，第一指数投资信托基金的资产规模在1988年终于达到了10亿美元，此时距离其推出

第五章 浴火重生

已有 12 年。

博格总是以乐观的心态看待世界，他既善于进行前瞻性思考、追求创新，也善于在回顾过去时为自己戴上玫瑰色的眼镜，看到美好的一面。他也是这样看待指数投资的。当指数投资成为主流后，他更加坚信自己功不可没。1996 年博格退休并卸任首席执行官时，先锋领航集团旗下有 19 只美国国内指数基金，管理资产规模高达 240 亿美元。而它的国际指数基金管理着另外 20 亿美元资产。先锋领航集团占据业内指数基金管理规模的近六成。

博格的下一步战略举措将彻底颠覆公募基金的核心业务，即销售或分销业务。他打算取消传统的 8.5% 销售佣金，直接向投资者提供不需佣金的基金份额。这一转变无疑将激起经纪行业的巨浪，但对博格来说更重要的是，它将帮助先锋领航集团摆脱对威灵顿投资管理公司分销渠道的依赖。

博格多年来一直坚持不懈地推动降低先锋领航集团支付给威灵顿投资管理公司的费用。在每次交锋中，他始终坚持两个相互关联的目标：为先锋领航集团争取更好的交易条件，惩罚威灵顿投资管理公司对他的罢免行为。他指出，支付给威灵顿投资管理公司的费用太高了，鉴于先锋领航集团产生的增量管理成本微乎其微，降低费用"显然"是必需的。威灵顿投资管理公司应该向先锋领航集团提供与大型养老基金账户相似的较低费用。后来，在先锋领航集团承担起分销和投资者服务的所有繁重工作后，威灵顿投资管理公司"唯一"的贡献便仅剩下投资组合管理。不论他提出的具体论点是什么，博格总能以充分的定量证据作为支撑，让自己的主张更具说服力。[8]

J.P. 摩根有一句名言，每个重大商业决策背后几乎总是有两个原因：一个合理的原因和一个真实的原因。博格未明言的真实动机是复仇，他想让威灵顿投资管理公司付出代价。他似乎并不担心削弱这家先锋领航集团仍在依赖的投资管理公司。随着时间的推移，博格迫使威灵顿投资管理公司在先锋领航集团需要支付的费用上做出了大大小小 200 多次削减。

> J.P. 摩根有一句名言，每个重大商业决策背后几乎总是有两个原因：一个合理的原因和一个真实的原因。

博格推动免佣金的举措是对公募基金行业的一次惊人突破，更是给威灵顿投资管理公司带来了无尽的痛苦。50 年前，向引导客户购买基金的经纪人支付 8.5% 的销售费用是公募基金行业的常态，威灵顿基金的生存正依赖于此。此外，威灵顿还向经纪公司支付了大量佣金，用于为基金买卖证券。通过将这些有利可图的交易指定给某些经纪公司，威灵顿与经纪人达成了利益交换，促使经纪人在向投资者销售时优先推荐威灵顿基金。[9] 这种幕后的互惠"软美元"关系在公募基金行业中普遍存在，似乎代表着"客户利益无关紧要"。

这一切都没有超出当时业内可接受的范围，因此博格转向无佣金的提议显得十分激进。除了一些大型投资顾问公司，很少有公司提供免佣基金。大型投资顾问公司并不把自己视为公募基金公司，而是作为机构和富裕家庭的投资顾问。这些公司包括普信集团、卢米斯·塞尔斯（Loomis Sayles）和斯卡德－史蒂文斯－克拉克投资咨询公司（Scudder, Stevens & Clark）等，它们只是将免佣基金作为一种行政便利，一种为重要客户的后代这样的小额账户提供的低成本便捷服务。少数投资顾问公司开始接纳任何希望投资于免佣基金的投资者，但主流公募基金组织仍然坚持收取销售佣金。

博格的计划风险重重。愤怒的零售经纪人可能会停止销售威灵顿公募基金，甚至敦促客户从逐渐缩水的威灵顿基金转向其他公司的有佣基金，加速基金赎回和资产与收入的流失。如果在取消销售费用后个人投资者并没有蜂拥而至，先锋领航集团又该如何保持销售额呢？

尽管博格曾在 20 多年的时间里积极推动威灵顿强硬营销的传统有佣基金，但他声称："我对免佣基金业务一直情有独钟。"现在，他辩称，未来的趋势将属于免佣基金，投资者将变得更加富有，知识和经验更加丰富，他们肯定会意识到免佣基金的优势。

1977 年 2 月 7 日至 8 日，在经过反复的质疑和长期的辩论后，基金董事们逐渐认识到博格提案的合理性。他们最终接受了他那有点儿牵强的论点，即由于免佣基金不通过传统销售渠道销售，而是由投资者直接向先锋领航集团认购，因此并不违反董事会禁止分销的规定。凌晨 1 点，董事会以 8 票对 5 票决定全面取消销售佣金，并将先锋领航基金重新定位为免佣基金。这将使先锋领航集团成为一家免佣基金分销商，前提是有投资者愿意直接将业务带到先锋领航，实现从"推动"营销向"拉动"营销的转变，颠覆"公募基金不是投资者主动购买的，而是被推销出去的"旧观念。[10]

博格回忆道："投资管理的创新往往是为卖家服务，而不是买家。""我一直与威灵顿的批发销售团队保持着紧密联系。每年，我都会告诉他们，'告诉我你们想要什么，只要你们达成一致,我会与摩根先生协商解决'。我们知道,经销商觉得他们已经被辜负了很多次,所以推行免佣基金业务对我们来说其实并没有损失。我们在上午10点召开了新闻发布会。那一天,我们的20位批发销售人员全部失业了,他们以及与他们密切合作的100家经纪公司自然愤怒无比。雷诺兹公司(Reynolds & Co.)负责人罗伯特·加德纳向我们发出了各种威胁,德雷福斯公司则在报纸上刊登了全版广告,写着:'免佣基金?不可能!'但在业务的实际影响上,我们转向免佣模式并未受到太大冲击。一个月后,一切归于平静。"[11]

在董事会同意先锋领航集团接管分销业务后,一些法律和监管问题依然存在。先锋领航集团需要获得《投资公司法》的豁免,这引发了一位股东关于举行听证会的要求,他不希望威灵顿基金分担其他基金的分销成本。[12]

先锋领航集团还有更广泛的问题需要获得美国证券交易委员会的批准。一场持续了5周的史上最长行政听证会于1978年1月开始。听证官马克斯·雷根斯坦纳的裁决为1979年5月通过的12b-1规则奠定了基础。该规则首次允许公募基金公司在管理费上增设新的收费项目,以补偿经纪人未引导客户转换基金的行为。颇具讽刺意味的是,博格被戏称为"12b-1费用之父",而他在职业生涯中的大部分时间都在痛斥这种额外费用,并且先锋领航集团从未收取过这种费用。

先锋领航集团向美国证券交易委员会提交了申请,请求允许其将分销成本均匀分摊到所有基金上,而不是让新成立的基金在资产规模尚小时独自承担分销成本,从而对其回报率造成沉重负担。1981年4月,美国证券交易委员会决定,公募基金公司

第五章 浴火重生

可以使用股东资产支付分销成本,解决了股东听证会上的问题。美国证券交易委员会还确认了雷根斯坦纳听证官的裁决,允许先锋领航集团将成本按照资产规模比例分配给各只基金。另一个重大突破是,先锋领航集团获得了使用"免佣"一词描述其产品的许可。最终的 12b-1 规则规定,依赖 12b-1 的基金不能自称免佣,这对先锋领航集团来说是又一场胜利。

1977 年,先锋领航集团推出首个免佣基金沃里克市政债券基金(Warwick Municipal Bond Fund)。市政债券基金 6% 的佣金显然过高了,因为其回报率通常远低于股票基金。一项允许公募基金将市政债券的税收优惠传递给投资者的法律带来了根本性的改变。[13] 博格采取了两项相辅相成的举措。首先,他巧妙地将先锋市政债券产品分为 3 个不同的期限:短期、中期和长期。投资者可以自由选择他们想要的期限。这一举措受到了热烈欢迎。其次,沃里克市政债券基金在与威灵顿的分裂中率先迈出了突破性的一步。在博格的坚持下,基金董事会决定保留花旗银行作为基金的投资顾问,而不是威灵顿投资管理公司。虽然几年后花旗银行因表现不佳被终止了管理资格,但这次的分道扬镳增强了先锋领航对威灵顿投资管理公司的独立性。

随着利率超过 10%,而银行受法规限制只能对定期存单支付 5.25% 的利率,货币市场公募基金迎来蓬勃发展。1975 年,先锋领航集团推出了由威灵顿投资管理公司管理的优质货币市场基金(Prime Money Market Fund),比市面上首只货币市场公募基金储备基金(Reserve Fund)晚了 4 年。随着先锋领航集团的低费用越来越为人所知,其货币基金的资产规模迅速增长。

虽然货币基金最初被视为最简单的投资形式，但它在先锋领航集团却取得了意想不到的成功。在最初的保守预期基础上，货币基金在1976年仅吸引了500万美元，主要来自先锋领航集团的原有投资者。在这个小基数上，该基金在1977年几乎翻了一番，达到了900万美元。通货膨胀率上升，货币市场工具的利率随之攀升，资金纷纷从低息的银行定期存款流向了投资于更高收益工具的货币基金。随后，保罗·沃尔克领导下的美联储努力遏制高通胀及其对经济的潜在破坏，利率急剧上升。如表5-1所示，先锋领航集团的货币市场基金资产在1978年达到2 800万美元，1979年猛增至1.9亿美元，实现了约6倍的增长。随后5年，货币基金的资产规模又以惊人的速度增长了约12倍，在1984年达到了24亿美元。这股增长势头并未就此结束。在接下来的5年里，货币市场基金的资产规模急剧增长至1989年的148亿美元，成为先锋领航集团最大的产品线，几乎占据其总资产的1/3。

表5-1 先锋领航集团货币市场公募基金净资产规模

年份	净资产规模（百万美元）
1975	5
1976	5
1977	9
1978	28
1979	190
1984	2 423
1989	14 768

除了货币市场基金，威灵顿投资管理公司还一直负责管理

先锋领航集团 90% 的固定收益基金资产。吉姆·里佩和杰克·博格一致认为，将所有固定收益投资管理内部化的时机已经成熟。他们向先锋领航集团董事会提出的理由很简单，鉴于货币市场资产和债券资产（包括应税债券和市政债券）的快速增长，先锋领航集团可以在公司内部以成本价运营并管理这些"简单传统"的标准化资产来为投资者节省大量成本，所需的费用远低于威灵顿投资管理公司和其他管理者收取的费用。[①]博格认为，货币市场基金并不需要传统意义上的投资管理。随着固定收益业务的壮大，先锋领航集团的成本优势越发凸显。

随着先锋领航集团资产的增长，低费率越发成为其竞争优势，每千美元投资的费用持续下降。由于货币市场基金都投资于相似的短期工具，并且随着资产的大幅增加，成本只是略有上升，费率很快就对净收益产生了显著的影响。投资者纷纷涌向先锋领航集团。到 2022 年，先锋领航集团管理的货币市场资产已超过 2 500 亿美元。

博格喜欢说："在投资中，你省下的每一分钱都会成为你的收益。"

> 在投资中，你省下的每一分钱都会成为你的收益。

里佩同意招聘一位经验丰富的债券经理，负责管理货币市

[①] 博格与威灵顿投资管理公司之间的争端不仅仅局限于投资管理费问题，另一桩争议聚焦于"福吉谷"大楼。博格希望签订一份长期租约，迫使威灵顿投资管理公司将相当比例的资产绑定在这座建筑上。经过多轮深入谈判，双方最终接受了为期 5 年的租赁协议。

场基金和债券基金。他不需要走太远。他在费城吉拉德银行的固定收益部门就找到了合适的人选，负责管理30亿美元固定收益资产的伊恩·A.麦金农。当麦金农于1981年底加入先锋领航集团时，他不得不与审计师共用一间办公室，使用一张小桌子和旁边的墙式电话工作。很快，罗伯特·F.奥韦特尔也加入进来，他们共同组建了一个负责17亿美元资产的固定收益管理部门。麦金农的部门最终管理着620亿美元的资产，涉及39个刻意保持着简单传统模式的投资组合。到1995年，先锋领航集团以仅次于富达的1 800亿美元的总资产，成为全球第二大资产管理公司。它的增长速度是主要竞争对手的两倍，服务于300万客户账户，并且每天新增3 000个新账户。威灵顿投资管理公司继续管理着先锋领航集团的高收益债券、抵押贷款支持证券以及优先股这些需要更多研究的资产类别。

在市场营销领域，先锋领航集团的显著竞争优势在于其较低的费率。正如麦金农指出的："在债券基金和货币市场基金方面，先锋领航集团的费率普遍比竞争对手低50至100个基点。让我告诉你，没有什么比以0.5%至1%的领先优势开启投资之旅更好的了。我们并不需要牺牲质量或策略来追求更高的收益。"[14]

> 没有什么比以0.5%至1%的领先优势开启投资之旅更好的了。我们并不需要牺牲质量或策略来追求更高的收益。

随着资产的增加，先锋领航集团的成本只是略有上升，因此，随着时间的推移，每投资1美元的管理成本不断下降。对一些货币和债券基金而言，最终费率降到了仅1个基点（0.01%），远低于竞争对手。在股票基金投资者中，更高的费用往往被反常地视为管理能力更强、未来回报更高的标志。然而，货币市场基金的投资者并不会忽视先锋领航集团的低费率。这种强大的良性循环加速了发展势头。随着先锋领航集团资产的不断增加，其费用持续摊薄，从而吸引了更多的资产。

精明的投资者告诉朋友们，应该试着投资先锋领航集团的产品。许多投资者觉得他们与投资机构的关系至关重要，一旦与某个机构建立了关系，他们就倾向于继续与该机构进行更多业务。被低费率吸引至先锋领航集团货币基金的投资者，往往会扩大他们的投资范围，包括投资长期债券基金，这些基金的费率同样很低。如果已经投资了债券基金，那么为什么不试试股票基金呢？

再一次，先锋领航集团幸运地抓住了机遇。20 世纪 80 年代初股市开始转向，美国历史上历时最长、走势最强劲的牛市蓄势上行。由约翰·内夫管理、先锋领航集团独家发行的温莎基金年复一年业绩出色，赢得了华尔街投资者的青睐。他们纷纷将自有资金投入内夫的基金，并向他人热情推荐该基金的投资策略及其背后的逻辑。

与此同时，威灵顿投资管理公司的处境依然艰难。它仍管理着 11 只先锋领航集团旗下的公募基金，并拥有波士顿团队 TDP&L 的机构投资业务。但其资产规模在不断缩小，利润更是大幅下滑。更糟糕的是，曾经被波士顿团队视为核心理念的团队合作精神与和睦关系，也因公司屡遭挫折而经历严重动摇。

一次又一次，博格做了详尽的功课，进行了深度的研究，精心构建了令人信服的论据，证明降低支付给威灵顿投资管理公司的费用是解决当前所有问题的最佳途径，这使董事们很难持续反对他的提议。随着博格一步步剥离威灵顿投资管理公司的业务，他也在逐步瓦解威灵顿投资管理公司及昔日"天作之合"的美好愿景。作为一家上市公司，威灵顿投资管理公司未来的盈利增速预期对其市值至关重要。但在建立先锋领航集团的过程中，博格逐步攫取了威灵顿投资管理公司重要的业务和利润。

此时股市仍远低于峰值水平，压低了威灵顿投资管理公司基于资产规模的管理费用收入。投资者对威灵顿投资管理公司未来的盈利能力逐渐失去信心，其股价一跌再跌，从每股近 50 美元的高点跌至近 5 美元的低点，跌幅近 90%。对以股票形式出售公司的波士顿团队来说，股价暴跌无疑给个人带来了巨大痛苦。他们都意识到情况可能会进一步恶化。"那简直糟糕透了，"多兰后来感慨道，"我们竭力保住一切，而博格却在步步紧逼。我们的资产在缩水，收入和股价都在下跌。"

没有增长前景，威灵顿投资管理公司将难以吸引对每家投资机构都至关重要的新人才。一旦投资表现连续两三年低于平均水平，即便是最优秀的主动基金经理也会遇到这种情况，那么终止威灵顿基金与 TDP&L 合并的理由就会变得十分充分。投资表现的低迷与威灵顿投资管理公司的经济困境和博格屡次在费用谈判中提及的组织结构脆弱性遥相呼应。威灵顿投资管理公司与主要机构客户的合同都附有"提前 90 天通知解除"条款，客户退出相对简单。如果有几家主要机构客户离开，这种影响将难以承受。如果离开的不止几家，甚至可能会引发"踩踏式"的大规模撤离。

多兰在其他人的帮助下，经过多次草拟，撰写了一份题为"展望未来"的内部备忘录，描述了他对威灵顿投资管理公司组织价值观和文化的设想。如果这份备忘录出自他人之手，或许会被视为陈词滥调，但他的伙伴们从过往的经历中体会到多兰非常关注这些，所以都愿意格外重视这份备忘录。随着时间的推移，这些核心价值观，包括相互尊重、追求专业和业务卓越、为员工提供技能发展机会等，慢慢形成了威灵顿投资管理公司引人注目的文化现实。

尽管博格和他的威灵顿对手之间存在敌意，但威灵顿投资管理公司的一些高级管理人员与现就职于先锋领航集团的前同事之间的个人友谊得以延续。当恰当的时机来临时，这将有助于重建两家公司之间的工作关系。

在先锋领航集团，博格和里佩实现了他们的终极战略目标，创建了一个集分销、客户服务和投资管理于一体的综合性、自给自足的投资管理组织。用先锋领航集团钟爱的航海术语来说，现在它能够自由制定并全力实施"蓝海"战略，全速前进。

博格喜欢在先锋领航集团年度管理层研讨会上以惊喜开场，激发创新思维。1992年，他的主题是"挑战传统"。他认为在别人眼中，先锋领航集团存在12项不可能改变的理念，他挑出其中3个想要挑战的观点：

- 先锋领航集团不会成为技术创新的领导者。
- 先锋领航集团不会提供定制化的资产配置投资建议。
- 先锋领航集团不需要像某些竞争对手那样，为大型新客户提供费用减免优惠。

就在不久前，博格才告诉《福布斯》杂志："技术成本高昂，我们负担不起成为技术引领者的代价。"但现在，他宣布："我们承担不起不成为技术引领者的风险。随着我们的资产正在以数百亿美元的速度增长，我们无疑将成为行业领导者。"不过在他担任首席执行官期间，这一转变并未发生。

博格对先锋领航集团或其他任何公司能否挑选出超越指数表现的主动基金经理持严重怀疑态度，但随着指数基金逐渐获得认可，资产配置日益成为投资顾问的焦点，现在他确信为投资者提供顾问服务是可行的。然而，先锋领航集团直到1996年，也就是博格离职后才开始提供投资顾问服务。

为了向竞争对手发出警告，博格宣布，对在先锋领航集团旗下4只不同美国国债基金中投资5万美元或以上的投资者，先锋领航集团将提供仅为0.10%的费率，降价50%以上。随着先锋领航集团的记录保存技术持续升级，自2000年以来，也即博格首次"向竞争对手开炮"的8年后，先锋领航集团逐步为更多基金增设"海军上将级"优惠定价，并降低了最低投资门槛。多年后，"海军上将级"基金份额的加权平均费率为0.11%。这一费率仅为先锋领航集团平均费率的一半，比竞争对手0.63%的费率低了80%多。随着费率的逐步降低，投资者越来越多地注意到并转向先锋领航集团。

第六章
成本与费用关系

CHAPTER 6

20世纪60年代,波士顿咨询集团创始人布鲁斯·亨德森强烈主张将低成本作为企业长期战略的基础。他认为这将使公司提供更低报价,从而抢占更多市场份额,扩大销售规模。随着销量的增加,低成本和高销量的组合将为公司带来盈利。在良性循环中,成本越低,价格就越低,这将带来更高的市场份额和更大的销量,使单位生产成本进一步降低。

为投资者提供低费率服务是先锋领航集团的核心理念。这取决于低运营成本和基金管理成本。降低、消除和管理成本,始终是公司运营管理的重点。

博格因其节俭作风和不遗余力地降低投资成本而赢得赞誉。先锋领航集团的投资者敬佩他削减成本的决心,因为他们知道自己将从中受益,能获得更高的回报。博格的朋友,普林斯顿大学经济学教授伯顿·马尔基尔在1992年向纽科门协会介绍博格时讲述了这样一则故事:

有一次，博格因参加会议不得不入住纽约市昂贵的广场酒店。轮到他办理入住手续时，他告诉前台他想要最便宜的房间。接待员向他推荐了250美元的经济单人间，但博格坚持认为这太贵了。在博格拒绝了多个提议后，忍无可忍的接待员挖苦道，电梯井旁边有一个没有窗户的旧储物间，只要89美元。博格立刻回答说："我就要那个。"

当迟疑的服务员寻找钥匙时，博格转向后面排队的一位先生，为耽误时间而道歉。结果这位先生正是先锋领航集团的投资者，他回应道："没关系，您就是博格先生吧？真是节俭！"

博格不仅坚持入住便宜的酒店房间，还乘坐经济舱、穿着早已过时的成衣西装，避免社交应酬，驾驶一辆有一定年头的汽车，这一切都是为了塑造自己乃至先锋领航集团的节俭形象。在业内其他人还未意识到低费率的重要性之前，他就已经领悟到低成本的重要性，并带领先锋领航集团逐步推行低费率服务。

长久以来，在关于投资管理业务的所有信念中，最强烈也最奇特的观念就是费率并不重要。人们普遍认为费率已经足够低，为什么还要将"比低价更划算"作为一项商业策略呢？谁会注意到这一点？谁会在意呢？显然，优越的投资表现才是每位投资者追求的目标，相关的陈词滥调层出不穷："一分钱一分货。""你不会仅仅因为一位脑外科医生收费更低就选择他。""你真的愿意选择一位次优的经理吗？"

博格深知，随着业务的不断变化，传统认知可能会对人们产生严重的误导。新的投资者本身就是资产的持有人，基金经理只是为投资者带来资产的增值收益。假设一只平衡型基金的平均收益率为7%，被描述为占资产"仅1%"的费率实际上占到了全部收益的15%，而非所谓的"仅1%"。再加上占资产规模1%的交易成本（包括佣金和买卖价差），主动基金经理必须额外获得占资产2%的收益才能抵销这些成本，这意味着他们需要获得比市场平均水平高出近30%的收益率。在一个由同质竞争者主导的股票市场中，竞争对手的信息灵通程度、设备先进程度、人才配备水平都差不多，大家竞相寻找并利用错误定价，这使得套利机会很难被发现并快速消失。在这种情况下，主动基金经理能否反复实现2%的超额收益呢？博格研究了公募基金的业绩后给出了否定答案。

大多数基金管理公司正在不断提高管理费，特别是增加0.20%至0.40%的12b-1费用。而先锋领航集团则在不断降低费率，这吸引了更多关注和资产流入。然而，多年来，先锋领航集团并没有引起直接的价格竞争，因为竞争对手都是营利性企业，而非共同所有权组织。到1995年，先领航锋集团的平均费率已降至0.30%，而其竞争对手的平均费率却升至0.92%。这种差异将产生重大影响。

得益于严格的成本纪律，如员工乘坐经济舱出行、选择低价酒店住宿、用餐简单朴素、不设娱乐活动、薪酬水平适中、很少投放广告，以及在与外部投资经理的费用谈判中采取强硬的态度，先锋领航集团的运营成本几乎是业内最低的。这种成本意识还体现在高级管理人员简朴的办公环境上。他们的办公室简洁实用，均为灰色调、面积不大的统一标配，经理直接下属的办公隔间围绕在周围。先锋领航集团正在确立一个战略性的竞争优势，几十年来其他公募基金公司都不愿效仿其低费率策略。

从投资者的角度来看，如果指数投资可以在不比市场平均风险更大的情况下，仅以几个基点的损失提供几乎全部的市场回报，那么基于主动投资

> 先锋领航集团正在确立一个战略性的竞争优势。

的传统公募基金还能提供什么呢？虽然每年都有超越市场表现的赢家，但在 10 年或更长时间内的结果却截然不同，并且颇具启发性。

尽管每只基金都可以自由选择专攻特定的细分市场，例如大盘股或小盘股、成长股或价值股等等，可以自由组建心仪的团队，挑选最有价值的研究资源，精选最喜欢的股票并避开那些被认为吸引力较小的股票。但残酷的现实是，在过去的 15 年里，未能跑赢选定目标指数的主动管理型公募基金占比达到了惊人的 89%。11% 的基金经理虽然在当年胜出，但在随后的年份中往往难以保持领先。那些未能跟上基准指数表现的基金给投资者造成的损失远远超过少数成功基金带来的收益。雪上加霜的是，公募基金投资者的收益率往往较其所持有的基金更逊色，因为他们倾向于在高位买入并在低位卖出。

股市结构发生了重大的长期变化，专业投资者及计算机在今天的市场上占据了压倒性地位，从而使得主动基金经理跑赢指数的概率从 60 年前的高点降到了现在的低点。考虑到主动管理型基金的实际成本（超过资产规模 1% 的管理费用及接近 1% 的

交易成本①），在全球几乎所有主要市场中，击败市场变得越来越困难。（中国市场以个人投资者交易为主，所以仍是一个例外，不过随着机构投资者无可避免地占据主导地位，这一例外终将消失。）当前的挑战并非找到一位优秀的基金经理，因为如今已涌现出许多非常优秀的主动基金经理。真正的难点在于，如何在众多优秀的基金经理中挑选出最卓越的那一位。当前几乎所有的买入都来自专业投资者，几乎所有的卖出也都面向专业投资者。这与过去由业余散户和笨拙机构主导的市场截然不同。"心甘情愿的输家"几乎都消失了。

投资才能的趋近反映出优质信息的传播是平等且对称的。50年前的大型证券公司可能只有十几名分析师，如今其世界各地的分支机构可能拥有500名或更多的行业和个股分析师、经济学家、大宗商品专家、投资组合策略师等。他们搜集各类信息和分析洞察，并通过互联网向全球机构客户提供资讯。每位专业人员都拥有出色的计算机能力，以及可供在全球34.5万个工作台上按用户需求组织任何可用数据的彭博终端。美国证券交易委员会要求上市公司在向任何一位投资者披露重大信息时，都务必确保所有投资者同时获得该信息。总之，在专业

> 在专业人士中，几乎每个人都在同一时间知道几乎一切信息。

---

① 交易成本几乎完全是买卖价差，当意外的利好或利空消息引发大量投资经理迅速行动时，价差可能会特别大。

人士中，几乎每个人都在同一时间知道几乎一切信息。

投资者该如何避免成本吞噬收益的陷阱呢？答案是降低成本！指数基金和交易所交易基金（ETF）是降低成本、提高收益的两种方法。另一种方法是精心挑选主动基金经理，并与其签订合同，要求其以异常低的费用提供投资服务。先锋领航集团正是在这种双赢安排下为数十只主动管理型基金选择基金经理的。

先锋领航集团为主动基金经理提供了四大好处：一是如果基金经理表现出色，其管理的资产规模将急剧扩大；二是所有股东服务均由先锋领航集团提供；三是与先锋领航集团建立联系，能显著实现基金经理业务的多元化；四是先锋领航集团投资者的资产比普通公募基金的资产更持久或稳定。对于业绩出众的基金经理，先锋领航集团乐于支付丰厚的报酬。当然，业绩不佳的基金经理也会受到相应的惩罚。

先锋领航集团致力于提供卓越的指数投资和主动管理服务。无论哪种方式，它都专注于为投资者提供低成本的长期投资管理服务，同时指导客户制订稳健的投资计划，并长期坚持计划。

即使是小额的成本节约也能积少成多。许多基金公司每年公告并派发4次股息。为了最大限度削减成本，先锋领航集团对某些基金实行半年一次的股息分配。每次分配频率的下降都能节省5万至10万美元的成本。同样，经过对邮寄成本的分析，先锋领航集团将代理投票表格的尺寸削减了约3毫米，每年为投资者节省4万美元。

在先锋领航集团，成本意识深入人心，尤其体现在积极运用科技手段来减少为投资者提供优质服务所需的人力资源上。但至少有一项重要的降本举措并未过多依赖技术，而是更多地借助了人力。多年前，面对高峰期电话量的激增，先锋领航集团并未增加常设服务人员，而是建立了一套灵活响应机制，既提高了短期的服务容量，又降低了长期的成本。这一方案由当时的首席运营官杰克·布伦南构思，并被博格冠以"瑞士军刀"的称号，这一称号象征着保护瑞士独立500多年的防御力量。这一方案是对一次服务失误的成功回应。

早在1987年4月，随着利率的上升，市政债券市场意外暴跌。由于市政债券市场的流动性较差，一旦投资者急于买卖，价格就很容易快速波动。价格下跌会引发更多的抛售行为，这正是1987年发生的情况。客户纷纷要求将长期市政债券基金转换为短期货币市场基金。大多数基金管理公司都会收取赎回费，而先锋领航集团（以及德雷福斯公司）没有，因此它们承受了几乎所有的恐慌性抛售压力。当部分市政债券价格跌幅高达20%时，超过2.7万个投资者的担忧来电涌入先锋领航集团的800条电话热线。[1] 债券经理伊恩·麦金农回忆说："就像经历了一场交通事故，你嘴巴发干，因为处于惊愕状态所以感觉不到疼痛。"[2] 在这种情况下，先锋领航集团无法维持其在45秒内接听90%来电的服务标准。

布伦南决心防止此类情况再次发生，并决定以高效节约的方式来解决问题。来电量的变化受多重因素影响，包括市场崩溃、天气、纳税季节等。峰值与谷底的来电量通常相差两倍左右。布伦南的解决方案是让数百名员工接受交叉培训，包括他自己、个人投资者部门负责人詹姆斯·H.盖特利、指数投资部门负责人格斯·索特以及杰克·博格等人，组成一支随时待命的训练

第六章　成本与费用关系　　097

有素的预备队，可以在必要时接听电话。培训包括两天的课堂学习和5周的电话实践，每年还有两天的复习巩固。这支"瑞士军刀"团队满足了先锋领航集团的三大目标：最小化成本，保持高标准客户服务，更重要的是，让高层领导与零售客户时刻保持紧密联系。

仅仅6个月后，先锋领航集团"瑞士军刀"团队就遭遇了严峻考验，当时道琼斯工业平均指数在10月的一天单日暴跌了22.6%，这是前所未有的最大跌幅。投资者的来电量激增，"瑞士军刀"团队已做好准备。先锋领航集团成功应对了飙升的服务需求，员工洋溢着满意的笑容。在投资者焦虑不安的时候，正如布伦南所说："首先，你必须在那里；其次，你必须提供准确的信息；最后，你必须满足客户的需求。"[3]

在为客户提供电话服务期间，格斯·索特收到的一次来电考验了他的幽默感。一位投资者想要一只主动管理型基金，并评论说指数基金的管理工作连猴子也能胜任。索特友好地回答说："我想你正在和'猴子头儿'交谈呢。"[4]

在系统性降低或消除成本的同时，先锋领航集团也找到了一种保守的方式来增加回报率。先锋领航集团通过出借证券赚取现金并直接回馈给投资者。先锋领航集团将证券出借给经过精心挑选的交易商，这些交易商通常出于风险对冲目的而卖空证券。交易商必须全程提供超过100%的优质抵押品，因此先锋领航集团不会承担任何风险。时任401（k）计划业务负责人的比尔·麦克纳布在接受《金融时报》采访时表示："我们在证券出借方面的一切操作都是拥有100%抵押担保的，期限比我们自己的货币市场基金还要短。因此，这个项目运行得非常保守。额外收入有时完全可以抵销某些指数基金的管理费。在这种情况下，投资者获得专业管理的净成本为零。"

另一种降低成本的创新方法是，更换不愿意适应业务变化的服务提供商。先锋领航集团与标准普尔的初始协议是为标准普尔500指数基金支付固定费用。当这只基金超预期发展壮大时，标准普尔意识到自己犯了个大错，要求提高费用标准。先锋领航集团拒绝变更合同条款。然后，格斯·索特推出了标准普尔基金的ETF版本。标准普尔声称ETF是另一个不同的客户，因此其有权收取更高的费用。先锋领航集团再次拒绝该提议，标准普尔当时的母公司麦格劳–希尔提起诉讼并获胜。但这并非故事的结局。

索特在芝加哥大学获得MBA（工商管理硕士）学位，该校是蓬勃发展的量化投资分析学术中心。作为杰出校友，他受邀担任芝加哥商学院顾问委员会成员。他了解到，几十年前美林证券曾出资5万美元支持学校成立证券价格研究中心（CRSP）。美林证券希望找到当代的证据，证明股票是优于债券的长期资产。该观点自1924年埃德加·史密斯在其被誉为"20世纪20年代牛市《圣经》"的著作《用普通股进行长期投资》中提出以来，业界就一直争论不休，直到当时仍有争议。

在公司金融学教授詹姆斯·H.洛里的指导下，一群研究生搜集、整理、验证并在IBM（国际商业机器公司）穿孔制表机中录入了超过1 000只股票在8 650个交易日的每日价格数据，共计近900万条记录。该中心成功地证明，从长期来看股票的表现明显优于债券。① 美林证券的投资得到了回报，量化分析师发现这些数据极具研究价值，尤其适合撰写文章。但是，CRSP 的数据并不像标准普尔的数据那样具有市场价值，因为它尚未转化为能够在交易日全天实时追踪的指数。索特在其中看到了一个双赢的机会。

CRSP 对先锋领航集团的主要市场，即个人投资者来说并不知名。因此，在与标准普尔正面交锋前，索特做了充分的研究准备。他委托开展了一项调查，了解投资者对指数基金与标准普尔指数挂钩的关注程度。正如他所料，大多数投资者根本不在意。他们看重的是先锋领航集团作为低成本基金管理者的角色，认为任何信誉良好的指数都同样可靠。

索特向芝加哥大学商学院院长泰德·斯奈德提出了一项颇具吸引力的建议。先锋领航集团将提供全额资助，支持将 CRSP 数据转化为一流的连续指数。这项工作将由两位教员完成，每人每天 750 美元。先锋领航集团希望将该指数作为基金的基准，承诺支付可观的年度特许使用费。这笔费用虽然数额较大，但仍远低于标准普尔收取的费用。这样一来，芝加哥商学院同时获得了丰厚的年金收入。[5]

就这样，先锋标准普尔 500 指数基金转变为现在的先锋 500 指数基金。

---

① 具有讽刺意味的是，芝加哥大学将约翰·D. 洛克菲勒慷慨资助的大部分捐赠基金都投入了债券。结果，其捐赠基金表现落后于同行，资产排名从第二位跌至第十位。

长期以来，广告一直是先锋领航集团最显著的降本方向之一。先锋领航集团几乎没有做任何广告，相比之下，富达在媒体广告上的花费是其10倍多。杰克·博格拥有弥补推广费用差距的个人方案，他通过个人魅力争取报纸、杂志和有线电视对先锋领航集团的正面报道，尤其是《纽约时报》《华尔街日报》《金钱》《福布斯》《巴伦周刊》、CNN（美国有线电视新闻网）和CNBC（美国消费者新闻与商业频道）。

博格与媒体成功合作的秘诀其实并不神秘。在许多投资界人士对媒体避之不及的时候，他却欣然接受并积极与媒体接洽。博格是个活跃且精明的媒体玩家，每天都处在这场游戏中。财经记者逐渐认识到他乐于接听电话，并且能用事实支持他对投资者最佳利益的看法。他公开宣称，对内部人士而言利润丰厚的投资管理行业，却经常辜负个人投资者的期望。投资管理行业在收取高昂费用的同时声称会实现卓越的投资回报，但实际上却难以兑现诺言。

"公募基金收费过高。""销售费用过高。""经理们贪婪且过于关注短期收益。""广告具有误导性。""这个行业已经迷失了方向。"记者们引用博格的话，认为他是个独行侠，是公募基金业的良心，是一位打破传统的改革者。有人批评他热衷于争议，但博格始终坚持不懈，在多本书、诸多文章和演讲中，对业内不正当的做法进行了严厉的批评，并提供了每位投资者都易于理解和实践的基本成功准则。

> 记者们引用博格的话，认为他是个独行侠，是公募基金业的良心，是一位打破传统的改革者。

博格作为行业标志性人物的地位对先锋领航集团的业务大有裨益，也使杰克·博格免受他人的管理和控制。一通接一通的电话，一篇接一篇的文章，一句接一句的引语，他逐步建立起了个人品牌，成为业内最好的品牌之一。在杰克·布伦南看来，博格每年在媒体上为先锋领航集团带来"价值数百万美元"的曝光量。在商业领域，很少有人能达到使公众耳熟能详并广受敬仰的知名度，而在金融领域，这样的公众人物更是凤毛麟角。杰克·博格让自己跻身其中。他热爱这种状态并为之辩护。当《华盛顿邮报》将博格和沃伦·巴菲特作为为投资者树立了忠诚服务高标准的领导者时，博格抗议说，该报道提到巴菲特名字的次数更多。

不论外界是否全然认同，博格始终是先锋领航集团最耀眼且最具辨识度的代言人。他的个性与先锋领航集团品牌相结合，使公司与众不同，尤其是在初创阶段。退休后，他曾感慨："他们不再倚重我。"这一点从 3 个层面困扰着博格：他愿意无偿为先锋领航集团工作，他的内心渴望这么做，他深知先锋领航集团也明白这一点。他认为，剥夺他的这一机会，不仅对他是一种伤害，对他亲手创立的公司也是一种损害。他未能意识到，或不愿意接受的是，他对独立发声和直言不讳的渴望，使他被视作一门不受控制的大炮，一个经常与先锋领航高层观点相左的不按常理出牌的人。他曾批评 ETF 会诱发过度交易，公开表示担忧指数基金可能会主导市场并引发潜在风险。

杰克·博格成为美国商界最广为人知的人物之一。他享受整个过程。无论妻子怎样恳求他在 70 岁、75 岁甚至 80 岁或 85 岁时退休，他都坚持继续下去。他为了塑造自己作为普通投资者守护神的公众形象而不懈努力。他始终如一，直言不讳。他以无畏而率性的风格吸引了大批观众的关注，他们热衷于预测他的意见，并乐于聆听他的见解。观众一次次从他那里学到东西，学会了信任他。随着关注博格的记者越来越多，他每隔几周就会整理自己近期的演讲和文章，以便邮寄给记者和其他人，并附上一两页复印的手写评论，强调他的重点并纠正关于他的文章中的任何错误。最终，博格不再需要担任首席执行官，甚至不再需要留在先锋领航集团，也能作为一位洞察力深刻的观察家而广受认可和尊重。

2008年股市暴跌时，许多金融公司为削减成本裁去数万名员工。但先锋领航集团没有这么做，尽管它削减了数百万美元成本结构，却并未解雇任何一名船员（这是先锋领航对员工的称呼）。

这种保留员工的做法如何与成本管理相适应？公司认为，市场虽然有所萎缩，但对"船员"的需求并没有减少。客户仍然需要大量服务，甚至可能需要更多。此外，先锋领航集团的高层相信，以赤诚之心对待员工，最终将赢得员工对公司的无限忠诚。通过重新部署"船员"的工作职责和项目，公司避免了裁员。结果，员工流动率非常低，团队士气高昂，持续竭诚服务客户。

杰克·布伦南曾说："低成本并不等于廉价。我们的领导层明白，关注成本并不意味着不花钱，而是意味着明智地花钱。我们欣然接受，并珍惜成为全球成本最低、价值最高的投资服务提供商的机会。"[6]

> 低成本并不等于廉价。我们的领导层明白，关注成本并不意味着不花钱，而是意味着明智地花钱。我们欣然接受，并珍惜成为全球成本最低、价值最高的投资服务提供商的机会。

对大型投资者来说，较

第六章 成本与费用关系

低的绝对金额定价更为重要。大型投资者每投资一美元的平均服务成本也相对较低。这就是为什么持有先锋领航集团"海军上将级"基金份额的投资者（最近这一范围拓展至所有的指数基金持有人）能享受到更低的费率。通过吸引大型投资者，先锋领航集团获得了规模优势，能够降低整体费率，从而惠及所有资产规模的投资者。

首席执行官蒂姆·巴克利表示："行为背后的动机，比行为本身更能定义你是谁。我们试图从应该做什么和不应该做什么的角度考虑每个决策。我们总是在问：'每个新想法如何能够降低成本或增加服务价值，或者两者兼得？'我们寻求效率，以改进客户服务的效果。例如，杰克·布伦南认为账单支付服务能为他提供个人便利，因而非常喜欢这个项目，但这项服务最终只吸引了 4 000 名客户。这个用户数量不足以实现显著的规模优势，因此它被终止了。"

当然，过于强调任何一个维度都可能产生意想不到的负面效果，甚至造成严重的损害。在先锋领航集团快速扩张之际，它的响应速度和准确性都可能出现不足。在最小化成本和优化服务之间找到恰当的平衡是一个永恒的挑战。公司跟踪记录响应时间和服务失误，认真对待客户投诉。

多年前杰克·博格对节俭的专注，在计算机技术和人员薪酬这两个至关重要的领域产生了意想不到但严重的后果。在这两个领域，正如我们将看到的，杰克·布伦南和其管理团队带头改变了方向。

先锋领航集团的高层和"船员"有些困惑，他们明白身处投资行业的一个主要优势是高于平均水平的薪酬。他们喜欢先锋领航集团服务普通投资者、提供低成本优质服务的使命。他们敬重博格言行一致，全身心投入使先锋领航集团成为低费率行业领导者的事业。他们对简朴的小办公室感到满意，喜欢在公司食堂用餐，那里食物简单、种类丰富、快捷且价格低廉。

布伦南喜欢告诉求职者："你如果无法接受自己永远不会拥有巨额财富的现实，那么请不要加入先锋领航集团。如果你加入先锋领航集团，并且表现出色，与其他行业的同龄人和朋友相比，你将获得非常不错的收入。"[7]然而，越来越多的先锋领航人担忧他们的薪酬并不那么理想。一些人担心他们不仅在为投资者让利（这是他们乐见的），而且在某种程度上还在补贴公司（这让人感觉不太对劲）。他们开始质疑，自己是否接受了低于其他投资机构的薪酬。他们应该像布伦南所鼓励的那样，继续留在先锋领航集团，甚至一直为其效力吗？他们是否做出了错误的决定？布伦南非常认真地聆听了员工的意见，尤其是在与年轻经理的"越级"午餐会上。这些年轻经理通常向高级经理汇报工作，随后高级经理再向他汇报。

"我总是喜欢随时随地'窃取'他人的好主意。"布伦南笑着回忆起自己从威斯康星州拉辛市的约翰逊蜡制商庄臣公司那里学到的一个好主意。从哈佛商学院毕业后，他受邀担任公司首席执行官的私人助理，亲眼见证了他非常欣赏的一项举措：约翰逊家族与任职员工一起分享公司的部分收益，这种慷慨吸引了该地区更优秀的人才加入庄臣公司。[8]

布伦南制定了实施机制，并有力地证明了利润分享制度如何适用于像先锋领航集团这样的共同所有权组织。博格迅速批准了这一计划，并于 1984 年 12 月 21 日向全体员工发送备忘录，描述了先锋领航合作伙伴计划。

备忘录

在我们的圣诞派对上，我宣布董事会已批准实施一项新的利润分享计划，即先锋领航合作伙伴计划，旨在让每位员工都能分享先锋领航集团的成长和成功。

我们的董事和高级管理层决定在此时制订这一计划，因为它将使基金持有人和我们的员工双双受益。鉴于先锋领航集团独特的组织结构，有时很难通过绝对和相对的基准衡量我们的真实表现。我们倾向于关注资产增长，这是一个重要的衡量指标，但它并不能完整地说明先锋领航集团在一年中的表现。

与传统公司不同，我们缺乏能够正式衡量利润和业绩的"最终盈亏（损益表底线）"指标。为了解决这个问题，董事会批准了一个衡量先锋领航集团"利润水平"的公式……它主要基于我们与主要竞争对手的相对费率情况。简单来说，我们使用竞争对手的费率作为收入参照，再减去我们的费率，剩余的就是"利润"。

我们相信，关注利润而非资产增长，可以提高员工对成本控制和效率提升重要性的认识。在我们所处的竞争环境中，保持公司的稳固精干并提供业内最好的优质服务至关重要。

我们深知，吸引和留住各层级高素质员工是先锋领航集团成功提供优质服务和提高运营效率的关键。我们需要一个健全合理的薪酬体系，而新的计划在我们能实现业绩目标的情况下为大家提供了额外的薪酬机会。我们尤其重视长期员工的贡献，因此，该计划将着重奖励在先锋领航集团工作 2 年至 10 年以上的员工。

最后，我们的股东自然将从先锋领航集团的独特结构和成本运营中受益。但公平地讲，在这一切背后默默付出的你们，也应分享我们高效、低成本运营所创造的财富。先锋领航合作伙伴计划正是我们为此所做的尝试。

每年的合伙人分红将基于过去 3 年的资产管理规模、相对基金业绩、客户财富增长以及成本节约情况。成本节约情况将通过比较先锋领航集团的平均运营费用与行业平均水平进行衡量。每位员工的分红则由其在先锋领航集团的工龄和职位级别决定。

自先锋领航合作伙伴计划成立以来，员工获得的分红价值稳步增长，考虑到 2002 年和 2008 年的回调，年均增速仍然超过 15%。这极大地提高了许多"船员"的薪酬。通过进一步使员工、公司和客户的利益保持一致，先锋领航合作伙伴计划显著增强了员工的忠诚度。员工流动总是会导致成本增加，因此，降低员工流动的支出应被视为明智的投资。在先锋领航集团，高级管理层几乎没有人员流失。

第七章
主动投资业务

CHAPTER 7

先锋领航集团致力于引导投资者认识到制订长期投资计划并坚持执行的重要性。在投资方面，先锋领航集团有意保持谨慎，并常常提醒投资者不要过于关注短期市场波动。这些原则与先锋领航集团在不牺牲价值、质量和业绩的前提下保持低成本的承诺是一致的。

在一家大公司关键的初创 10 年中，很少有人能产生决定性的影响，尤其是一个不是创始人或首席执行官的人。但约翰·内夫无疑做到了。在那些艰难的初创岁月里，如果没有内夫，先锋领航集团可能无法吸引到精明的投资者。他们为内夫超越市场平均水平的卓越能力而来，纷纷将资金转入先锋领航集团，并推荐家人、朋友和商业伙伴做出同样的投资选择。

从 1964 年末到 1995 年末的 31 年里，内夫管理的温莎基金有 22 年跑赢了市场。1964 年投入的每一美元都增长了超过 55 倍。温莎基金的总收益率是标准普尔 500 指数的两倍多。在内夫那里投资的 1 万美元，这些年的复合收益将达到 564 637 美元。

他之所以能取得"业内翘楚"的表现，是因为他始终强调不仅要实现收益，而且要避免亏损和管理风险。从风险调整后的角度来看，他的业绩更加令人惊叹。

随着资金源源不断地涌入温莎基金，其资产和收益飙升。对于刚刚起步的先锋领航集团而言，这些收益就像新生儿所需的母乳一样，对其生存和壮大至关重要。不仅如此，被内夫的温莎基金吸引而来的投资者也注意到了先锋领航集团的其他产品，尤其是其低成本的货币市场基金和债券基金。与此同时，最初被先锋领航集团的低费率固定收益产品吸引的投资者，在了解了内夫的出色业绩后，往往会增加对温莎基金的投资。

> 他之所以能取得"业内翘楚"的表现，是因为他始终强调不仅要实现收益，而且要避免亏损和管理风险。

约翰·内夫出生于 1931 年 9 月 19 日。在他 4 岁时父母离异，直到 14 年后他才再次见到父亲。内夫和母亲搬到密歇根州大急流城与外祖父母同住。年轻的内夫是个独立思考者，常常坚持己见。在一年级的成绩单报告上，他被描述为"好斗"。他的母亲说他会"和路牌争论"。在五年级时，他因"自我控制力差"而受到批评。他的个人自信和蔑视传统的倾向一起蓬勃发展。从 11 岁起，内夫就开始自己赚零花钱。1944 年夏天，12 岁的他白天做球童，晚上送报纸，每周能赚 40 美元（按今天的标准超过 600 美元）。[1]

内夫在海军服役了两年，但从未登上过一艘军舰。随后，他通过《退伍军人权利法案》进入托力多大学。他回忆说："进入大学后，我发现自己拥有不断探索的好奇心、处理数字的技巧、表达自我的能力和坚定的纪律性。虽然我在高中时成绩平平，但在大学里却如鱼得水。我的成绩很少低于 A，最终以优异的成绩毕业。"

在托力多大学期间，内夫遇到了悉尼·罗宾斯教授。这位教授是本杰明·格雷厄姆和戴维·多德的信徒。他们的著作《证券分析》被广泛尊称为"格雷厄姆和多德"，成为投资研究和管理这一新兴职业的《圣经》。在罗宾斯的两门课程中，内夫在他的强烈鼓励下对投资产生了浓厚的兴趣。

尽管有罗宾斯的推荐，内夫在纽约还是无法找到工作，于是他在 1959 年接受了克利夫兰国民城市银行的研究分析师职位，年薪 4 200 美元。他回忆道："说我爱上这个新的挑战那是低估了我的热情。我觉得自己简直中了头奖。每个细节都让我着迷。"不久，他还在凯斯西储大学取得了研究生学位，并建立了 10 万美元的个人投资账户。

内夫注意到国民城市银行的一位资深汽车分析师开着一辆破旧的车，他正确地察觉到区域银行信托部门的分析师薪酬并不高。他开始寻找"另一份薪水更高的工作"，并将目光投向了 3 家公募基金组织：德雷福斯、国民投资者（National Investors）和威灵顿。内夫回忆说："机会看起来似乎足够多，国民城市银行也没什么值得留恋的……所以我收拾行李去了费城。"

加入威灵顿股票基金（后更名为温莎基金）后，内夫发现情况并不乐观。"1963 年我加入时，温莎基金的状况比我预期的还要糟糕，"他回忆说，"负责团队已经失去了方向。"1962 年对许多投资者来说都是艰难的一年，标准普尔 500 指数下跌了

8.7%。温莎基金的跌幅几乎是这个数字的3倍，即25%。随后市场反弹上涨了22.8%，而温莎基金仅上涨了10%。基金持有人纷纷赎回，这只规模仅7 500万美元的小基金的资金流出量超过了流入量。更令人不安的是，温莎基金开始拖累公司旗舰基金（资产规模20亿美元的威灵顿基金）的声誉。刚刚上市3年的威灵顿投资管理公司担心股价会受到负面影响。

内夫对温莎基金的投资记录进行了研究，发现了几个问题。委员会决策导致基金错失了机会。基金在高价时买入股票，如果乐观预期未能实现，价格就会暴跌。股票的市场价格与账面价值明显脱钩，投资团队进行的基础研究严重不足。温莎基金正在自找麻烦，并且确实陷入了困境。内夫的分析赢得了上级的尊重，不到一年时间，他便被任命为温莎基金首位独立的投资组合经理。

"保持简单"是内夫的座右铭，这一点从未改变。但细心的观察者也会赞赏他在个股和行业上精细深入的专业知识。[2] 无论市场是上涨、下跌还是维持震荡，他都遵循一套持久且纪律严明的投资要求清单：

"保持简单"

- 低市盈率；
- 基本面增长超过7%；
- 股息收益保护（在大多数情况下，股息都增厚了收益）；
- 总回报与所支付价格的高性价比；
- 若涉及周期性风险，必须以相应的低市盈率作为补偿；
- 成长领域中的稳健个股；

- 强劲的基本面表现。[3]

内夫乐于阐明其清单背后的逻辑：

我们没有随大溜买入热门股票，而是采取了相反的策略。温莎基金不会追逐市场上的热门股票，而是试图利用这种趋势。我们的优势是寻找被忽视的、不受欢迎的低估值股票，并看好其价值修复至公允水平。我们的目标是寻求更容易、风险更低的升值机会，把"更大的傻瓜"投资机会留给其他人。

这一策略赋予了温莎基金双重优势：（1）它在市场上涨时表现出色；（2）在市场下跌时有良好的下行保护。不同于那些稍有失望迹象就面临大幅下跌风险的热门成长股，低市盈率股票并没有建立乐观的预期。此外，低市盈率公司的平庸财务表现通常不会导致股价遭受重创。业绩改善的迹象会引发新的投资兴趣。你在股票不受青睐且无人问津时买入，并在其他投资者认识到其价值且股价走强时卖出，往往就会收获可观的回报……

撇开惊人的增长率不谈，低市盈率股票相较于波动性较大的成长股，能够在较低的风险水平下捕捉到市盈率扩张带来的奇迹。市盈率的上升，加上收益的提高，将极大地增加股票的升值潜力。股票价格不再仅仅与收益相当，而是可以上涨50%至100%。

在温莎基金所专注的领域中，一只不受市场欢迎的个股实现估值修复前景，比如从市盈率8倍提升至11倍，往往比排队等待那些初始市盈率就很高的公司实现同等百分比涨幅更有希望。对于一只初始市盈率为 40 倍的成长股来说，要想实现类似的市盈率增长，需要将市盈率推高到近 55 倍，更不用说维持这样的水平有多难了。[4]

即使是内夫也有过连续两三年低于市场平均水平的经历，考虑到如今专业投资者在股市中日益占据主导地位，他可能会发现在当前更难跑赢市场。不过，温莎基金的纪律性优势非常突出，从长期来看更是如此。

自信且屡获成功的内夫欣赏先锋领航集团为基金经理提供的激励机制。他这样解释一位对自己的能力充满信心的基金经理的思考方式："对股东公平意味着低廉的交易费用和投资管理费用，以及对基金经理出色表现的激励和对糟糕表现的惩罚。我们在温莎基金中实现了这些标准。与按照资产管理规模收取固定比例年费的基金不同，温莎基金的薪酬完全取决于其表现。类似的激励和惩罚机制并不多见，因为大多数基金经理对自己能否取得良好业绩缺乏信心。"[5] 与先锋领航集团其他的基金经理一样，内夫的激励薪酬部分取决于其基金相对于基准指数的表现。

1991 年，也就是内夫漫长的任期接近尾声时，温莎基金的费率仅为 0.37%，比股票基金的平均费率低出了整整 110 个基点。这一重要的竞争优势每年都被重新确认和强化。

内夫见多识广。无论身处何地，手头有什么事情，他都习惯于每天阅读《华尔街日报》的每一页，并在周六重新阅读同样的内容。他记忆力超群。随着时间的推移，他的知识逐渐积累沉淀，对特定公司和行业的专业知识成为他日益强大的竞争优势。

任何研究主动管理型股票投资的人都已察觉到，全球主要市场已日趋"专业化"，因此在扣除管理费用和交易成本后，想要跑赢市场变得越发困难。从事分析师、基金经理、经济学家、做市商等工作的人，从1960年的不到5 000人，增加到全球范围内超过50万人，甚至可能达到100万人。每家大型金融机构，其中一些甚至拥有超过3万名员工，都要求其内部信息网络中的员工每天在工作开始和结束时花费半小时接收、回复和发送电子邮件和短信。正如网络理论家所论述的那样，随着网络节点的线性增长，其实用价值会呈几何级数增长。利用新信息做出投资决策的时间从6个月逐渐缩短至6周、6天、6小时、6分钟、6秒，甚至更短。与此同时，衍生品的交易价值从零开始快速飙升，甚至超过了"现货"市场的规模。

尽管现在要识别出可预期的优秀投资经理非常困难，但先锋领航集团的丹尼尔·W. 纽霍尔[6]及其基金经理招聘和监督团队仍长期致力于做到这一点，并在总体上取得了不错的成绩。其中一个关键原因是，先锋领航集团仅支付给基金经理相对低廉的管理费用。[7]

对于主动型资产管理公司来说，被纽霍尔团队选中并通过先锋领航全球投资委员会及董事会批准成为先锋领航集团的主动基金经理之一，将带来重大的商业利益。与先锋领航集团合作的吸引力在于，先锋领航集团能够为基金经理提供庞大的投资资金，同时负责所有的投资者服务和运营工作，包括股东记录保管、法律合规、股东沟通等。被选定的投资经理可以专心致志地管理投资组合，一支由熟练的分析师、投资组合经理和交易员组成的团队将全力以赴支持他们。他们还能够运用所有主动基金经理所需的先进信息技术，以应对当今激烈的市场竞争。此外，与先锋领航集团合作还意味着基金经理可以享受较低的账户换手率带来的好处。

先锋领航集团深知自己的优势，因此在与基金经理进行薪酬谈判时表现得极为审慎。结果是，先锋领航集团的客户及所有者享受到了"专属于先锋领航集团"的低廉管理费用。

正如纽霍尔自豪地报告的那样，超过六成的先锋主动管理型基金扣除费用后的业绩超过了业界平均水平，平均每年比同行高出25个基点。（图7-1展示了4个时间段的结果。）纽霍尔及其团队对投资过程的精心选择和把控，不仅保护投资者免受"昙花一现型"基金经理的影响，也保护他们免受自身不稳定决策的影响。研究显示，个人投资者的频繁操作会抹去他们本可以获得的高达三分之一的回报，如果他们能坚持与基金经理合作更长的时间，情况就会大不相同。先锋领航集团的投资者通常会持有更长时间。

相较于竞争对手，先锋领航集团在过去15年中享有年化0.59%的显著成本优势。如果先锋领航基金面临与同行相同的更高平均成本，超额回报自然会相应减少。先锋领航集团专注于降低成本，寻找卓越的基金经理，在优秀基金经理不可避免地经历低谷时保持耐心，并在失去信心时撤换基金经理，这些策略使得其获得了优于竞争对手的表现。

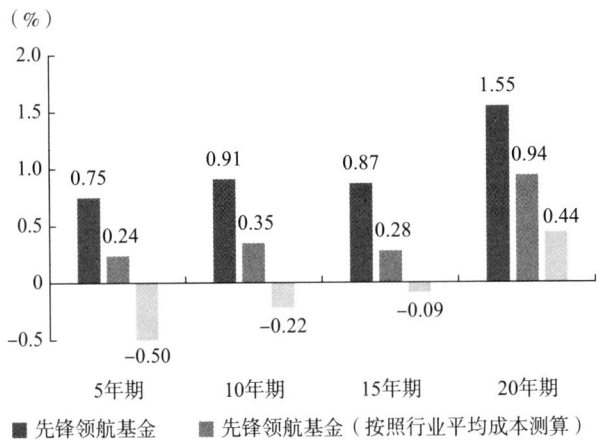

图 7-1 先锋领航集团主动管理型股票基金的业绩

在多个不同的时间段内,先锋领航集团的主动管理型股票基金扣除费用后的资产加权收益率都超过了竞争对手。这一超额回报部分源于其 50~60 个基点的显著成本优势。不过,即使先锋领航集团的成本与行业平均水平相当(中间条形图),其基金收益仍然表现优异。右侧条形图显示了非先锋主动管理型股票基金相对于基准的资产加权超额收益率(阿尔法)。数据显示,总体而言,主动管理型公募基金未能产生足够的阿尔法来覆盖其成本。

资料来源:先锋领航集团基于晨星数据计算。所有数据截至 2015 年 12 月 31 日。

评估先锋领航集团主动基金经理的另一种方式,是将每只基金与不包含费率的基准指数进行比较(见表 7-1)。正如预期的那样,比较结果并不乐观。但在 10 年期基金中,仍有 43% 的基金超过了不含费率的基准表现,平均超额为 9 个基点。在 15 年期基金中,这一比例则为 42%,平均超额只有 3 个基点。从 10 年期基金来看,主动管理型基金相较于基准的业绩中位数是 -18 个基点,从 15 年期基金来看则为 -21 个基点。28 只基金中有 8 只基金在每个时间段的表现都超过了其设定的管理费率。

第七章 主动投资业务

如表 7-1 所示，先锋领航集团在挑选和管理外部基金经理方面表现良好，优于大多数其他基金经理。

表 7-1 业绩基准是一个更加严格的测试

基金名称	业绩比较基准	10年期相对基准收益率	15年期相对基准收益率	合并/清算情况
医疗保健基金	联接医疗保健指数	2.04	2.87	
PRIMECAP 基金	标准普尔500指数	2.04	2.71	
全球成长基金	联接国际指数	3.99	2.71	
资本机会基金	罗素中盘股成长指数	0.83	1.65	
股息增长基金	联接股息增长指数	-0.18	1.32	
能源基金	联接能源指数	1.89	1.20	
全球价值基金	联接国际指数	0.50	0.92	
威灵顿™基金	威灵顿综合指数	-0.47	0.75	
全球股票基金	明晟全球指数	1.23	0.73	
韦尔斯利®收益基金型	韦尔斯利收益综合指数	0.40	0.46	
温莎™ II 基金	罗素1000价值指数	-0.07	0.01	
国际探险者基金	标普欧洲太平洋小盘股指数	-0.31	-0.15	
股票收益型基金	联接股票收益指数	-0.17	-0.18	
摩根™成长基金	罗素3000成长指数	0.83	-0.29	
成长收益型基金	标准普尔500指数	-0.32	-0.52	
美国价值基金	罗素3000价值指数	0.01	-0.54	
美国成长基金	罗素1000成长指数	-0.81	-0.60	
中盘股成长基金	罗素中盘股成长指数	-1.72	-0.61	
探险者基金	罗素2500成长指数	-0.54	-0.66	

续表

基金名称	业绩比较基准	10年期相对基准收益率	15年期相对基准收益率	合并/清算情况
精选价值基金	罗素中盘股价值指数	-1.17	-0.72	
温莎™基金	罗素1000价值指数	0.78	-0.73	
战略股票基金	明晟美国小盘和中盘股2200指数	-0.25	-0.96	
资本价值基金	罗素3000价值指数	1.93	-1.31	
成长股票基金	罗素1000成长指数	-1.06	-1.40	2014年1月31日
全球资本周期基金	联接全球资本周期	-4.30	-2.48	
资产配置基金	资产配置综合指数	-1.68	-3.39	2012年1月31日
PRIMECAP核心基金	明晟美国主要市场750指数	1.47		
战略小盘股基金	明晟美国小盘股1750指数	-0.60		
	跑赢基准百分比	43%	42%	
	超额收益率平均数	0.09	0.03	
	超额收益率中位数	-0.18	-0.23	

资料来源：先锋领航集团。

先锋领航集团积极管理其主动基金经理，有时会将资产整体或部分地转移至其他管理公司。例如，当巴罗·汉利·梅翰尼斯·斯特劳斯公司（Barrow, Hanley, Mewhinney & Strauss）的詹姆斯·巴罗成功管理了多年温莎Ⅱ基金并于2015年退休时，先锋领航集团评估了该公司的其他成员，但未发现可以与之匹配的人选。于是巴罗管理的资产被先锋领航集团收回，交由内部团队管理。[8]

先锋领航集团并未止步于此。如果某只基金或某种基金类型似乎吸引了过多资金以至无法有效投资，或者吸引了过多可能出于投机而非长期投资目的的新投资者，先锋领航集团要么完全向新投资者关闭该基金，要么限制投资者的购买额度。阿卡迪亚资产管理公司（Acadian Asset Management）在新兴市场投资方面有着长期的成功记录，其为先锋领航管理的资产已增长至约5亿美元，先锋领航集团认为这个规模可能会对其投资能力构成挑战。因此，先锋领航集团将1亿美元资金收回总部，由量化团队管理。蒂姆·巴克利带领先锋领航代表团前往波士顿解释这一决定，并感谢阿卡迪亚团队的出色工作。[9]

在1999年至2002年的科技泡沫期间，负责监督投资产品开发的跨职能团队每周开会讨论正在筹备中的基金和新的产品提案。每周，各个客户部门的销售代表都会询问时任投资组合审查部门负责人的杰夫·莫利托，先锋领航集团何时会推出科技基金。客户迫切需要这样的基金，零售部门抱怨大量资金正在从先锋领航集团流向其他侧重科技板块的基金集团。每周莫利托的回答都是不。随着科技板块收益率飙升，压力不断增大，但莫利托始终坚定不移："我不会同意在市场高位推出科技基金。这对我们的客户来说不是好事。"当科技泡沫破裂时，莫利托的决定被证明是正确的，那些涌向竞争对手的投资者资金又流回先锋领航集团。

目前，先锋领航集团的主动管理型股票资产超过4 600亿美元，这使其成为全球规模最大、经验最丰富的资管机构之一。纽霍尔及其团队的23位基金经理分析师目前选择了26家公司（25家独立于先锋领航集团，1家内部量化团队），聘请了45个不同类型的主动基金经理团队，负责管理34只股票型及平衡型公募基金。在惯常的一年里，他们会筛选多达1 000家投资公司，与其中200家会面，并对50位基金经理进行深入评估。在这些入围者中，他们最多选择5位经理为先锋领航集团的客户工作。广泛的接触为他们带来益处，团队对当代最佳主动投资实践的理解与洞察不断加深。

杰克·博格于20世纪80年代后期在先锋领航集团发起了"主动量化"投资。这种投资策略使用计算机模型，试图识别被低估因而可能跑赢市场的股票。然后，该策略使用另一个计算机模型对具有吸引力的股票进行组合设计，以使基金的风险与投资类型合理匹配。博格聘请了由约翰·纳戈尔尼亚克领导的富兰克林投资组合顾问公司（Franklin Portfolio Associates），进行首次主动量化投资的尝试。博格希望公司内部能够发展出管理主动量化基金的能力，他认为这是对先锋领航集团已有指数投资能力的有益补充。格斯·索特具备使这一构想成为可能的必要能力和创新精神。

"到了1991年，"索特说，"我们开始管理第一个主动管理型投资组合，作为温莎Ⅱ基金的一部分。一年后，我们接管了W.L.摩根成长基金的部分投资组合。1995年，我们推出了战略股票基金。"更多的主动量化基金随后被推出，其中包括小盘股混合投资基金，投资于兼具成长型与价值型特征的小盘股。[10]

第七章　主动投资业务

索特解释道：

在传统的投资管理中，行业和公司分析师基于股票的潜在上涨空间推荐个股。然后，投资组合经理会从风险管理的角度决定每只股票的购买数量。我们在量化投资中做的是类似的事情，但全程基于计算机和数据库的分析，而非人力判断。我们每天都会根据基于增长前景的估值，对每个行业的股票进行排名。尽管许多基金经理不愿意被称为GARP策略（以合理的价格增长）的践行者，但这其实很好地描述了我们的量化投资过程。

投资成败的关键在于初始支付的价格。简言之，我们通常寻找那些价格合理、增长前景良好的股票。例如，在能源行业，我们可能会对如雪佛龙德士古这样的股票进行估值比较，依据其当前价格与公司基本面（如盈利或销售额）以及各种预期盈利指标来寻找可能的定价误差。接着，我们使用一个名为"优化器"的计算程序来确定合适的持仓规模或权重，以最大化回报，同时确保相对于市场不承担过多风险。我们的目标是通过传统的选股策略来提供超额回报（即阿尔法），而非通过下注于某一因子，比如超配某一行业或购买当时热门的FAANG股票[①]来获得收益。[11]

[①] FAANG 指的是 5 只头部科技股，包括脸书（FB，现在被称为元平台），亚马逊（AMZN），苹果（AAPL），网飞（NFLX）和谷歌（GOOG，现在被称为字母表）。

索特看到了动量或价值等各种"因子"的潜在投资机会。但对大多数投资者来说，因子投资需要极大的耐心。就像猎鹿一样，猎人大部分时间都在等待。某一因子可能在一段时间内突然带来回报，之后又进入长时间的沉寂。大多数投资者在某个特定因子开始起作用时反应迟缓，等到他们真正决定投资时，那个因子很可能已经失效了。索特警告说："你应该始终小心区分因子效应和真正的阿尔法。"

1983年，一篇发表在《养老金与投资》（*Pensions & Investment Age*）杂志上的文章引起了杰克·布伦南的注意：两位他认识并敬重的杰出投资者，霍华德·肖和米奇·米尔亚斯刚刚离开极受投资界尊崇的美国资本集团（该公司管理着美国基金集团），并创立了一家名为Primecap管理公司的新企业。布伦南致电给他们，问道："你们会来纽约吗？"他知道这对他们来说比在费城见面更方便。

不久后，布伦南就坐在曼哈顿首屈一指的牛排馆Christ Cella的木质镶板私人餐厅里。幸运的是，当米尔亚斯用克罗地亚语与服务员交谈和开玩笑时一个破冰者来了，起初的商谈虽然友好，但并不顺利。肖和米尔亚斯对先锋领航集团毫无兴趣。"我们对公募基金业务不感兴趣，行政琐事过多，法规要求繁复，而且需要配备太多非投资人员，"他们向布伦南表达了他们的看法，"我们打算专注于投资，并计划仅依靠服务大型机构客户来构建我们的业务，以便我们能够专注于投资。"

美国资本集团以其对个股和行业的卓越研究、模范的企业文化和商业实践而闻名。该公司擅长招募并培养投资专业人士，且极善于"永久地"留住人才。所有人都认同，如果你足够优秀，美国资本集团就是理想的工作之地。几乎没有人会选择离开美国资本集团。但现在，该公司的两位资深高层决定离开，并带走了几位才华横溢的年轻分析师，共同创立了新的公司。Primecap 的商业模式简单明了，它吸引来自国内外顶尖大型机构的 20 个（后来增加到 25 个）巨型账户，与客户保持高效沟通，并建立对 Primecap 投资方式的深刻共识。凭借这套组合策略，客户将会与 Primecap 保持长期合作关系。肖和米尔亚斯不必四处奔波、频繁出差寻找新业务，可以将精力和才能集中在他们最想做的事情上，也就是提供卓越的投资回报。

布伦南的回应恰到好处："太好了！先锋领航集团将成为你们的客户之一，并希望随着时间的推移成为你们最大的单一客户。与此同时，我们将负责所有的行政和股东服务工作。你们无须承担传统公募基金的责任。"双方迅速达成一致，一段良好的合作就此展开。[12] 多年来，这段合作的成效甚至超出了布伦南的预期。

他的构想是将先锋领航集团的零售分销能力与 Primecap 的投资管理能力相结合，这与博格对威灵顿和波士顿团队的合并旧梦相接近。但他思考得更加周全，先锋领航集团与 Primecap 的战略契合度令人信服。

先锋领航集团寻求向客户提供有吸引力的投资选择，而 Primecap 则没有零售分销渠道，对通过公募基金服务于个人投资者的零售市场也不感兴趣。对这家充满活力的新兴公司来说，与先锋领航集团的合作没有任何"机会成本"。对先锋领航集团来说，与 Primecap 合作可以为个人投资者提供一支久经考验、决心实现卓越长期回报的新兴投资团队。

肖以优秀的长期投资能力著称，他能够在早期阶段识别公司和行业的根本性变化。相关例子不胜枚举。他预见到复印机革命即将来临，早早重仓了当时还被称为哈罗伊德（Haloid）的施乐公司。在约瑟夫·C.威尔逊鼓舞人心的领导下，它成为20世纪60年代初最赚钱的成长股施乐公司。当肖投资哈罗伊德时，该公司还在努力研究生产后来轰动一时的914型复印机，这是第一台成功的普通纸复印机。另一个例子是，当油价跃升至前所未有的创纪录高位时，肖意识到高价会抑制需求，因此高油价无法持续很久。生产商将加大勘探力度，而大多数消费者会减少消费并寻找替代品。虽然需要很多年的时间，但供应量必然会激增，需求将会被削减，所以油价肯定会下降。事实确实如此，并且油价确实持续下跌了18年。石油股占标准普尔500指数的市值权重从35%降至3%。肖早早清仓所有石油股，大幅提振了他的投资业绩。

肖和米尔亚斯从美国资本集团到Primecap再到先锋领航集团的旅程始于一辆汽车。他们俩都住在加利福尼亚州帕萨迪纳附近，因此约定轮流驾车前往位于洛杉矶的办公室。两人都习惯早起，天生好强，都喜欢在早上7点前抵达办公室，做好准备迎接纽约证券交易所上午10点的开盘钟声。[①] 这意味着他们要在6:15之前离开家。当美国资本集团的大楼开始于早上6:30开放时，他们出门的时间又提前了半小时。两人天性喜欢守时，因

---

① 纽约证券交易所于1985年将开盘时间改为上午9:30。

此彼此都很欣赏对方。更重要的是，他们每天都能在车程中不受干扰地交流半小时，分享投资信息和想法。他们很快就建立起深厚的友谊，对彼此的专业知识和判断力深感敬佩。

一天早晨，肖让米尔亚斯大吃一惊："我可能会离开美国资本集团。如果我这么做，我希望你能和我一起走。"[13]

米尔亚斯震惊了。肖显然是美国资本集团最优秀的投资经理之一，也是一位备受敬仰的领导者。美国资本集团的资产和收益都在迅速增长，这种趋势几乎肯定会延续下去，甚至还会加速增长。米尔亚斯首先想到的是，作为美国资本集团的第二大股东，肖将会面临巨大的财务损失。美国资本集团的领导者乔恩·洛夫莱斯制订了一项股票所有权计划，要求任何离开这家私营公司的股东必须将所有股票按照被大幅低估的账面价值回售给公司。几个月后，经过深思熟虑并与洛夫莱斯多次长谈后，肖做出了决定。"我要离开了，米奇。我们一起走！"考虑到留在美国资本集团的职业发展、个人关系和经济吸引力，米尔亚斯花了几周时间才真正决定与肖一起走。

自初次达成协议以来的 35 年里，Primecap 的投资能力引发了强劲的零售需求，以至它为先锋领航集团管理的 3 只股票基金最终都暂停了对新投资者的申购。Primecap 现在为先锋领航集团管理着超过 1 450 亿美元的资产。作为一个精干的小型组织，它收获的利润十分丰厚。

在当今的投资世界中，一个大型机构账户的总额可能达到 5 000 万美元。相比之下，先锋领航集团投资者在 Primecap 的总投资额几乎是上述金额的 3 000 倍。先锋领航集团旗下的

Primecap 基金的长期表现高出同行超过 3 个百分点。Primecap 集中管理的先锋资本机会基金，在 FAANG 科技股的推动下实现了 12.1% 的年化收益率，是标准普尔 500 指数 (5.8%) 的两倍多。当然，业绩的明显讽刺之处在于，投资者只能根据过去的结果做出投资决策，但他们得到的却是未来的回报。

第八章　　　　　　　　　　　　　　　　CHAPTER 8
指数投资业务

　　尽管先锋领航集团以指数投资闻名，但只要主动管理和指数投资都能保持低成本和低费用的特征，它在二者之间就持官方的中立态度。先锋领航集团同时提供这两种投资方式，并在两个领域中都日益成为全球领导者。

　　先锋领航集团管理着超过 200 只指数基金和基于指数的交易所交易基金，这些产品既单独面向客户，也作为先锋领航日益受到欢迎的目标退休基金和生活策略基金的组成部分。股票指数投资团队从只有格斯·索特和一名助手开始，现已发展壮大为由罗德尼·科米吉斯领导的一个拥有 80 人，包括多位博士在内的团队。[1]该团队分析他们复制的众多指数，既对细微的变化进行预判，也会制定交易策略，以减少基金交易对先锋领航集团目前涉足的 40 个不同股票市场的影响。"持续改进，最好是每天改进，是先锋领航文化的一部分，"科米吉斯表示，"指数投资是项精益求精的业务。"[2]

　　先锋领航集团始终追求最大限度地降低交易成本，通常运用期货来管理投资组合变动，或是在几天甚至几周的时间内完成因追踪指数发生变化而做出的投资组合调整，而非突然大量买入或卖出股票。先锋领航集团的另一目标则是借助稳健的证券借贷项目获取收入，尽可能减少甚至完全抵销指数基金的小额运营费用。

> "持续改进，最好是每天改进，是先锋领航文化的一部分，"科米吉斯表示，"指数投资是项精益求精的业务。"

指数基金的投资者常常关注跟踪误差，他们通常期望基金或交易所交易基金能紧紧跟随目标指数，偏差不超过一两个基点。先锋领航集团的基金经理紧密监控交易情况，以防在匹配指数时过早或滞后，或在调整投资组合时操之过急。在管理代表小市值板块或波动较大的海外市场指数基金时，尤其对少数可能在收盘前后允许"非常规"交易的市场，会格外小心。

科米吉斯及其高级管理团队遍游全球，与数十家股票交易所及监管机构合作，就提高市场效率和诚信度提供建议。由于先锋领航集团作为一家大型投资机构，拥有丰富的全球经验和长期视角，他们在世界各地受到热烈欢迎和高度重视。2021年，先锋领航集团的指数基金总资产达到5.3万亿美元。

本质上，指数基金是买入并长期持有。先锋领航集团所跟踪的指数的平均投资组合换手率每年仅为3%~4%，指数投资者的平均持有期约为10年。对于年纪较大、即将或已经退休的401（k）计划投资者来说，持有期自然会稍短一些。

近10年来，指数投资变得日益精细复杂。交易是一项全天候的全球性活动，因此在每个24小时周期内，先锋领航集团都会将交易账簿从澳大利亚传至欧洲,然后转移到美国。公司希望各股票市场的交易伙伴都能够提供"最佳执行"和一贯的公平待遇。随着经纪自营商不断开发出积累或分配股票的创新算法,一个核心问题出现了:哪些公司拥有最佳的交易工具?先锋领航集团的业务量和指数基金经理的专业性极具吸引力,以至所有大的证券经纪商都希望成为其主要的服务提供商,即使先锋领航集团对经纪自营商的服务支持要求极为严格,每笔交易的佣金也极低。先锋领航集团支付的佣金金额到底有多低,已成为其商业机密。

2020年12月18日,当标准普尔宣布将特斯拉股票纳入标准普尔500指数时,先锋领航集团经验丰富的交易员预料到他们即将迎来一场"史无前例的大交易"。这将是对指数基金交易能力的一次严峻考验。特斯拉并非普通股票,其价格波动剧烈,过去一年上涨了近7倍,自标准普尔宣布将其纳入指数以来又上涨了40%以上。特斯拉未在早些时候被纳入指数,主要是因为标准普尔要求新纳入股票至少连续4个季度盈利,以防止波动性较强的小股票频繁进出指数。特斯拉一被纳入,就成为指数中的第五大成分股。它被纳入标准普尔500指数的那一天,基金为复制这一最大指数而产生的单日交易量创下了历史新高。指数基金需要购买大量特斯拉股票。此外,所有以标准普尔500指数为基准的主动管理型基金也可能处于活跃状态。为了给特斯拉腾出空间并确保有足够的配置资金,指数中的其他成分股将被等额卖出。

所有其他指数基金管理公司也将面临同样的指令,即卖出500只其他股票并买入特斯拉。总计会有570亿美元对特斯拉的买入金额，以及570亿美元对其他股票的卖出金额。此外，非指数交易者也会寻找机会利用这一必将来临的交易狂潮。正如科米吉斯所说："这是一场猫鼠游戏。"³ 这种交易规模在二三十年前是无法想象的。对基金经理来说，一个显而易见的问题是：所有这些交易能否在不引发市场动荡的情况下完成？幸运的是，12月18日恰逢交易员所说的"四巫日"，当天期货和期权同时到期，因此市场流动性特别高。

对交易者来说，这是一个博弈论问题，需要预测其他交易员对其他交易员预期的预期。科米吉斯表示："在那一天到来之前的很长一段时间里，尤其是在当天，华尔街的消息源涌来了大量资讯。"科米吉斯从未担任过交易员，他将依赖拥有25年交易经验的团队来制定策略，预测所有潜在的风险，并准备适当的应对措施。当然，先锋领航集团不会与其他主要指数基金管理公司进行任何联系。

真正的考验出现在纽约证券交易所收盘钟声响起之时。尽管特斯拉股价上涨了6%，但市场提供流动性的能力得到了充分证明。最终，特斯拉的交易就像计算机领域的Y2K问题一样，大量危言耸听的预期都没有发生。这是消息灵通的交易专家在自由市场上的又一次胜利。

格斯·索特在加入先锋领航集团之前曾为5家其他雇主工作过。在他入职的第一周，他就意识到先锋领航集团有着独特的企业文化："我在先锋领航集团的第一周就知道，这正是我想要倾注整个职业生涯并圆满退休的地方。每个人都很努力，所有人都专注于做对基金投资者有益的事情。大多数投资公司，无论是上市公司还是私有公司，都希望最大化公司所有者的利润。这可能会与基金投资者的利益产生冲突，因为更高的费用对公司所有者有利，但不利于基金投资者。先锋领航集团在公募基金行业中是独一无二的，因为它由基金自己持有，而基金又由投资者持有。因此，不存在为其他所有者群体创造利润的情况。这种结构是先锋领航集团拥有如此强大的文化和对基金投资者如此忠诚的部分原因。"[4]

> 先锋领航集团在公募基金行业中是独一无二的，因为它由基金自己持有，而基金又由投资者持有。

索特于 1987 年 10 月加入先锋领航集团时，先锋领航集团仅有一只内部管理的股票指数基金，即资产规模 12 亿美元的先锋 500 指数基金。两周后，当标准普尔 500 指数在单日内暴跌超过 22% 时，该基金的资产缩水至 8.5 亿美元。索特以其独特的幽默感，一本正经地对先锋领航集团董事会说："老实说，这不是我的错。"

说服经纪商销售第一只指数基金非常困难。1987 年秋季，也就是股市崩盘之前，先锋领航集团计划在 12 月推出第二只股票指数基金，它当然不希望再次失败或者遭遇重大挫折。因此，在索特加入先锋领航集团的头两个月，他除了应对股市崩盘及其后续影响，还开发了所需的软件。第二只指数基金选择的是威尔逊 4500 扩展市场指数，该指数涵盖的不是 500 只而是约 4 500 只股票。学术研究表明，"小盘股效应"意味着广泛分散的投资组合可以获得更高的回报，但价格波动会更大。管理标准普尔 500 指数基金的计算机算法并不复杂。事实上，对数学家来说，这相当简单。然而，跟踪 4 500 多只股票的指数基金需要不同的管理技术。这需要采取抽样策略，而非像管理标准普尔 500 指数基金那样的完全复制策略。完全复制策略很简单，抽样策略则复杂得多，需要更精密烦琐的计算机模型和更多的数学计算。先锋领航集团当时还没有这样的模型。"回顾过去，"索特现在解嘲地说，"在'火线洗礼'之下，你会快速学习并成长。我们一直在工作，无论是深夜还是周末。"

索特对指数投资的迅猛增长持谦逊态度："市场的本质在于提高定价效率。随着时间的推移，它们确实在朝着这样的方向发展。市场在发展的过程中变得越来越高效，吸引了越来越多不同的参与者，他们获取的信息越来越丰富、质量越来越高，同时技巧日益提升，投资工具尤其是计算机技术得到改进，并发展出更加高效、成本更低的市场清算机制。投资管理是达尔文式的，不断淘汰较弱的竞争对手，留存者将越发出色。"

在股票部门（当时被称为核心管理小组，现为量化股票小组，简称 QEG）积极开发系列量化主动投资基金之际，先锋领航集团也在加速指数基金产品线的扩张，包括先锋小盘股指数基金（1989 年）、欧洲股票指数基金（1990 年）、太平洋股票指数基金（1990 年）、成长型指数基金（1992 年）、价值型指数基金（1992 年）、平衡型指数基金（1992 年）、新兴市场股票指数基金（1994 年）及全球股票指数基金（1996 年）。在这波指数基金爆发的浪潮中，杰克·布伦南找到索特说："格斯，我们决定不再小打小闹了，我们要推出真正的'一站式'指数基金。"这便是包含了几乎所有美国上市股票的全股票市场指数基金，于 1992

年 4 月 27 日被正式推出。

在先锋领航集团推出新基金的前一个月，杰里米·达菲尔德的规划与发展团队（索特的核心管理小组是其中的一部分）纷纷预测新基金的发行规模。1976 年先锋领航集团首次发行的标准普尔 500 指数基金仅募集到 1 140 万美元，11 年后第二次发行的扩展市场指数基金（Extended Market Index Fund）也只募集到 350 万美元。（为了进一步对比，标准普尔 500 指数基金是在 1973 年至 1974 年大熊市之后推出的，而全股票市场指数基金则是在 1991 年的弱市后不久发行的。）令所有人惊讶的是，全股票市场指数基金在首日就筹集了超过 1 亿美元。如今，该基金已成为全球最大的公募基金，资产规模在 2020 年 11 月突破了 1 万亿美元大关。

20 世纪 90 年代，地方报纸喜欢为个人投资者组织"投资者周末"活动。这些活动通常在会议中心举行，参展商提供各种投资产品或服务。现场有多个大型会议室同时进行各种投资主题的研讨会，通常还有一个大型会议厅举办几场主题演讲。这些投资者会议对任何想聆听有趣的演讲、参观展览并学习更多投资知识的人来说都是开放的。索特是那里的常客："有一年，我在大约 25 个会议活动中发表了演讲，通常作为三人小组中的一员，与两位近期业绩出色的主动基金经理同台。当然，如果业绩不够优秀，他们就不会被邀请发言。我被邀请阐述并捍卫指数投资的理念，这在当时仍处于起步阶段，不为人熟知，更不用说被广泛接受了。"

索特补充道："有趣的是，尽管我创建并管理了先锋领航集团的股票指数团队，但我个人管理的两只基金都是主动量化基金。这一事实从未被提及，但随着时间的推移，许多人开始质疑先锋领航集团如何能同时提供主动管理型基金和指数基金。这是因为先锋领航集团真正的'信仰'是低成本投资，无论是主动投资还是被动投资，只要成本低廉，就都能在投资者的投资组合中占有一席之地。"[5]

> 无论是主动投资还是被动投资，只要成本低廉，就都能在投资者的投资组合中占有一席之地。

慢慢地，指数投资开始稳步增长。在索特看来，三大催化事件加速了指数投资的发展，最终使其与主动投资并驾齐驱：

- 20世纪90年代末的科技泡沫期间，通用电气、微软、思科、英特尔等为首的大盘成长股带动了标准普尔500指数的表现，使其收益率跑赢了超过90%的主动管理型公募基金。当时，标准普尔500指数几乎与指数投资画上了等号，尽管全市场指数更能代表整个市场的表现。没有什么比卓越的业绩表现更能吸引媒体的关注和资金的流入了，指数基金资产首次迎来了大幅增长。
- 当科技或互联网泡沫在21世纪初破裂时，许多投资者超配了此前飞涨的成长股。许多财务顾问在客户的投资组合中大量持有这些股票。物极必反，当泡沫破裂时，这些股票价格大幅下挫。这一痛苦的教训强化了现代投资组合理论中最重要的观点，即投资者可以通过分散投资组合在不降低预期收益的情况下减少风险暴露。顾问和投资者意识到分散化投资的必要性。没有比全市场指数基金更加分散化的基金了,因此又一波巨额资金涌入指数基金,尤其是全市场指数基金。

- 2008 年的全球金融危机深刻影响了人们对投资前景的预期。许多人,可以说是大多数人,认为未来多年的经济增长将远低于历史增长率。在这种情况下,预期投资收益率也会远低于历史平均水平,这意味着费用对投资者盈利水平的影响日益增加,因此投资者纷纷寻求低费率基金。由于指数基金的费率平均仅为主动管理型基金费率的一小部分,它们显得极具吸引力。于是第三波资金洪流(名副其实的浪潮)涌入指数基金。

在这些重大事件背后,是指数基金数十年来持续超越大多数主动管理型基金的优异表现。另一个因素是,越来越多的人认识到,特别是在大型企业中,根据设定最低养老金计划标准的联邦法律《雇员退休收入保障法案》(ERISA),成本低廉、覆盖广泛的指数基金是最能满足公司受托责任的。

当索特于 1987 年加入先锋领航集团时,其股票指数投资的规模只有 10 亿美元,随后逐步发展壮大。当股票指数投资的规模增至 30 亿美元时,博格出现在索特办公室门口,他说:"格斯,你等着看吧,有一天指数投资会真正大放异彩,它的资产规模将超过 100 亿美元。"那时,索特怀疑自己能否在职业生涯中看到这一天。然而,当他于 2012 年退休时,先锋领航集团的指数投资规模已超过博格乐观估计的 100 倍,达到了 1 万亿美元。此后,指数投资成倍增长,于 2022 年超过 5 万亿美元。

第九章
交易所交易基金

CHAPTER 9

"格斯！"一个熟悉而洪亮、略带沙哑的声音从拥挤的公司食堂大厅上方的楼梯传来。"格斯！这到底发生了什么？"刚从普莱西德湖村度假一个月回来的杰克·博格显然非常不悦。

为什么？因为格斯·索特试图用交易所交易基金（ETF）"颠覆"先锋领航集团的指数投资！至少博格是这么想的，他"从一开始"就对ETF持反对意见。

自从博格拒绝内森·莫斯特[①]关于推出首只ETF的创新提议后，他就一直反对ETF，支持传统的指数公募基金。他认为，ETF是真正的投资者的死敌，因为它们会诱使投资者进行交易，而短期交易几乎总是会损害回报。指数基金是长期持有型投资者的朋友和盟军。是的，它们可能单调乏味，但这正是它们最大的优势。这种单调乏味使得坚持投资变得简单，而坚持投资正是长

---

① 莫斯特曾是美国证券交易所创新产品开发部门负责人。

期成功的关键。[1]

要理解"到底发生了什么？"，我们需要回溯到近两年前，即1998年初，当时索特担心1997年的亚洲金融危机可能会蔓延至全世界。同年晚些时候的俄罗斯债务危机加剧了他的担忧。索特在1987年股市崩盘前两周加入了先锋领航集团，当时市场在仅仅一天内大幅下挫了22.61%。正如他所说："经历塑造了我们，那次事件无疑给我留下了深深的烙印。"

实际上，在1987年股市崩盘期间，先锋领航集团唯一一只指数基金面临的赎回规模远低于大多数股票基金。尽管如此，索特还是担心类似事件会对先锋领航基金造成更大的冲击，因为到了1998年，先锋领航集团的资产规模较以往已经显著增加。如果投资者大量赎回基金，基金将被迫在弱势市场中抛售股票以应对赎回。

索特在达特茅斯学院主修数学和经济学，热衷于解决定量难题。[2] 他将这个问题视为一个定量分析的挑战，决心找出解决困境的方案。首先，他注意到传统指数基金和ETF有一个共同点，它们都是基础的指数化产品。它们之间的区别在于投资者的主要目的和决策标准。指数基金投资者倾向于长期持有，对即时流动性几乎不感兴趣。① 选择ETF的投资者可能也会长期持有，但他们希望拥有随时可以出售的选择权。注册投资顾问（RIA）及其客户是这一群体的重要组成部分。

---

① 与每日定价一次的公募基金不同，ETF可以在市场开放的任何时候交易。（更详细的讨论请参阅附录1。）

先锋领航集团历来拒绝向经纪人和顾问支付销售费用以促进分销，这是大多数基金管理公司乐于做的事情，因此先锋领航集团很少得到注册投资顾问和其他中介的帮助。但ETF有所不同。作为在交易所交易的产品，ETF会产生佣金收入。先锋领航集团面临的挑战是，如何在这个分销渠道中赢得一部分ETF交易份额。

索特的想法是，为什么不创建一个ETF的"套筒"（sleeves），或者为传统指数基金设置一个联接工具？这样一来，ETF投资者既能享有指数投资的优势，又能拥有流动性，同时不会对指数母基金的运作造成干扰。反过来看这个问题，索特花了9个月时间深入探讨所有可能被他忽视的潜在负面影响。他不断询问量化投资部门的同事可能会出现什么问题。他与法务部门的同事一起花费大量时间"寻找隐患"。他向市场营销团队质疑，这真的能满足注册投资顾问和其他金融中介的需求吗？他们会蜂拥而至吗？如果会，又是为什么？需求量是否足够大，值得付出努力去实行？通过一次又一次提问，不断地深入质疑与探索，索特逐渐确信自己发明了一项真正有价值的产品，虽然有些忐忑，但他终于鼓足勇气，将这个想法呈报给杰克·布伦南。

布伦南起初持怀疑态度，但就在第二天，像大学朋友间交流一样，他向索特承认，这或许不是索特最糟糕的主意。实际上，布伦南相当热忱，他说："格斯，让我们马上把它提交给董事会。"[3]

董事会迅速批准了这一计划。然而，随着先锋领航集团向美国证券交易委员会提交审批，节奏又回到了慢车道。这款产品是首只基于现有公募基金的ETF。作为一个因各种创新层出不穷而臭名昭著的行业的监管机构,美国证券交易委员会从过往的经验中学会,需要谨慎地评估复杂的创新产品。其他所有ETF都是独立且完备的,如果投资者急于抛售,ETF只会逐步清盘。但如果ETF直接与一只现有的大型公募基金挂钩,那么与ETF份额无关的传统基金份额投资者可能会遭受何种连带损失呢?增加ETF份额会给市场或监管机构带来哪些未预见到的问题呢?一项非否定性的裁决,即监管机构既不禁止也不支持该产品,需要较长时间才能得出。在这个案例中,美国证券交易委员会花了整整两年时间才同意,无论交易源于ETF份额还是指数基金,带来的交易量都是相同的。[4]

  一个表征"发明"重要性的指标是,索特获得了6项与ETF相关的专利,ETF的影响力可见一斑。2001年,先锋领航集团推出了被统称为Vipers的首批ETF。先锋领航集团将ETF设计成其大型成熟指数基金的一个份额类别,因此可以利用大型基金的规模优势,仅收取0.15%的费率,不到市场头部机构巴克莱全球投资者公司(BGI)0.35%费率的一半。2006年,先锋领航集团放弃了Vipers这个名字,将旗下ETF更名为先锋领航ETF。很快,一系列先锋领航ETF产品面世,到2007年3月,先锋领航集团已经推出了32只ETF。ETF被宣传为即时流动性工具,一些发起者批评传统公募基金只允许在交易日结束时申购和赎回。如果投资者想在股市飙升时入场怎么办?ETF提供了全天候的交易机会。如果市场处在崩溃中,投资者可以在交易日中段离场,不必等到收盘。受这一营销策略影响,人们普遍认为ETF客户是交易者或投机者,而非长期投资者。这无疑也是杰克·博格的观点。这种看法似乎得到了SPDR 500 ETF(首只追踪标准普尔 500 指数的 ETF）巨额交易量的支持。

博格认为，ETF 的巨额交易量意味着个人投资者是主要的交易方。他大错特错，实际上，大部分交易来自机构，尤其是对冲基金，通过频繁交易 ETF 来对冲投资组合的风险。ETF 套利者也产生了大量交易活动，他们通过交易使 ETF 接近其基础投资组合价值。

短期交易并不总是投机。一秒钟内的买入卖出交易显然并非投机。没有人会押注或猜测 1 秒钟或者 1/10 秒钟内的市场变化。即使是习惯于长期投资的人，也可能出于非投资原因持有短期头寸。例如，当养老基金或捐赠基金解聘一位基金经理时，它需要 1~3 个月来寻找新的长期基金经理，这期间它会将资金"存放"在哪里呢？

此外，越来越多的 ETF 交易由财务顾问代客户执行。人们认为财务顾问希望保持灵活性，以便在需要时根据市场形势进行短期操作。但大多数财务顾问持有长期视角，索特不相信他们仅仅为了短期投资而喜欢 ETF。

21 世纪初，包括财务顾问在内的许多市场参与者开始讨论推出主动管理型 ETF 的可能性。索特不清楚顾问对此的兴趣。2003 年，先锋领航集团在芝加哥为财务顾问举办了一场会议。他是演讲者之一。活动前一晚，先锋领航集团为一些大型顾问客户和潜在客户举办了晚宴。索特与 5 名注册投资顾问同桌，自然而然地，他们谈起了行业动态。谈话友好而坦诚，索特决定问一个一直困扰着他的问题："我能理解你们为什么需要指数 ETF 提供的交易灵活性，但我不明白你们为什么想要主动管理型 ETF 产品。毕竟，没有人真的相信他们能掌握基金经理的超额收益时机。"

顾问们的反馈是一致的。这与择时无关。一切关乎顾问的记录保管平台。他们使用经纪平台来为客户保存交易记录，购买ETF 就像购买股票一样，与该平台的运行方式非常契合。你在上午 11∶03 下单，到 11∶04 交易记录就已完成。顾问能立刻知道买入了多少份额，价格是多少。传统的公募基金不太适合这个系统，顾问在白天下单，但直到市场收盘交易才被执行。然后，公募基金公司需要计算基金价格并处理交易。可能要到下午 5 点或 5 点半，顾问和客户才能确切地知道他们买入了多少份额，价格是多少。这一切都是为了便于行政管理。

从一开始，市场营销人员就宣称 ETF 是一种伟大的新产品。但索特认为，ETF 不过是旧瓶装新酒，是指数基金一种新颖的分销方式。顾问们对他的疑问的回应，进一步证实了他的观点。

> ETF 不过是旧瓶装新酒，是指数基金一种新颖的分销方式。

在先锋领航集团推出 ETF 产品之前，顾问业务在其资产中的占比微不足道。而如今，借助这种新的分销方式，顾问业务已增长到超过 2.4 万亿美元。

PART THREE

第三部分

建设企业帝国

第十章
权力更迭

CHAPTER 10

多年来,杰克·博格与杰克·布伦南一直是一对相得益彰的搭档,他们一个负责外联,一个掌管内务,一个担任首席执行官,一个担任首席运营官,如同父子一般亲密。他们深信先锋领航集团的使命,即以低廉的费率、高度的诚信为投资者提供稳健优质的投资服务。在他们合作的最初15年里,他们共享了许多愉快的工作时光。两人都很节俭,他们的办公室简洁朴素,他们驾驶着中档汽车,穿着成衣西装(博格的西装看起来很旧,布伦南的则熨烫妥帖,经常更换)。随着他们一同共事的时间越来越长,他们对彼此也越来越钦佩。

两人都投入大量时间工作,并且都十分擅长数字。他们发现彼此的技能和兴趣非常互补,他们知道他们在开发先锋领航集团的潜力方面取得了很大的进展。两人很快建立了家人般的亲密关系,他们每天多次进出对方的办公室,分享信息或想法,并常常一起共进午餐。朋友们都认为博格与布伦南的关系比与自己孩子的关系更亲密、更牢固(他确实任命布伦南为孩子们的信托受托人）。两人都是工作狂，极具竞争意识，这可能是他们最终走向分歧的早期警示信号。博格的兄弟透露博格曾经说："我过去7∶30上班，后来布伦南7点就到了，所以我也改成了7点。接着布伦南6∶30就来了，所以我开始6∶30上班。"他从不让布伦南先到。

布伦南逐渐适应了作为博格副手的新角色，他越来越清晰地认识到几个关键事实：他比预期更喜欢这个职位及其前景，他的管理技能和职业兴趣受到了意料之外的强烈欢迎，先锋领航集团的长期发展机遇比他预想的更广阔。有人警告布伦南，博格的标准高得离谱，布伦南却视之为宝贵的学习机会。

在早期，布伦南毫不介意顺从博格，也很乐意被指定为博格的助手，正如许多人在走向职业生涯顶峰之前所做的那样。他晋升得很快。两人都知道他们正在经历一场生动有趣且激动人心的冒险，他们有许多理由相信他们正在取得重大成功。布伦南对博格的钦佩之情溢于言表。

到了20世纪90年代，布伦南已经成为总裁，尽管他知道博格对技术投入前期的高昂成本深有抵触，他还是悄然大胆地推动计算机的使用。博格仍钟情于他的计算尺，只要计算机被局限于他不太关心的后台操作，他就不反对。不过，他始终认为计算机过于昂贵，对关于节约运营成本来实现投资回报的话题不屑一顾。布伦南在公司中悄然引入计算机，寻找利用技术替代人力从而降低成本和提升价值的机会，特别是在客户服务方面。由于金融服务的许多操作流程相对标准化，这种策略效果显著。富达和普信集团等竞争对手在自动化方面遥遥领先，先锋领航集团需要迎头赶上，或者至少不被抛在身后，这已成为竞争的当务之急。

在两人共事的漫长历程中，他们本可以成为领导权完美过渡的理想典范。然而，这最终被证明是不可能的。早些年，博格的内在天性让吉姆·里佩意识到博格不能也不愿意放弃或分享作为首席执行官的控制权。董事会恳求里佩留下，并保证他最终会成为首席执行官，但一旦真正理解了博格，里佩就意识到他只有离开先锋领航集团才能实现自己的职业目标。

布伦南与博格的领导理念存在根本差异。这些差异随着时间的推移和布伦南职责范围的扩大变得越发明显。在关系的早期阶段，这种差异并不重要。布伦南并不介意博格在公开场合谈论先锋领航集团时习惯性地使用"我的"这个词，如"我的公司"或"在我的领导下"。毕竟，先锋领航集团在创立之初确实就是这样的。是的，先锋领航集团有一个董事会，但博格视其为自己的董事会。他亲自招募每位董事，认为他们加入是因为向往成为他与先锋领航集团伟大事业的一部分。

当博格将布伦南策划和实施的"先锋领航合作伙伴计划"、"瑞士军刀团队"和与Primecap的合作等创新举措归功于自己时，布伦南似乎并无不满。如果博格渴望公众的认可，那就随他去吧。

布伦南一直十分务实，他关心的是整个先锋领航集团的进步。作为一名棍网球、冰球和足球方面经验丰富的团队成员，他不在意个人荣誉，但非常看重团队的胜利。布伦南始终谦逊低调："名望从来不是我的追求。"

> "名望从来不是我的追求。"

这些个人差异在短期甚至中期内或许能够被容忍，但随着时间的推移和摩擦的累积，它们从尚可容忍逐渐变成麻烦事，然后演变成恼人的困局，最终发展成难以调和的矛盾。布伦南性格坚韧，非常欣赏博格的能力，所以他能够着眼长远。对任何具有长远眼光和充足过渡时间的人来说，短期内的容忍和耐心是明智之举。毕竟，多年前博格和里佩就设定了先锋领航集团 70 岁退休的政策，而且博格的健康状况已经明显受损并正在恶化。

博格是典型的企业家创始人：坚韧不拔、创意无限、果决坚定、不屈不挠；对成功充满渴望且自信满满；对他人的能力或承诺总是持怀疑态度，尽管他确信自己能从他人那里获取最佳想法；在各种决策中，他都渴望掌控全局。他的控制欲驱使他强迫症式地重新构建并组织每一份他要求下属准备的备忘录或报告，几乎逐句编辑修改。博格是一位自豪的战士，乐于战斗，享受胜利的喜悦，更享受击败对手的快感。相比之下，布伦南则认为斗争浪费精力和时间。

正如军事史反复证明的那样，虽然胜利的进攻往往会催生出最激动人心的传奇故事，但确保持久成功的绝对必要条件是硝烟散去后的长期良好治理。博格聪明敏捷，经常做出正确的判断，他学会了信赖自己的直觉和判断。然而，即便再精明，他也不可能在所有事情上都永远正确。他将自己定义为领导者，看轻那些"只做管理"的人。他没有意识到，随着企业的发展，先锋领航集团迫切需要娴熟的协作型管理者以及贯通整个组织的持续系统化流程。

> 确保持久成功的绝对必要条件是硝烟散去后的长期良好治理。

随着业务的不断壮大,博格的视角自然而然地倾向于回顾而非前瞻。他知道先锋领航集团已经取得多么伟大的成就,并为此感到自豪。然而,他很难同样清晰地看到,先锋领航集团需要推行何种运营方式的变革,才能继续实现其对快速增加的投资者群体所做出的明确和隐含的承诺。

布伦南的责任和头衔迅速提升。他在 1985 年成为首席财务官,一年后成为执行副总裁和董事会成员,并于 1989 年成为总裁,当时他只有 34 岁。在董事们的支持下,博格开始鼓励布伦南发表公开演讲,与大型投资者会面,并与董事会讨论重大战略决策。布伦南意识到先锋领航集团的各个部门都需要强有力的管理人员,于是他开始寻找组织所需的经验丰富的业务经理。

布伦南是一位职业经理人,一位"服务型领导者"。他不断探索各种方法,致力于引领先锋领航集团在各个层面持续进步。他谦逊低调、深思熟虑、稳健踏实,喜欢建立团队并发展以系统和流程为中心的强大组织。他寻找合适的方式来提升中高层管理人员的能力及团队协作的氛围。通过和布伦南共同制定与严格绩效评估相匹配的现实目标,中高层管理人员获得了信心并提升了能力。有潜力的管理人员每隔几年就会从一个管理岗位轮换到另一个岗位,从而深入了解先锋领航集团的多个部门。

1992 年,博格在"挑战传统"的演讲中宣称,先锋领航集团将力争成为行业的技术领导者。布伦南将技术职责分散到公司各个部门,并警告高级管理人员,他们的工作取决于他们对技术的掌握,他说:"如果詹姆斯·盖特利(时任机构业务主管)缺乏成功所需的技术能力,那么被解雇的将是盖特利,而不是技术主管罗伯特·迪斯泰法诺。"

当时，博格仍是首席执行官，是企业鼓舞人心的灵魂领导者和主要决策者，他管理着董事会，发布所有公开声明并与媒体交流。但董事们知道，布伦南才是变革的推动者。他倡导加大信息技术的投资力度，以提高为股东服务的速度和便利性；扩大系统容量，以适应账户数量、交易和资金的增长；降低成本，使先锋领航集团能持续降低基金费率；培养规模更大、能力更强、经验丰富、精明能干的管理团队。

布伦南意识到先锋领航集团在多个领域面临压力。在 ETF 这一多年前就被博格忽视的重大创新领域，道富和其他公司在蓬勃发展的市场中占据了主导地位。指数投资业务竞争越发激烈，先锋领航集团需要更具创新精神和进取之心。机构业务随着 401（k）计划的迅猛增长迎来了重大机遇，但先锋领航集团管理不善，逐渐流失了市场份额和资金。更广泛地说，先锋领航集团的许多部门日益孤立和割裂。整个公司缺乏自下而上、关切市场的洞察意识，这对有效的业务发展战略至关重要。

1989 年，布伦南从保诚保险公司的养老金部门招聘了具有高级管理潜力的中坚力量盖特利，以帮助先锋领航集团解决问题。由十先锋领航集团专注于零售业务，所有"偶然接触到"的机构业务都是临时应对。在快速发展的机构业务市场中，先锋领航集团缺乏明确的目标，没有清晰的战略，欠缺准确定义的目标市场，不清楚希望销售人员销售什么，没有一致的价格政策，缺乏领导力或管理能力，也没有总部的支持。机构部门的销售人员各自为战，被指望即兴发挥。于是他们就这么做了。除了销售先锋领航集团的公募基金和提供记录保存功能，所有关于向企业客户提供什么服务的决策，甚至是承诺的费用和服务标准，都由个别销售代表自行决定，而他们的主要关注点是引导客户开设新账户并获得激励薪酬。

这无疑会给先锋领航集团的运营团队带来麻烦。他们被期望兑现销售承诺，但他们对承诺内容却没有任何发言权。"在这种情况下，可以预料的是"，盖特利回忆道，先锋领航集团做出了巨大的特殊服务承诺，却只赢得了少量的401（k）计划业务。更糟糕的是，不同客户获得的销售承诺差异很大。"这些销售承诺五花八门，客户群体则是杂乱无章"，这一切与商业应有的运作方式背道而驰。

销售人员实际上是在为自己而不是在为先锋领航集团工作。他们急于完成销售，任何销售都可以，然后领取奖金。很少有人会回头看看事情进展如何。因此，盖特利发现："先锋领航集团没有从经验中学习，也难以在任何方面取得进步。无论是产品设计、服务能力、定价政策，甚至销售流程，都没有丝毫改进。没有人知道哪些账户或业务线能盈利，哪些又是导致严重亏损的真正败笔。"[1]

布伦南对盖特利坦诚相告："这个部门需要专注。我们已经决定将它从零售业务中剥离出来，成为一个独立的机构业务部门。我们有一份顾问公司关于机构业务市场机遇的研究报告，它表明401（k）计划业务注定会蓬勃发展。"计划发起人并不热衷于采纳传统的"固定收益"养老金计划，因为在这种模式下，监管趋严的影响、支付给养老金给付担保公司的保险费用，以及股票和债券市场价格变动对收益的不确定影响，都需要会计师将其纳入当前的收益报告。员工对传统的固定收益计划也不满意。如果员工在入职5年内离职,他们将一无所获。固定收益计划通常未设置通胀保护条款,这让员工十分担忧,毕竟20世纪70年代出现过严重的通胀。

401(k)计划业务的发展前景十分可观,而且当时市场上仅有3家主要提供商,分别为富达、普信集团和先锋领航集团。其中富达规模最大,并且凭借明确的战略和强劲的销售实力保持着最快的增速。先锋领航集团已经明显落后,处于混乱之中。

盖特利的兴趣越发浓厚。"杰克,有职位描述吗?""有,"布伦南笑着回答,"分两部分:首先,弄清楚该做什么;其次,把它完成!"布伦南的话打动了盖特利。[2]

他唯一确信的是,他接管的业务部门背负着非常高的费率,却没有按照应有的速度增长,也没有朝着任何特定的战略方向前进。他意识到必须进行重大变革。他也很快决定,大多数销售人员必须被替换掉,15名原有的销售人员他只保留了3名。

没有不良习惯的新销售人员被招募进来。许多人是从先锋领航集团的其他部门调来的,特别是客户服务和运营部门。他们对先锋领航集团及其特有的团队文化有深入的了解。一些渴望在先锋领航集团内部继续晋升的转岗员工看到了良机,希望加入盖特利这个前景光明的新项目。盖特利对新销售团队的培训侧重于让他们成为深入了解先锋领航集团并深刻掌握潜在客户需求的专家。通过组建新的销售团队,盖特利改变了整个部门的方向。盖特利以平和乐观著称,他发现自己在面对挑战时"可以自由地向所有方向出击"。

接下来,布伦南采取了一个经典的明智举措。他指派了先

> 他发现自己在面对挑战时"可以自由地向所有方向出击"。

锋领航集团各个业务的新星与盖特利合作，包括保罗·赫勒、玛莎·金、格雷格·巴顿和比尔·麦克纳布。盖特利和他的新团队迅速制定了401（k）计划业务的"战略三脚架"：

- 先锋领航集团将充分发挥其在股票、债券和货币市场基金上的低成本投资优势。
- 列出先锋领航集团真正渴望寻找的新客户的特征，并使用一个简单的检查清单对所有潜在的新企业客户进行资格审查。为了确保一致性，资格审查工作将由来自运营和法务部门的小型指导委员会集中处理。强烈鼓励销售人员将时间和精力集中在最具吸引力的潜在客户身上，包括先锋领航集团希望长期发展的401（k）计划业务，以及真正需要先锋领航集团优势服务的潜在客户。盖特利解释说："我们希望建立一个强大的客户群体，我们深知自己能够向他们提供优质服务，并愿意与他们长久相伴。我们为团队开发了专门的培训项目，并能够向我们的客户和潜在客户展示，如果他们的高管能够深刻理解设计401（k）计划时采用最佳实践的重要性，他们实际上可以通过采用这些实践为公司节省成本。"
- 销售人员将接受培训，以理解并利用在企业市场销售401（k）计划的一个重要现实情况。那就是，成功往往要求双重突破，既需要赢得财务主管或专注于养老金业务的副主管的信赖，也需要说服人力资源部门的主管。尤其是在大型企业中，这两位高管可能彼此不太熟悉，甚至可能存在微妙的竞争和地盘争夺意识。为此，销售人员需要施展特殊才能，完成双重销售任务。

在地理策略上，盖特利和他的新团队首先从费城周边先锋领航集团总部附近的公司着手。随着销售与服务资源的拓展，他们逐渐覆盖了中大西洋地区，最后分阶段扩展到全美。盖特利回忆道："每次参与竞标，我们总会向潜在客户提供两个绝佳选择：指数基金或约翰·内夫管理的温莎基金。后来，我们还引入了具有出色成长股业绩的 Primecap 基金和创新先锋 Batterymarch 基金。富达则会派出彼得·林奇，那时他创立的麦哲伦基金表现优异。富达在定价方面具有明显优势，因为大多数公募基金都拥有丰厚的利润空间，特别是在增量业务上，富达可以通过高额的基金费用弥补任何记录保存方面的损失。由于我们的基金已经在按成本运行，我们做不到这一点。但如果我们组织得当，在与富达的竞争中，我们的整体胜负就会各占一半，低成本是我们成功的关键。"

当被问及他总是给销售人员的一个建议时，盖特利微笑着说："让你的客户在老板面前看起来很聪明。"

> "让你的客户在老板面前看起来很聪明。"

根据盖特利的说法，培养强大的服务文化取决于"知道如何留住最优秀的人才"。先锋领航集团成功地留住盖特利长达27年。为了彰显客户经理对先锋领航集团的重要性，盖特利赋予最优秀的客户经理"关系执行官"这一特殊称号。他们每年聚在一起共进晚餐，并在先锋领航合作伙伴计划中享有额外份额。

多年后，当比尔·麦克纳布负责401（k）计划业务时，他与关系执行官们每月会面，每人进行10分钟的"亮点"汇报，分享他们对市场前沿的见闻。这种高层对市场现实状况的重视对一线销售人员来说意义重大，他们能感受到销售工作对公司的重要性，同时他们面临的挑战也得到了理解和尊重。

1994年，杰克·布伦南邀请盖特利转战个人投资者领域。"我最初的反应是，'杰克，这真是个意外，我必须承认我不太明白。你为什么要找我呢？零售业务对我来说完全是新的领域，除了知道它与我持续深耕的机构业务截然不同，我简直一无所知'。几天后，我发现自己在想，如果你的上司了解你，尊重你的能力，并且认为某个角色对你和公司都有益，那么明智的做法是认真考虑。"布伦南相信，定期轮岗有助于防止管理人员骄傲自满、安于现状，能重新激发他们的活力，让他们学会从全局视角思考，并将新颖的思路、多元的经验、公正的视角和充沛的能量带到新部门。不久，盖特利便开始领导个人投资者团队，并再次取得了辉煌的成就。

> 布伦南相信，定期轮岗有助于防止管理人员骄傲自满、安于现状，能重新激发他们的活力，让他们学会从全局视角思考，并将新颖的思路、多元的经验、公正的视角和充沛的能量带到新部门。

"大约一年后，正如杰克当初给我这个新任务时所预测的那样，我爱上了零售业务。我们对个人投资者市场进行了细分，推出了'海军上将基金份额'优惠定价,为大额账户提供了'比低费率更低的费率'。此外,我们还培养了几种类型的专家,专注于服务不同类型的投资者:个人退休账户专家、403(b)计划专家、大型旗舰投资者专家等。"[3]

对博格和布伦南来说,接下来几年的领导权交接看起来只比其他类似变动稍微困难一些。他们年龄适宜,同样忠诚于先锋领航集团,而且由于布伦南不喜欢聚光灯的个性,他们的优先事项并无明显冲突。他们都致力于使先锋领航集团实现最佳业绩,但他们的性格和行事作风各异,对荣誉的追求有所不同,对分权和集权领导的侧重也存在差异。

从外部看,领导层的过渡似乎自然且平滑,但实际上往往并非如此。即便管理风格、企业战略和个性都高度一致,这一变化对直接涉事的个人来说通常也是非常艰难的。从一位雄心勃勃的领导者手中夺走控制权、权力、地位和影响力,绝非温和的举动。

布伦南私底下谦逊、低调,善于自嘲,后来在55岁时便低调地卸任首席执行官职务,他笑称自己一直默默无闻。而比他年长30岁的博格,仍然被朋友们描述成一个"媒体狂人"[4],他口若悬河,无法停止引用自己"无穷无尽的智识金句",或是随口背诵自己演讲中的精彩片段。[5]然后,博格会小心翼翼地用自嘲来表现谦逊,比如"我只是一个极其普通的人","我的兄弟都比我聪明",或者"我并不出类拔萃,而这正是先锋领航集团最大的财富"。

布伦南有一种不寻常的能力,可以带领一支高级管理团队取得最高绩效。他的法律总顾问海蒂·斯塔姆回忆说:"基本上,我们像家人一样彼此关照。当我们意见不合时，我们敢于直抒己见。这从来不会成为私人恩怨。我们用理性说服对方，保持开放心态。一旦达成共识，我们就全力支持决策。我们被期待并且真诚地希望帮助同事，如果是为了先锋领航集团的整体利益，我们愿意从自己部门的预算中为他们提供资金和合适的人才。我们无法容忍任何不愿意进行团队合作的人，布伦南永远不会把缺乏团队精神的成员纳入高层团队。"

布伦南的领导能力和多面才华逐渐显现。他整合技术与业务部门，带领业务改革转型，发现并培养未来的领导者，引领整个组织向新的方向前进，不断提升业绩标准。董事会，尤其是董事长 J. 劳伦斯·威尔逊，逐渐认识到布伦南作为领导者的卓越表现。时机似乎成熟了。布伦南正在崭露头角，而博格由于健康状况日益恶化即将退休。有人认为他退休的时间对先锋领航集团来说稍晚了一些，但鉴于博格过去的辉煌成就，提前让他离开未免有些不公。

董事们深知他们有责任就交接与过渡的时机做出明智判断。他们知道，博格对成本的执着使他不愿像主要竞争对手那样大力投资计算机技术和自动化。随着先锋领航集团规模的扩大，业务复杂性不断提升，它需要一个不同的组织架构，为更广阔市场中的更多投资者提供更优质的服务。

董事们充分理解从开创性的企业家创始人转向组织管理者及建设者的必要性，并知道推动这一转变是他们的责任。到1995年初，显然是时候让布伦南成为首席执行官，让博格享受应得的退休生活了。从外部看，博格与布伦南的权力交接似乎是从创业型创始人到专业管理者和组织开发者的过渡典范。

布伦南是唯一一位被博格提前告知决定的同事，博格在1995年5月24日向董事会宣布，他将于1996年1月31日卸任首席执行官，但如果董事会批准，他将继续担任资深董事。退休声明援引博格的话，"我还会在这里"，并解释说布伦南将在7个月后正式接任首席执行官一职。

博格的心脏病医生宣告他的病情"正在恶化"，再活一年的机会都很渺茫。他的手脚严重肿胀，呼吸和行走都很困难。博格需要尽快进行心脏移植。由于病情严重，他在等待移植名单上的优先级提高了。

1995年10月18日，他入住费城哈内曼大学医院等待新心脏。博格就是博格，他将自己的病房布置成一个配有计算机、电话和文件的办公室。他继续撰写文章、备忘录和信件，并频繁致电先锋领航团队和客户，当然还有他在媒体界的众多朋友。布伦南每周至少访问博格在医院的"办公室"两到三次，圣诞节前夕他还带着妻儿前来为博格打气。

在博格等待移植的4个月以及随后恢复的几个月里，布伦南在先锋领航集团全力推动自动化和计算机化进程。他组织了对公司各个层面的严格评估，制订了一套全新的管理架构和人员配置计划。他推动了先锋领航集团的业务转型，使其迎头赶上竞争对手。为适应交易量的激增，先锋领航集团增强了组织能力，并提高了生产率。

在那几个月里，护士们一直以对待参议员、公司首席执行官、电影明星和医院重要捐赠者一样的尊敬态度精心照顾博格。终于，在1996年2月21日，一名护士确认："好了，博格先生，今天是您的大日子。您的耐心等待终于有了回报,正如谚语所说,功夫不负有心人。"

"是的,护士小姐,但并非全然如此。"

"博格先生,您是什么意思?"

"对我个人而言,这是重要的一天。我在医院等待了128天,从未确定能否及时得到一颗新心脏,现在我们知道,在今天结束之前我将拥有一颗新心脏,感谢上天。但是,这并非全然得益于耐心,护士小姐。它从来都不是耐心,而是一种个人的决心,确定你想要实现的目标,找出实现的方法,然后有勇气不顾一切地带着极大的决心坚持下去,这就是拳击台上的斗士、行动中的每个人的决心。"[6]

博格的心脏移植手术非常成功。他幸运地获得了一颗28岁年轻人的心脏,再加上他的决心和毅力,他的恢复速度和程度简直令人惊叹。仅仅9天后,他就出院回到了家中。6周后,他又回到了办公室。一天又一天,他感觉自己越来越强壮。5月8日,在他67岁生日那天,他发表了一场关于指数投资益处的激情洋溢的演讲。几天后,他已经能在壁球场上打球了。一位朋友十分钦佩他,说:"看见他再次打壁球真是不可思议。很显然,如果他知道手术后感觉如此良好,他当初根本就不会放弃首席执行官的职位。"

一些董事担心,布伦南在博格手下任职14年后,可能已经失去了成为领导者的锐气与决心。另一些人则持相反观点,认为多年的历练如同弹簧般积蓄了他的能量和决心,使他的目标感更加强烈和坚定。随着董事们深入讨论领导权交接问题,他们越发清晰地意识到，布伦南早已成为事实上的首席执行官，他负责实施了多项战略决策。

虽然博格对外代表了先锋领航集团及其理念，但作为首席运营官的布伦南对公司内部的成功至关重要。布伦南在意识到人才激励的需求后，借鉴前任雇主的模式设计了先锋领航合作伙伴计划，并做出调整以适应先锋领航集团的具体情况。他委任盖特利评估并改造陷入困境的机构业务，最终取得了巨大的成功。这展现了布伦南将战略任务委派给其他领导者的才能，而非像博格那样坚持亲自掌控一切。他支持盖特利或比尔·麦克纳布这样的领导者，给他们配备了一群才华横溢、风华正茂、雄心勃勃的团队成员，让他们有更多的人手和眼睛去解决重大管理问题。布伦南在各级岗位上轮流调动有能力的人，促使员工发展出多种技能，帮助他们认识到自己不仅仅是在做一份工作，更是在参与一项事业。他们从全局视角了解先锋领航集团，明白各主要部门之间如何相互关联并协同运作。

董事总经理迈克尔·米勒说："布伦南寻找与众不同的人，在技能和经验上不同，对重大风险或者机遇等核心问题的思考方式也不同。他认为寻找差异性人才是实现真正多样性的关键，是防范群体思维最好的保护机制，也是激发创造力的最佳方式。每位高级经理都有独特的视角、背景或经验。我们知道自己是由于这个原因被选中的，所以我们乐于分享不同的观点。但一旦达成一致决定，布伦南就期待所有人都全力以赴，共同支持这个集体决策。当他承诺采用六西格玛作为解决问题的纪律化方法时，他不会半途而废。他将该项目从通用电气的模式调整为先锋领航集团无与伦比的卓越，并决心让它为先锋领航集团服务。"[7]

布伦南对自己识别和培养未来领导者的能力充满信心。自从加入先锋领航集团以来,他就一直在做这件事情。在他参加第一次管理层外联会议时,博格就注意到这一点。会后,他对布伦南说:"我知道你在做什么,你在评估每个人。现在告诉我你的看法。"

布伦南善于发掘可造之才,也能够迅速发现错误,他详细记录每个人的表现和职责,以便随时查阅。他总是在寻找具有强大成长潜力的领导者和管理者,如格斯·索特、迈克尔·米勒、海蒂·斯塔姆、罗伯特·迪斯泰法诺、格伦·里德、詹姆斯·盖特利、蒂姆·巴克利和比尔·麦克纳布。他积极思考候选人如何以及为什么能够完成好新职位的职责。她会带来什么?他能学到什么?这个特定的职务将如何助力这位特定的管理者在先锋领航集团的职业生涯?

失误虽少,但代价高昂。"现在真正困扰我们的是,"布伦南说,"有时我们3年后才决定某人并不适合先锋领航集团,但我们回头看,发现我们早在3年前就已在评估中指出这个人存在的关键问题!"他挑了挑眉毛,分享了教训:"智慧和品性是教不出来的。"[8]

> 布伦南不仅要考虑谁最适合这个职位,还要考虑那些"未被选中"的人,并事先想好如何以及何时与他们沟通,因为他们对组织同样重要。

当然,每当有人晋升至一个新职位时,至少会有几个人想:"为什么不是我?"因此,布伦南不仅要考虑谁最适合这个职位,还要考虑那些"未被选中"的人,并事先想好如何以及何时与他们沟通,

第十章 权力更迭

因为他们对组织同样重要。

每年，布伦南平均与直接下属的下属进行近200次越级会面，通常在公司食堂角落里一张安静的餐桌上。（这些会议显然是头等大事。）参与者保证对谈话内容保密。布伦南对他们坦诚相待。起初，有些人可能会感到紧张，或者担心自己会被"带到小黑屋里"。但布伦南非常低调，十分渴望相互交流学习，几乎所有人都很快放松下来并敞开了心扉。这对每个人都有益处，对先锋领航集团来说尤其如此。布伦南观察到："高层人士总是在向一线员工推销他们的政策和策略，我们需要了解员工的真实感受和接受程度……他们对什么策略'并不买账'及其背后的原因。与此同时，一线员工也希望知道高层不完全理解或欣赏的事情。"

在受高度监管的证券行业中工作，布伦南为与政府监管机构建立联系并确保彼此熟悉付出了特别的努力。他邀请他们与高级管理人员和董事们会面，以便先锋领航集团的关键人员能够理解监管机构对行业、先锋领航集团以及当前重大议题的看法。监管机构也开始了解并欣赏先锋领航集团。

读者会认识到，这些实践对塑造先锋领航集团的合作文化、实现其从小型私营企业到大型组织的惊人转变至关重要，这一转变让先锋领航集团具备了成长为投资行业领导者的能力，使其能异常出色地服务于数千万投资者。如今，先锋领航集团管理的个人投资者资产已超过其三大竞争对手资产的总和，并迫使竞争对手采纳了其两大核心战略：降低费用和为投资者提供更多顾问服务。正如布伦南所观察到的："成功的投资所需的长远思考与行为模式，不同于过去主导投资行业的传统服务所侧重的交易思维。当投资者意识到他们需要一种以稳健、个性化的建议为中心的新型投资服务时，先锋领航集团抓住时机，引领了这场深刻的变革。"

1999 年，博格迎来了 70 岁，这是先锋领航集团规定的强制退休年龄。他本以为自己作为创始人，并不适用于多年前与里佩制定的 70 岁退休政策。当董事会意识到博格对公司坚守该政策感到很沮丧时，他们同意让他以资深董事的身份多留任一年。但博格将此视为一种象征性的姿态，断然拒绝了提议。

更令博格心烦的是《费城问询报》引用的一句话："如果你在过去 3 年对先锋领航集团感到满意，那么你应该感谢杰克·布伦南。"对此，博格一如既往地直率回应道："那是因为股市处于牛市。而且我认为公司的成功可能与指数基金、我挑选的经理人以及公司的结构有关。所有这些都是我负责的，把这一切归功于其他人是不寻常的、令人难以置信的，也是不负责任的。"

一些基金持有者不了解董事会深入讨论的本质，在晨星公司维护的先锋投资者论坛上对博格退休的消息做出反应，认为作为一家公募基金公司，先锋领航集团应当将此类关键政策问题交由股东投票决定。一位股东表达了持不同意见者的想法："不论与这位'圣人'共事有多么不易，管理层都应当意识到，让博格以殉道者的方式退出自己创立的公司只会适得其反，甚至会让公司走向自我毁灭，尤其是如今他在充斥着欺诈与背叛的世界中已经成为诚实和正直的象征。"

"致先锋领航集团的备忘录：你们是不是失去了理智？"投资网站 thestreet.com 联合创始人吉姆·克拉默写道，"你们不能像对待某个需要被送进公募基金养老院的老家伙一样把约翰·博格踢出董事会……他是唯一敢于直言不讳的人，警示大家公募基金如何经常向人们收取过高的费用，却没有提供相对于指数基金的超额收益。"

尽管大多数在网上发表评论的人都希望博格留任，但也有些人并未感到沮丧。"博格这位好斗的老战马离开舞台的那天我会很不舍，但我没看到任何证据表明先锋领航集团会因此受到太大影响，"一位名为"Mohuck"的网友在晨星网站上发帖称，"博格并非先锋领航集团的全部，我认为布伦南先生、现任董事会和管理层正在正确地调整公司定位，以便在快速变化的金融服务行业中保持领先地位。"

在博格看来，他应该顺理成章地重返董事会，重新担任先锋领航集团的领导职务，从他被迫中断的地方再度启航。他精神矍铄，憧憬着自己在先锋领航集团的未来，他常常称先锋领航集团为"我的公司"。然而，此时布伦南已经确立了自己作为首席执行官的地位，正在大刀阔斧地组建强大的领导团队，追赶技术前沿。

当博格后来得知公司正在加大对计算机的投资（以及适度增加广告支出）时，他明确表达了不满："我的公司正在偏离正轨！"但董事会并不认同他的意见。领导层的更迭运作良好，甚至超出了预期，董事们决心全力支持新领导层取得成功。他们对布伦南作为首席执行官的高效表现感到欣慰和兴奋。鉴于博格已接近自己多年前设定的 70 岁强制退休年龄，他们当然不会在此时替换布伦南。[9]

博格拒绝接受这种想法，认为可以并且应该为先锋领航集团的创始人破例！但董事们态度坚决。

当被一位电视台记者问及"你对作为接班人的布伦南感到满意吗？"时，博格回答："满意？不太满意。我真的不确定他是否已经准备好承担所有责任。"布伦南对此震惊不已，直接质问博格："我多次为你挺身而出，你竟然公开质疑我能否胜任首席执行官的职务。你对我还没有把握？"信任和信心的纽带就此出现裂痕。

无论是当时还是现在，所有知情的观察家都一致同意，没有博格，先锋领航集团不可能诞生，更难成就早期的辉煌。博格建立了低成本、低费用的先锋领航集团，构建了以投资者长期福祉为核心的高度诚信文化。博格见证了它的创建，并使之成为可能。凭借坚定的意志、持久的努力、充满激情的口才、巧妙的法律手段和关键的幸运机遇，他将先锋领航集团从一个规模有限的小实体提升为一家新型的投资公司。正如博格的密友、长期担任先锋领航集团董事的伯特·马尔基尔所说："没有杰克·博格不懈的努力、决心和创造力，先锋领航集团永远无法被构想和启动，也不可能在早期取得成功。同样，没有杰克·布伦南接任首席执行官，先锋领航集团也不可能取得如此辉煌的成就。"

董事们对博格怀有深厚的感情，他们一次又一次地试图为他找到体面离开的方式。但达成离职协议最终条款的时间却异常漫长。最终，博格明白董事会不会让步，明智的选择是接受最终提议，否则局势可能逆转。先锋领航集团同意为博格提供一个由3个人组成的团队、慷慨的年度费用、位于宾夕法尼亚州莫尔文市主楼的办公室套间、使用先锋领航集团计算机和庞大数据库的权限、一辆配有司机的汽车，以及一笔可观的一次性补偿。博格

第十章 权力更迭

接受了这一安排。[10]

当布伦南得知该和解协议的规模时，不得不通过长时间的跑步来平复心情。

纵观先锋领航集团的历史，布伦南和博格都"赢了"。博格渴望赢得认可和名声，以摆脱被遗忘的恐惧，并使他的众多伟大贡献始终被铭记和赞赏。正如下一章所示，他的愿望已经得到超出预期的满足。

布伦南不关心世界是否会关注他，或者如何看待他，他默默专注于将先锋领航集团转化为一个运转高效、自给自足、规模庞大、不断创新、持续进步的组织，先锋领航集团的规模逐渐壮大为他接手时的 10 倍。他卸任时，公司完全有能力自筹资金，大胆地制定战略以创造自己的未来，并一次又一次地改变全球投资管理行业。

第十一章
博格核心理念的传承

CHAPTER 11

　　当博格于 1999 年离开资深董事办公室，搬到同一栋楼二层一间名为"胜利"的小型办公室时，他并非孤身一人，也并非两手空空。除了 3 名工作人员，无限的计算机使用时长，对庞大数据资源的完全访问权，车辆以及司机（所有这些都不需要他支付任何费用），博格还拥有多年积累起来的与编辑和记者的紧密关系网。

　　博格凭借其非凡的创造力、不容置疑的个人魅力（除非你敢于反对他）、处理数字的敏锐天赋、长期工作的坚韧、坚定的信念以及其决策和信念背后对广泛事实和数据的深刻掌握而令人钦佩。他在童年和青年时期承受了命运的不公，但仍在学业上取得了成功。他挺过了多次几乎夺去生命的严重心脏病发作，登上了首批公募基金组织的巅峰，摆脱了试图创新合并却被公司解雇的困境，在他白手起家创立起来的公司中历经了不受欢迎的退休，退休后还通过博格金融市场研究中心的工作巩固了以诚信和讲真话著称的良好公众声誉。

博格几乎表现出宗教般的道德权威感："可以说，我是个传教士。给予我一项事业，我就会全力以赴。"一位仰慕者评论博格正直的道德品质时说："毫无疑问，他有一种高于普通人的态度。"他流露出坚定的信念，大多数与博格有直接接触的人都会被他震慑。他要求严格，尤其是在维护个人声誉和精心打造个人故事方面。

博格让人卸下心防的自嘲态度，是他在为普通投资者展开漫长征途之初就展现出的魅力之一。他会说："我那时真是愚蠢。""谁能犯下我那样的错误呢？"他从不抱怨童年的艰辛，始终敬仰自己的母亲。记者会看到他在回忆母亲的苦难时眼含热泪，他允许他们进入他的私人记忆，但他们可能不知道他总是"按剧本行事"，完美地控制着叙述进程，甚至是流泪的时机。他准备好与大众分享自己的故事，并确保所有故事在每次被报道时都与他讲述的一致。

熟知他的朋友能够认识到他内心深处的不安和对被遗忘的恐惧。著作是被记住的一种方式。这也许就是他多次修订作品的原因。他每年会与普林斯顿大学校友、杰出作家兼教师约翰·麦克菲会面两到三次，就写作的特定方面寻求建议，这可能是为了追求完美。

没有什么比拥有一群热衷于传播讯息的信徒更能帮助一个孤独的倡导者获得关注和信誉了。对杰克·博格而言，这一令人愉悦的情况始于1998年3月。当时一群个人

> 没有什么比拥有一群热衷于传播讯息的信徒更能帮助一个孤独的倡导者获得关注和信誉了。

投资者在晨星在线论坛上发起了一个团体，他们很快自称为"博格信徒"。

当投资者、前伞兵泰勒·拉里莫尔发帖说："我感谢杰克·博格和先锋领航集团，首先是他们带来了无与伦比的投资教育工具，其次是他们提供了卓越的投资服务。"博格迅速寄去一封手写信，表示拉里莫尔的帖子激励了他，并询问："是否有兴趣在方便（我认为是非度假胜地）的地点与志同道合者举办为期一天的会议？"拉里莫尔和梅尔·林道尔组织了首次"博格信徒"会议，会议主题是博格拟定在 2000 年 3 月《迈阿密先驱报》"理财会议"上发表的演讲。22 人在拉里莫尔迈阿密的公寓里与博格共进晚餐。在拉里莫尔的敦促与鼓励下，《迈阿密先驱报》在周日的商业版面报道了这一事件。下一年度的活动在费城举行，"博格信徒"聆听了贾森·茨威格的演讲。当时贾森是《金钱》杂志的资深撰稿人，随后他写了一篇 5 页的故事，标题是"博格信徒来了"。[1]

2007 年，"博格信徒"推出了他们的独立网站。到 2009 年，该网站已有超过 2 万名注册会员，平均每天访问量超过 9 000 次。现在有 38 个地方分会定期聚会，举行面对面的会议，讨论投资及策略。随着活动势头和媒体报道持续增强，"博格信徒"很容易就能在博格演讲的地点进行后勤安排并举行会议。

通过上述网站，该团体致力于推广一套以博格理论为核心的成功投资准则：

- 制订切实可行的财务和投资计划，并将其写下来。随着你对自我、财务状况和投资情况了解的加深而不断修改。
- 早投资、常投资。强烈建议设置在工资到账时自动转账储蓄。
- 永远不要承担过多或过少的风险。
- 永远不要尝试择时。
- 尽可能使用指数基金。
- 保持低费率。
- 分散投资。
- 最小化税负。
- 保持简易操作。
- 坚持到底。

任何有经验的投资者都知道这些原则是合理可靠的。网站为每个原则都提供了一个简短的视频介绍。任何人都可以在"博格信徒"论坛上询问几乎所有关于金融或投资的问题,但投资者被鼓励从基础知识开始学习。

在《学会投资》[2]中,这些熟悉的准则通过清晰、直接的语言进一步展开,可以总结如下:

- 保持量入为出的生活。
- 尽早开始储蓄。
- 成本很重要,切记保持低成本。
- 以最节税的方式进行投资。
- 通过再平衡控制风险。
- 保险是为了保护,而非投资。

- 控制你的情绪。
- 尽可能简化你的投资计划。
- 避免市场择时和追逐业绩。

作者总结道:"我们发现简单之中蕴含着美。温馨提示,沿途无疑会有无数干扰诱使你偏离既定轨道。"

年近九旬的博格依然在先锋领航集团的办公室里辛勤工作,倡导以低成本指数基金为核心的理性长期投资,并始终坚守他的座右铭:"勇往直前!"除了宣扬低费率,博格还坚持对投资者坦诚相待。毕竟,先锋领航集团出售的不是别的,而是其服务,一心只为投资者服务。

博格以身作则,践行着他想要展现的自我形象,他希望所有人都知道他是谁以及他的成就。2019 年初,博格于 89 岁高龄去世,无数人表达了他们感激的告别,那一年没有任何其他商人或投资家能够获得如此多的敬意,他应该会感到欣慰了。他通过坚持不懈地为数百万"普通投资者"服务而赢得了赞誉,这些投资者接受了他关于理性投资的理念:储蓄、长期规划、低成本指数投资和坚持到底。据估计,博格为个人投资者节省了 10 亿美元的管理费用。对于那些遵循长期投资成功法则的人来说,总收益肯定还要高出许多倍。

> 储蓄、长期规划、低成本指数投资和坚持到底。

第十二章
伙伴重逢

CHAPTER 12

　　尽管 25 年前博格与威灵顿投资管理公司发生了激烈的冲突，双方关系一度势同水火，但如今，多兰领导下的威灵顿和布伦南领导下的先锋领航集团却逐渐发展出一种强大的共生关系。他们的关系充满活力，合作融洽，对双方都大有裨益。作为投资界最成功的大规模合作关系之一，先锋领航集团再次成为威灵顿投资管理公司最大的商业伙伴，反之亦然。

　　回顾双方关系的最低谷，博格决心在壮大先锋领航集团的同时重创威灵顿投资管理公司，多兰及其威灵顿同事面临着严峻的处境。在先锋领航集团的董事会会议上，博格总是有充分的理由要求降低支付给威灵顿的费用，或是从威灵顿转向另一家管理公司，董事们几乎总是不得不同意他的意见。博格当时正处于战斗状态，决心"勇往直前"，推动先锋领航集团的业务增长和声望提高，尤其是以牺牲威灵顿投资管理公司为代价。他带走了利润丰厚的业务，但双方从未彻底决裂。威灵顿投资管理公司继续管理着许多先锋领航集团的公募基金。

威灵顿投资管理公司本可以进行一项重大收购，以弥补博格造成的资产流失和收益下滑。1976 年，一个绝佳的潜在机会突然出现了。美国证券交易委员会担心经纪商在控制附属资产管理公司时可能会产生利益冲突，要求拥有投资管理子公司的证券公司在两年内剥离这些部门。这意味着股票经纪商唐纳森·勒夫金·詹雷特公司（DLJ）必须剥离其利润丰厚的子公司联合资产管理公司（Alliance Capital Management）。这对联合资产管理公司首席执行官兼首席投资官彼得·弗米利耶来说是一个理想的机会。[1] 虽然联合资产管理公司及其母公司 DLJ 的总部设在纽约市，但弗米利耶在波士顿设立了自己的办公室。他居住在附近的曼彻斯特海边，不喜欢往返纽约市上班。对弗米利耶来说，完美的解决方案显而易见：联合资产管理公司可以与威灵顿投资管理公司合并，他将在波士顿办公，领导威灵顿投资管理公司养老金业务的发展。

谈判很快就开始了，多兰和弗米利耶扮演了关键角色。他们相处融洽。弗米利耶在讨论中有时会沉默不语，有点儿吓人。多兰很快发现自己也在做同样的事。

然而，就在这看似双赢的结合即将实现时，事态突然出现了明显的转折，美国证券交易委员会开始调查母公司 DLJ 向联合资产管理公司收取的佣金率。巨额罚款、潜在诉讼或两者兼而有之的风险，以及随之而来的大客户流失，都可能导致联合资产管理公司遭受严重损失，甚至陷入亏损。

如果美国证券交易委员会的调查悄无声息地结束，就像最终实际发生的那样，这项合并将成为解决威灵顿投资管理公司盈利问题的绝佳方案。然而，威灵顿投资管理公司的一些合伙人存有担忧，因为作为一家私人合伙企业，任何损失都将计入合伙人的个人账户。主要合伙人认为，他们没有理由承担潜在的巨额损失。因此，他们坚持要求DLJ就此类潜在损失给予威灵顿赔偿。DLJ拒绝了。[2]

在威灵顿投资管理公司，人们对此事是这样回忆的：以风险导向型投资家约翰·内夫为首的威灵顿合伙人准备投票反对合并，因此多兰打电话告知了理查德·詹雷特。DLJ的人则回忆说，合伙人哈罗德·纽曼去找了詹雷特，恳求他不要将DLJ"皇冠上的明珠"卖给威灵顿投资管理公司，因此詹雷特决定不出售了。无论如何，《纽约时报》第二天都报道了这一僵局，威灵顿投资管理公司与联合资产管理公司的合并在最后一刻被叫停。这样一来，威灵顿投资管理公司便失去了简单快速的解决方案来对抗博格对其资产和收入的持续围攻。与此同时，由于投资者持续赎回不再流行且表现不佳的威灵顿基金，先锋领航集团也在流失资产。

大约在那个时候，长期由殖民地公募基金集团管理的麻省理工学院捐赠基金决定寻找新的投资管理人。在筛选了许多公司后，麻省理工学院邀请威灵顿投资管理公司参与竞标，成为新的投资管理人。该计划旨在促使麻省理工学院与一家波士顿大型公司强大的投资研发及资产组合管理团队建立合作。当时，哈佛大学和耶鲁大学都与波士顿的投资公司建立了一对一的投资管理关系，哈佛大学和道富研究与管理公司合作，耶鲁大学则和捐赠基金管理与研究公司合作。

麻省理工学院还邀请了另外两家公司参与竞标。威灵顿投资管理公司知道，富达将是其最大的竞争对手。[3]"我们进入了

第十二章 伙伴重逢　　177

决赛，"多兰对他精心挑选的小团队说，"但进入决赛不是我们的目标，我们的目标是获胜！所以，我们每个人每天都必须把赢得麻省理工学院的委托作为首要任务。我们每周一都要开会碰头，把我们最好的想法整合到行动计划中，直到我们赢得这场竞争。"他补充道："麻省理工学院不希望其投资流程出现任何错误、疑虑或问题。我们的目标是提出更多、更好的理由，让麻省理工学院选择我们，而不是其他任何公司。记住，由于博格带来的种种动荡，我们在比赛起步时就已远远落后于竞争对手，所以我们必须赶上来。但我们必须赢得最终的胜利，否则我们可能会走向破产。事态就是这么严重。"[4]

超过一年的漫长遴选过程成为威灵顿投资管理公司的一大优势。如果遴选过程十分短暂，其他竞争对手很可能会轻松获胜。但漫长的遴选过程给予威灵顿充足的时间，通过展示其众多专家分析师的风采来彰显其研究实力，并展现其团结协作的企业文化。这也给了天生低调、轻声细语的多兰足够的时间，来展示他作为专业机构领导者的实力。经过一年多全力以赴的重点争取，威灵顿投资管理公司在1977年赢得了麻省理工学院的委托。

多年后，有人告诉多兰："我们认为威灵顿投资管理公司是一家可以共渡难关的企业。"换句话说，正如多兰所希望的那样，威灵顿投资管理公司的企业文化是这一切的关键。在竞争麻省理工学院委托的过程中，威灵顿投资管理公司的一大收获在于，它明确了自己长期的发展目标，而这一定位也成为其争取其他业务时的核心主张。

在那些艰难岁月之后，一系列积极的业务发展让威灵顿投资管理公司重新焕发生机。一种新的业务模式出现得恰逢其时。

最初，OTC（非交易所交易）基金的董事们在寻找新的投资管理人，并联系了威灵顿投资管理公司，询问其是否愿意担任次级顾问，负责管理 OTC 基金的一部分资产。投资公司担任次级顾问是一个新概念，需要美国证券交易委员会的批准，但经过一番讨论，答案变得清晰起来：这是一个全新的业务机遇，对威灵顿投资管理公司来说将是巨大的突破。

其他机构也向威灵顿投资管理公司抛出橄榄枝。俄亥俄州教师退休基金与威灵顿投资管理公司签订了固定费用协议。接下来是哈特福德保险公司。哈特福德希望重点开展投资业务。该公司在销售和客户服务方面实力雄厚，负责管理大量的公募基金资产以及自己的投资组合，但它意识到自己在投资方面缺乏竞争力。哈特福德认为，与其自行构建投资竞争力，不如与一家专业的投资公司合作。威灵顿投资管理公司是否愿意成为其次级顾问？很快，双方就建立了重要的业务关系。

威灵顿投资管理公司备受鼓舞，开始发展出多种新的服务能力。这些新服务加上其对次级顾问角色的理解，为公司带来了重大的增长机遇。具有讽刺意味的是，这个角色与它和先锋领航集团的关系颇为相似。在接下来的几年中，威灵顿投资管理公司将次级顾问业务转化为一个核心增长点，成为唯一一家专注于这一快速发展的长期合作业务的投资管理公司。

作为全球增长最快的投资服务机构，先锋领航集团对一流的主动投资管理能力的需求不断增加，并在很大程度上依赖于卓越的外部管理团队来满足这种需求。威灵顿投资管理公司已经发展出强大的专业文化，是全球规模最大、最多元化的投资服务机构之一，致力于为全球机构投资者提供服务。它是多个公募基金集团的次级顾问，但不直接向消费者提供零售公募基金服务，因此它很乐于通过先锋领航集团间接进入庞大的个人投资者市场。

表 12-1 列出了两家机构共同管理的许多公募基金以及每只基金的资产规模。二者的合作规模庞大，而且仍在不断增长。2021 年，威灵顿投资管理公司为先锋领航集团管理的资产规模达到 4 500 亿美元，其中 1 580 亿美元为债券，2 920 亿美元为股票。

表 12-1 先锋领航集团与威灵顿投资管理公司
共同管理的公募基金及其资产规模

基金名称	资产（百万美元）
资本价值基金	683
股息增长基金	40 271
新兴市场精选股票–威灵顿子投资组合	143
能源–威灵顿子投资组合	4 391
股票收益–威灵顿子投资组合	21 600
探索者–威灵顿子投资组合	5 406
全球 ESG 精选股票基金	131
全球温莎收益基金（股票）	164
全球温莎收益基金（固定收益）	290
全球威灵顿基金（股票）	773
全球威灵顿基金（固定收益）	445
美国政府国民抵押贷款协会基金	26 499
医疗保健基金	47 516

续表

基金名称	资产（百万美元）
高收益企业基金	25 554
国际探险者－威灵顿子投资组合	703
国际核心股票基金	175
长期投资－威灵顿子投资组合	17 245
中盘成长－威灵顿子投资组合	348
全球资本周期基金	1 005
美国成长－威灵顿子投资组合	8 508
VVIF－平衡投资组合（股票）	1 948
VVIF－平衡投资组合（固定收益）	1 100
VVIF－股息收益－威灵顿子投资组合	1 052
VVIF－成长－威灵顿子投资组合	489
VVIF－高收益债券	811
温莎收益基金（股票）	21 534
温莎收益基金（固定收益）	37 062
威灵顿基金（股票）	66 958
威灵顿基金（固定收益）	36 612
温莎－威灵顿子投资组合	11 854

一切以圆满结局收尾。但是，两家机构是如何从痛苦混乱的分裂走向互利互惠的合作双赢呢？这个故事可以从个人角度简要叙述。在博格不再致力于与威灵顿投资管理公司争抢业务后，尤其是当更具合作精神的布伦南担任首席执行官后，双方高层认识到，携手合作才是共同的利益所在。当然，或好或坏的运气也起到了一定的作用。

第十二章　伙伴重逢

这场合作中的关键人物是先锋领航集团的布伦南和威灵顿投资管理公司的多兰和邓肯·麦克法兰，但各级领导者都参与其中，从长期政策到日常运营，涉及许多人。布伦南和多兰坚信他们能够达成合作，并决心保持耐心和韧性。他们首先强调要理解两家公司的愿景、利益，以及对方领导者的个人抱负。

麦克法兰在几年前曾是博格的助手之一，现在已经成为威灵顿投资管理公司的领导者。他在双方合作中挑起了大梁，负责协调威灵顿投资管理公司与先锋领航集团的复杂关系。这包括每隔几周在先锋领航集团举行两到三天的会议，涉及会前准备和会后跟进工作。这些会议的目的是什么呢？它们旨在确保每位威灵顿基金经理都能向先锋领航集团的高级管理层和董事展现自己的实力。这些高级管理层负责评估先锋领航集团的基金经理，董事则主导了选择和解聘外部投资经理的工作。麦克法兰摸排潜在障碍，以便迅速解决它们，并尽力确保先锋领航集团与威灵顿投资管理公司之间的所有沟通都是完整、开放和客观的。他知道，建立信任和理解需要时间。

布伦南扮演了最重要的角色：和平使者。作为首席执行官，他比任何人都清楚先锋领航集团面临的诸多严峻挑战。其中最引人注目的挑战是投资表现，尤其是当它大幅下滑时。虽然许多其他公司也从事投资管理业务，但只有少数几家能满足成为先锋领航集团合作伙伴的三个重要标准：一是能持续吸引并留住顶尖投资人才的强大专业文化；二是在多个资产类别中为投资者实现长期卓越回报的能力；三是愿意接受低费率，以换取与先锋领航集团共同服务数百万投资者的机会。布伦南在多兰领导下的威灵顿投资管理公司看到了这不同寻常的"战略三要素"。

市场上能力卓越、目光长远的基金经理整体有限。随着先锋领航集团的成长，这种限制可能会制约其自身的发展。威灵顿投资管理公司拥有多种投资能力，其文化有助于专业领导者终身服务于公司。凭借务实的态度，布伦南将建立两家公司之间的双赢关系作为首要任务。

多兰擅长发展和维护企业文化，以吸引卓越的投资人才加入公司。他相信，在每个专业机构中，主导因素总是相同的，那就是企业文化。每个领域的顶尖人才都拥有特殊才能，他们会寻找具有相同特殊品质的企业作为自己的职业归宿。多兰可能从安多弗橄榄球队的后卫经历中学到了团队合作的经验，并在耶鲁大学富有趣味的 Whiffenpoofs 无伴奏合唱团中体会到了将才华、纪律和幽默感结合起来的重要性。

每一家杰出的专业公司都形成了自己独特的、近乎"部落"式的文化，或一套价值观和合作方式，以及公认的行为和成就标准。在最优秀的公司中，追求卓越是每个专业人士对自己以及对组织中其他成员的核心期望。文化的象征包括着装规范、工作时间、午餐地点、参加彼此的婚礼和葬礼等。最优秀的公司对合伙人之间的关系有着异常高的标准，并始终致力于为客户提供卓越的服务[1]。

一些文化象征是通用的，而另一些则是特有的，比如威

---

[1] 读者朋友如果对各主要行业中的优秀公司如何在 7 个关键因素（尤其是企业文化）上取得成功感兴趣，可以阅读我于 2012 年由约翰威立国际出版集团出版的《最伟大公司的 7 个秘密》一书。

灵顿投资管理公司著名的晨会，这一传统在半个多世纪前从 TDP&L 延续下来。晨会在股票市场开盘前举行，开始和结束时间都有严格规定，并且对所有人开放。这是一个供分析师和投资经理快速交流观点、信息和想法的日常论坛。公开分享每位专业人士最宝贵的资源和成功的投资理念，是 TDP&L 在与威灵顿合并之前就已形成的合伙制特征的核心。在博格强硬的首席执行官任期内，这种文化被搁置一旁，后来又被多兰和其他"文化传承者"重新带回人们的视野。

TDP&L 坚守一个基本的"结构性"原则，即不设立任何分支机构。但当合伙人菲尔·格温表达了在亚特兰大设立办公点的意愿与决心时，公司同意了，并建立了远程通信系统，以便"作为一家公司"的晨会能够继续进行。公司同时进行了一项创新，设立一名会议经理来确保会议的参与度与整体节奏。后来，约翰·内夫也从他在福吉谷的办公室参加晨会。20 世纪 90 年代，为了适应威灵顿投资管理公司的国际化发展，公司在伦敦、新加坡、悉尼、东京、香港和北京开设了办事处。

内夫在公司和行业方面积累了丰富的专业知识，认为晨会浪费了他宝贵的时间，因此决定不去参加。多兰找到内夫，温和地表达了他的期望："我们都知道你是一位富有创造力的专家级投资者。我们希望你知道，如果你能积极参与我们的晨会，对我们所有人来说都意义重大。你能为我们做到这一点吗，约翰？"内夫知道他只能说："好的，多兰，我会去的。"[5]

许多其他包容个人特殊情况的事例都彰显了威灵顿投资管理公司的关怀文化。1977 年，黑兹尔·桑格在生下第一个孩子的一年后加入了 TDP&L 担任经理。她感到资金短缺，因此请求从她的利润分享计划账户中借一小笔钱。当桑代克告诉她"公司决定你不能从账户中借款"时，桑格自然感到很失望。但她很快就被告知："但公司很乐意提前为你预支年终奖中的任何你想要的金额。"[6]

当一位著名的分析师比尔·希克斯想要学习德语时，公司组织了一个学习小组，并聘请了一位教师。

当合伙人约翰·古奇处于低迷期无法自拔时，他去找多兰问道："你认为我应该离开公司吗？"多兰摇了摇头，建议他们共用办公室一起工作几周。

朱利安·罗伯逊在纽约市筹建了一个令人兴奋的对冲基金机构，他试图用越来越高的薪酬待遇挖走威灵顿投资管理公司一位年轻的投资经理。最后，多兰问这位经理，具体是什么让这个提议如此有吸引力。"这不是钱的问题，是核心理念吸引了我。我真的很想管理一只对冲基金！"

"很好。为什么不在这里做呢？"

"我可以吗？"

"我们以前从未这样做过，但我相信我们可以和公司一起解决这个问题。让我们一起努力，为公司建立管理对冲基金的范例。"[7]

由于愿意尝试新事物，对冲基金成为威灵顿投资管理公司的重要组成部分，它们对长期和短期投资方案的需求为公司的分析师带来了刺激的新挑战。

杰出的投资人往往都是个人主义者，因为"雄鹰不结伴而飞"。通常来讲，构建一家大型投资机构有两种主要途径。到目前为止，最常见的途径是找到少数认同某一特定投资风格（如成长型、价值型、小盘股或大盘股）的杰出人才，围绕他们组建一支志同道合的实践者团队，并寻找认可该团队所聚焦的投资方式的潜在客户。这种方法的优势在于目标清晰，劣势则是高额的增量利润可能会诱使管理者接手越来越多的账户和资产。随着时间的推移，成功可能会吸引更多的客户和资产，从而超出公司管理能力的上限。

另一种构建大型组织的方式则截然不同：创造一种包容性极强的"伞状"文化，吸引并容纳不同风格的投资者，每种风格都基于一套坚定的投资信念，同时促进他们在拥有强大中央研究资源的"大本营"中异常出色地工作。在这种环境中，对于纪律执行过程中的差异，不仅要有所预期，更要予以珍视。

威灵顿投资管理公司选择了第二种方式，这对其成功产生了决定性影响。它开发了不同投资能力的多元化投资组合。这是一种重要的保护措施，可以防止公司因"坚持理念"而在两三年内与市场严重脱节并失去大量业务。此外，威灵顿投资管理公司拥有多个不同的业务部门，为公司提供了庞大的总业务容量，避免了因业绩优异导致资产规模扩大从而影响业绩持续性的常见难题。

威灵顿投资管理公司之所以能够适应资产的大幅增长并实现卓越业绩，是因为即使特定的投资经理决定停止接受额外的资产，该组织也可以持续扩张。分散的责任制度赋予了有坚定想法的成员充足的权力，他们能够高标准地发展出多种投资管理模式。他们创建了一个多元化的投资单元组合，可以根据每位重要客户的需求进行定制，尤其是公司最大的客户先锋领航集团。

威灵顿投资管理公司开放式的组织架构及其投资产品的复杂性可能会让一些客户和潜在客户感到困惑，但威灵顿投资管理公司通过培养一支异常专业的客户关系经理团队解决了这个问题。大多数投资公司都很难理解优秀客户关系经理的价值，也许是因为他们认为这些人和他们日常接触的股票经纪人相似，而未将客户关系经理视为专业人士。威灵顿投资管理公司的客户关系经理与每位客户紧密合作，确保客户和公司之间相互了解，然后共同选择最合适的投资经理团队。这正是麦克法兰在处理多个先锋领航集团委托项目时所采取的方式。

威灵顿投资管理公司的一大优势是比尔·希克斯最初建立的规模庞大且经验丰富的研究团队。希克斯最初加入了位于费城的老威灵顿公司，后来搬到了波士顿。随后，吉恩·特伦布莱明确指出，行业或公司分析师即使不管理投资，也能拥有出色的职业生涯。他引入了专注于特定行业的"板块小组"，这些小组对公司成功管理对冲基金做出了重要贡献。另一个成功因素是公司对内部创业实验的开放态度，以及多兰等高管为员工提供的个人培养。后来，他们成立了一个由两三名管理合伙人组成的团队，专注于威灵顿投资管理公司合伙企业的组织运营，系统地关注职业发展和薪酬问题，而许多投资管理公司只将这些视为次要事务。

到 20 世纪 70 年代末，威灵顿投资管理公司的资产不再流失，而是不断增加，利润也持续攀升。从恐惧失败到拥有获胜信心的精神转变，与公司经济状况的好转同样重要。公司的客户群体日益多元化，收入也在增长。股市很快进入历史上持续时间最长、表现最强劲的牛市。威灵顿投资管理公司通过先锋领航集团和其他客户积累了大量资产。

然而,公司的股价仍然在个位数徘徊,较数年前的高点下跌了近90%。威灵顿投资管理公司试图通过股票回购计划来提振股价,一度考虑(但最终放弃了)当时流行的员工持股计划(ESOP)。1978年的一天,桑代克察觉到"博格之战"似乎已经结束,而且来自多元客户的收入正在增长,于是提出了一个有趣的想法:"我想知道我们是否可以私有化。"当时几家规模较小的公司已经成功实施了私有化,但其中一家公司哈茨山(Hartz Mountain),最近受到了美国证券交易委员会和几起诉讼的挑战。威灵顿投资管理公司的领导层决定咨询其财务顾问,布朗兄弟哈里曼公司的诺厄·赫恩登。经过可行性研究,他的结论是,任何此类交易的窗口都已被关闭。

幸运的是,威灵顿投资管理公司的法律总顾问詹姆斯·沃尔特斯进行了额外的研究,并找到了完美的解决方案。根据《雇员退休收入保障法案》,美国劳工部在1977年对"受托责任"进行了定义,其中包含两个不同的要求:忠诚义务和谨慎原则。根据忠诚义务,受托人的唯一责任是始终以客户的最佳利益行事。但在公司法中,公司始终负有以股东的最佳利益行事的受托责任。沃尔特斯指出,这两条规则意味着像威灵顿投资管理公司这样的上市公司受托人处于矛盾的境地,必须同时服务于两位不同的主人。

沃尔特斯解释说,根据威灵顿投资管理公司注册地特拉华州的法律,消除公众股东将为威灵顿投资管理公司提供私有化所需的"合法商业目的",公司需要完全专注于"始终将客户利益放在首位"的责任。这一逻辑在随后的两起诉讼中均得到了法院

的支持。⁸

有了沃尔特斯的解决方案，私有化从不可能变成了可行方案，而且几乎是势在必行。然而，一个重要问题是，公司应该采用哪种组织形式作为存续实体。威灵顿投资管理公司应该是一家公司还是一家合伙企业？其他公司正从普通合伙制转向有限合伙制，因为普通合伙人承担着无限责任。是否有办法使未来的威灵顿投资管理公司成为有限合伙制企业？

答案是肯定的。威灵顿投资管理公司的顾问们确定，公司在研究和证券选择方面的严谨流程，以及对客户非同寻常的开放态度，都符合《雇员退休收入保障法案》规定的谨慎标准。大约两个世纪前，塞缪尔·普特南法官在哈佛学院诉阿莫里案中确立了这一概念，被称为"谨慎人原则"。这意味着威灵顿投资管理公司可以组建合伙企业来收购公开上市的股票，然后以私人合伙企业的形式继续经营威灵顿投资管理公司的业务。威灵顿投资管理公司尚未完全证明其能够重建业务，而且可能不得不应对另一场熊市，但多兰坚信："我认为这件事能够成功。"他建议回购上市股票，将威灵顿投资管理公司转为私人合伙企业。

多兰正在做他一生中最重要的财务决策，并敦促他的同事和他一起冒险。部分收购资金将来自威灵顿投资管理公司内部的流动资产，其余部分则来自布朗兄弟哈里曼公司的贷款，多兰的姐夫在那里工作。多兰和他的合伙人都知道，私人合伙企业将面临诉讼的风险。事实上，威灵顿投资管理公司长期的内部审议对随后相关股东诉讼中的辩护至关重要。

狄龙·里德被聘请对股票进行独立估值。威灵顿投资管理公司的 3 位独立董事将与里德一起工作，他们是哈佛商学院教授塞缪尔·海斯、会计师理查德·A. 艾斯纳和海湾银行（Bay Banks）首席执行官威廉·P. 克罗泽。他们最初将每股价格定为11 美元，但在公司宣布派发大额特别股息后，将其调整为每股11.50 美元，总估值约为 1 100 万美元。[9]

当时他们不确定大多数公募基金投资者和新成立的大型机构账户是否会继续与威灵顿投资管理公司合作，但他们确实留下来了。也没有人能确定股市是否会很快上涨，但它确实也企稳回升了。

还有一个重要决策尚待做出，那就是合伙人退休和撤资的条款。有些合伙企业基于每位合伙人离职的确切日期，按资产负债表账面价值进行结算。有些则基于当前收益的倍数来决定提款金额。威灵顿投资管理公司决定采用一个横跨 10 年的计算公式，基于未来收益递减的比例。合伙人可提取的资本取决于公司未来的发展前景，这将鼓励退休合伙人继续关注公司及企业文化的持续发展。公司内部的口号是"客户 / 公司 / 自我"，明确承诺将公司的利益置于合伙人利益之上，并将客户的利益始终置于首位。

威灵顿投资管理公司的私有化进程始于 1978 年 5 月，历时 17 个月，最终于 1979 年 10 月 31 日完成。[10]

对先锋领航集团来说，威灵顿投资管理公司蓬勃发展、不断壮大，并继续提升其在各专业领域的投资技能显然非常重要。对威灵顿投资管理公司来说，先锋集领航团的快速发展同样重要。这种有意恢复的合伙关系及组织间的协同效应尽管一度濒临破裂，但如今已成为 40 多年来的典范。

第十三章
布伦南的方式

CHAPTER 13

哈尔·勒克斯在 1999 年为《机构投资者》杂志撰写的一篇专题文章中写道，杰克·布伦南遇到了士气问题：

> 这是 4 月初，一个重要的赛季即将到来，而先锋领航集团的董事长却不得不面对一支不情愿的团队。"他们都找我说，'我得去度假'，"布伦南咕哝着，"给我放个假吧。"
>
> 大多数人会给布伦南的队伍一些喘息的机会。毕竟，他们的平均年龄只有 14 岁，是青少年棍网球队队员。春假马上就要开始了。作为全球第二大公募基金提供商的负责人，布伦南当时无法在宾夕法尼亚州拉德诺市青少年联赛中示范精细的控球技巧，但他不想听这些。他想要保持不败的战绩。"我第一天就告诉他们，成为州冠军和成为不败的州冠军之间有很大的区别。"布伦南实事求是地说。
>
> "杰克可不是个好对付的人，"这支队伍的防守教练、费城律师彼得·萨姆森说，"我想起初有些孩子可能会觉得他

不好相处。他打球是为了获胜,这一点毫无疑问。"……布伦南的朋友萨姆森指出,为孩子们执教的难题之一是,你有时会惹恼他们的父母,他们会来抱怨或大喊大叫。"这可能会困扰我好几天,"但布伦南不会,"这对他来说是毫无意义的。左耳朵进,右耳朵出,他根本不会放在心上。如果杰克认为自己做得对,他就不会在乎别人怎么看他。"[1]

这篇文章引用了布伦南关于领导力的小册子中的一段话:"事实上,在我们这样一个充满活力、竞争激烈且快速发展的行业中,民主没有立足之地(我想,这又是一句政治上不正确的言论!)。决断力,尤其是当其与卓越的判断力相结合时,是一种无法在我们的资产负债表上看见的资产,但它帮助我们克服了许多障碍,多年来一直引领着这个行业的发展。"

> 决断力,尤其是当其与卓越的判断力相结合时,是一种无法在我们的资产负债表上看见的资产,但它帮助我们克服了许多障碍,多年来一直引领着这个行业的发展。

文章最后指出,布伦南的青少年棍网球队赢得了州冠军,保持了不败的战绩。

约翰·J."杰克"·布伦南在一个强调努力工作和获得成就的波士顿爱尔兰天主教家庭中长大。在父亲弗兰克和母亲玛丽的抚养下,杰克、他的两个姐妹和一个兄弟在波士顿郊区温彻斯特长大。布伦南家族向上攀升的发展轨迹几乎与博格家族的衰落故事形成鲜明对比。布伦南1980年毕业于哈佛商学院,他的祖父母是爱尔兰移民,曾在同一所大学做过看门人。布伦南的父母是家族中第一批完成小学学业的人。他的父亲弗兰克在高中时名列前茅,并计划进入温特沃斯理工学院成为一名电工,但他的指导老师坚决反对。这位老师撕毁了温特沃斯理工学院的申请书,坚持让弗兰克去波士顿学院读书,"做出一番事业来,一番伟大的事业"。弗兰克最终实现了经典的美国梦。他在中等规模的联合沃伦储蓄银行担任首席执行官,任期内使其规模扩大了10倍,并且曾任马萨诸塞州商业发展公司领导者、马萨诸塞州银行家协会主席和其他金融机构董事。70多岁时,他被任命为波士顿公司公募基金部门主席。

弗兰克是布伦南的人生楷模。90多岁高龄时,他依然笔耕不辍,仔细研读冗长复杂的2010年《多德－弗兰克法案》并写下批注。他希望与时任先锋领航集团首席执行官的儿子深入探讨其中的要点,敦促他有所行动或表态。弗兰克深谙波士顿商界和政界的社交之道,同时总是保持着平易近人的本色。"马萨诸塞州所有的重要人物都认识弗兰克·布伦南,"马萨诸塞州参议院前议长、马萨诸塞大学前校长威廉·巴尔杰回忆道,"如果举办爱尔兰音乐节,你一定会看到布伦南一家。遇到他总是令人愉快的,可以听到最新的八卦和逸事。"布伦南家族的朋友、储蓄银行人寿保险公司总裁罗伯特·谢里登表示:"弗兰克夫妇就像波士顿金融界的模范夫妻。他们的家庭幸福美满,家风很好。孩子们都非常成功。"尽管事业有成,布伦南一家仍保持俭朴的生活方式,家中只有一辆车,孩子们的暑假工作大多是体力劳动。

正如彼得·萨姆森在《机构投资者》上对杰克·布伦南的

评价：""如果你整天跟着他，你会以为他破产了。他自己修剪草坪，孩子们在家做家务。我知道的唯一奢侈之处就是他开着一辆奥迪车。他是一位尽职尽责的丈夫和父亲，有两个儿子和一个女儿。他很少参加社交活动，更喜欢待在家里指导孩子们运动。在夏季的周末，他会飞往科德角，与大家庭共度时光。"即使在今天，在职业生涯取得了巨大成功并拥有七位数薪水后，布伦南仍然过着相对朴素的生活。

性格内敛而虔诚的布伦南与妻子凯瑟琳感情深厚。"这听起来可能有些老套，"萨姆森说，"但他确实是那种为上帝和家庭而活的罕见的美国人之一。"布伦南担任圣母大学董事会主席，他的孩子们都曾在那里就读。布伦南学习成绩优异，也是高中的体育明星。他为自己的父亲效力，他父亲是一位要求严格的青少年曲棍球教练。"我们是那种'5点准时出现在曲棍球场'的家庭。"他说。布伦南于1972年进入达特茅斯学院学习经济学，并参加了校曲棍球队和棍网球队。虽然他在这些一级联赛中不是最有天赋的球员，但他意志坚定，顽强拼搏。"在我看来，无私永远是制胜法宝，"他说，"我教导我的儿子们，在棍网球比赛中，重要的是助攻次数，而不是进球数。"为了证明这一点，布伦南给他们看了一篇达特茅斯校报的文章：布伦南8个进球，28次助攻。"在棍网球比赛中，就像在其他运动和生活中一样，重要的不是你个人的进球，而是球队的得分。"[2]

布伦南的果敢风格来自他的运动经历。他提议组建一支先锋曲棍球队。"我和他一起打过高尔夫球，"先锋领航集团时任首席技术官迪斯泰法诺说，"我不确定自己是否愿意和他一起打曲棍球。"

从达特茅斯毕业后，布伦南先是在曼哈顿的纽约储蓄银行工作，随后进入哈佛商学院深造。毕业后，他搬到威斯康星州的拉辛市，加入庄臣公司，为一家生产玻璃清洁剂和家具护理产品等家用产品的公司工作。"从哈佛商学院毕业后，我本来打算去保诚保险公司工作，但约翰逊先生打电话给我，邀请我在接下来的两三年里加入他的领导团队，于是我接受了。我无法拒绝这样的机会。"几年后，布伦南开始在金融服务行业找寻职业机遇。

博格当时的助理杰里米·达菲尔德正在寻找接替他职位的人选，他在哈佛商学院的招聘数据库中找到了布伦南的简历，于是联系了他。布伦南对这家当时管理着50亿美元资产的公司知之甚少。"我把我的钱都投在了富达现金储备基金里，"他说，"我听说过温莎基金，仅此而已。"由于先锋领航集团不愿承担让他飞往费城的费用，布伦南的第一轮面试是通过电话进行的，其中包括一次与博格的面试。

在博格的坚持下，布伦南接受了一位心理学家的墨迹测验。当被要求对测试结果进行自我评估时，布伦南直率地说："我的测试结果真糟糕。"

"你怎么能这么说呢？"心理学家问道，"你刚刚获得了100分，并创造了完成速度纪录。与许多人相比，你的成绩相当出色。"

"问题不在这里，我关心的是绝对结果，而不是相对结果。是自己与期望的较量。况且，如果你不一直盯着我，我可以做得更好。"[3]

快速发展中的先锋领航集团急需管理和行政人才，而布伦南正是合适的人选。他务实的作风与博格的远见卓识相辅相成。

第十三章 布伦南的方式　195

"杰克·布伦南是一位非常优秀的管理者，"博格说，"他巨大的成就并不是一蹴而就的，更多是作为一名管理者不断取得的成就。"

当布伦南决定加入先锋领航集团时，他告诉妻子，这只是他们梦寐以求的新英格兰生活计划中的两年插曲。因此，几个月后的一天晚上，当他宣布"已经找到了可以为之奋斗一生的组织"时，他的妻子颇感意外。

当大多数金融服务机构竞相推出新服务，试图获得难以捉摸的规模优势或是通过产品设计、市场营销或两者结合实现多元化经营时，先锋领航集团始终专注于公募基金业务。它只是谨慎地扩展到国际市场，并且始终坚持低成本理念。布伦南引用了哈佛商学院教授迈克尔·波特的观点，他认为大多数金融服务公司都在争先恐后地追求相同的目标，必然会永无休止地相互竞争，而先锋领航集团寻求一种独特的战略防御定位。

在道德操守方面，布伦南立场坚定，他向所有人清楚地表明，绝不姑息任何违规行为。一名高层管理人员因为没有妥善处理规则规避问题而被立即解雇。正如弗吉尼亚大学优秀毕业生迈克尔·米勒所说："这就像弗吉尼亚大学的荣誉委员会，没有第二次机会！起初，布伦南视法律合规部门为成本负担，因为他深知我们始终将客户利益置于首位，所以谁需要那么多律师和合规人员呢？"

但米勒很清楚，这并不意味着合规工作会被忽视。"我们团队起初约有100名成员，另有四五位经理直接向我汇报，"他回忆道，"20年后，我们的团队已壮大至1 500名成员，下设14个工作小组，涵盖政府关系、公司合规、企业风险、公司战略以及内外部投资经理的组合审查。仅公司合规小组就有 80 名成员。在布伦南的领导下，我们始终是一个紧密的团队。我从未为布伦南工作过，而是一直与他并肩作战。在一起工作这么多年后，我像亲兄弟一样爱他，这不足为奇。"[4]

布伦南行事低调，自我约束力极强。在先锋领航集团，他每天跑八九千米，早晨 6 点就坐在办公桌前，从不提高嗓门说话，快速高效地处理日程上的每一项事务。如果他同意花 20 分钟讨论某个议题，那么讨论可能只持续 18 分钟，但几乎不会延长到 21 分钟。有人评价他"能迅速抓住要点"，另一些人则认为他过于直截了当。

但当谈及作为先锋领航集团的领导者如何引领公司前进时，布伦南的风格发生了转变。此时，他几乎变得滔滔不绝，因为他有许多心得要分享，希望每个人都能接受。他希望许多人都能了解他的观点。考虑到先锋领航集团拥有 1.5 万名员工，即使只面向其中 1% 或 5% 的人群，也不可能逐一告知他们高层团队在寻找领导人才时将遵循哪些指导原则。因此，他编制了一份印刷精美、长达 53 页的指南，在先锋领航集团内部广泛分发。[5] 这份指南配有升降索、系索羊角和绳索等航海主题照片，并点缀了世界各地备受尊敬的领导人、作家、运动员和历史人物的简短语录。其核心洞见主要是两点：

- 我们没有专利或专有流程来保护我们免受竞争威胁。
- 我们的声誉和客户对我们的信任代表了先锋领航集团真正的净资产。

指南本身就足以说明布伦南想要表达的内容有多么多。对于每一项职责，他都用一页甚至更多的篇幅来阐述为何这一点对个人和先锋领航集团，尤其是对那些渴望成为领导者的员工来说至关重要。

布伦南列举了26项要点，全部内容可参阅附录2。以下是其中一些具有代表性的内容，首先是最具总结性的一条：

做正确的事： 先锋领航集团允许员工犯错，但绝对不允许他们犯道德错误。泄露客户信息机密，你就会出局。接受来自客户或供应商的贵重礼物，你就会出局。进行工作职责所禁止的投资，你就会出局。我们的政策是"没有如果，没有但是，没有例外"。这里没有灰色地带。我们对这种黑白分明的观点毫不避讳。

以身作则： 我们杰出的领导者必须：

- 成为工作最勤奋的人。
- 成为最关注客户的人。
- 成为最渴望成功的人。
- 成为最有爱心和同情心的人。
- 成为最灵活的人。
- 成为最值得信赖的榜样，拥有毋庸置疑的正直品格。
- 成为最致力于追求卓越的人。

促进团队合作： 为了践行这一理念，成功的先锋领航集团领导者需要"放下身段"。卓越的领导者会表现出谦逊的品质，这在投资管理行业至关重要，因为我们在金融市场这个不可预测的环境中开展业务，我们对结果的控制力非常有限。那些傲慢自大的投资公司往往会发现，骄傲将它们引入衰落。历史的垃圾堆里充斥着那些未能保持谦逊而走向失败的金融公司的案例。

拥抱悖论：为实现我们的使命，我们必须成为业内服务质量最高、运营成本最低的机构。在任何企业中，鲜有机构能同时实现这两个目标。因此，持续进步对我们保持当前和未来的竞争优势至关重要。

勇于竞争：无论是个人层面还是企业层面，对成功的渴望都是驱动我们取得成就的关键因素。多年前，在股市遭受10年来最严重单日暴跌后的第二天，一位同事对此表达了深刻的见解。那天结束时，我们出色地完成了客户服务，所有客户交易和请求都得到了妥善处理。我问道："这是怎么做到的？为什么业内只有我们能够将交易量激增、压力巨大的一天视作寻常甚至是愉快的一天？"她回答："杰克，你我都知道，我们是世界上最具竞争力的公司。我们绝对不允许在这样的日子里有人比我们做得更好。"

果断决策并承担责任：伟大的领导者会承担所有责任，分享所有荣誉。作为领导者本身就是一种无上的荣誉。果断决策，特别是建立在审慎判断基础上的果断决策，是我们资产负债表上看不到的宝贵资产，但它帮助我们克服了许多障碍，多年来一直引领着行业的发展。

珍视多元化：这是一项以人为本的事业，我们必须确保在所有岗位、所有地点、任何时候都有最优秀的人才为我们工作。如果我们中有人认为所有人都应该"像我一样",那未免太愚蠢了。

拥抱变化: 多年来,我一直听到公司外部人士说,先锋领航集团这些年变化不大。"仍然以公募基金为主……仍然由客户持有……仍然聚焦于低成本……仍然不那么光鲜亮丽。"从表面上看确实如此,我们没有太大变化。但实际上,先锋领航集团一直在不断变革,正是那些拥抱变化的人引领我们走向成功并蓬勃发展。那些抗拒变化的人则阻碍了我们的发展,自然也损害了他们自己的职业生涯。

真诚待人: 优秀的领导者和伟大的领导者之间的一个巨大区别在于,伟大的领导者更具人情味。所谓"人情味",是指他们努力超越上级的角色,超越团队指导者的身份。先锋领航集团伟大的领导者会敞开心扉,他们乐于与员工分享个人生活、爱好、家庭、喜好和厌恶。反过来,我们最杰出的领导者也希望了解团队成员的生活,将他们视为鲜活的个体,而不仅仅是公司的员工。[①] 个人的情感不应该凌驾于职业之上,但它确实可以为职业发展增添光彩。我们希望团队中的每个人既能建立起职业关系,又能彼此关心,了解彼此的家庭。

保持积极: 不得不承认,工作就是工作。大多数人并非

---

① "我们真的又要去参加公司的圣诞派对吗?"当布伦南的孩子们还小的时候,他们希望能有选择的余地。但对他们的父亲来说,这别无选择。"当然!我们都要去。让每个人都看到我们,了解我们也是普通人,我们也是丈夫和父亲,也是妻子和母亲,也是孩子。这非常重要。"

出于热爱而工作，而是迫于生计……也就是说，领导者的职责是让工作充满挑战、乐趣和回报。而这一切都离不开积极向上的工作氛围。创造积极的环境对领导者提出了更高的要求。伟大的领导者都明白一个简单的道理：永远不能把负面情绪带到工作中。因为领导者的情绪会直接影响整个团队的士气。一旦团队士气低落，客户就会感受到消极情绪。

布伦南补充了他认为最重要的一条信念："哪怕是一时的疏忽也可能毁掉先锋领航集团多年来积累的声誉，甚至可能造成永远无法挽回的损失。"这让他回到了先锋领航集团的核心价值观：做正确的事。

根据布伦南的说法："21世纪先锋领航集团企业文化的一大进步是提出了DAWAW理念：不要问是谁，而要问为什么（Don't ask who—ask why）！这迫使我们探索解决问题的新方式，寻找问题的根源。"这也符合他"不搞办公室政治"的训诫。布伦南致力于将先锋领航集团打造成一个学习型或持续改进型组织，将学习和教学作为所有领导者的工作重点。

> 不要问是谁，而要问为什么（Don't ask who—ask why）！这迫使我们探索解决问题的新方式，寻找问题的根源。

"作为一家机构的领导者，尤其是作为先锋领航集团的领导者，你能体验到的最令人兴奋的事情之一，就是被同事告知你是他或她的导师。这种崇高地位的一个重要部分就是教学。教学与学习相辅相成，就像拍手一样，缺一不可。"

在人事管理特别是晋升决策方面，布伦南有一套富有成效的方法。他敦促每个人都问问自己："我希望这个人成为我孩子的第一任老板吗？"他带着略显惊讶的笑容，简洁地回想说，"当我问出这个简单的问题时，他们的反应真是耐人寻味。"[6]

他的政策是，每隔几年就将最具潜力的员工轮换至公司不同部门的"拓展"岗位上，这不仅能让管理者对整个组织有更加全面的了解，也能让他们对前任领导者的成就产生更深的敬意。这样做有助于提高他们的管理技能，也让先锋领航集团得以观察每位管理者是否以及能在多大程度上持续成长。人事决策也促使布伦南和其他高层领导者反思自己评估人才的能力，包括对入选者和落选者的评估，以及对新任命管理者所面临的困难或机遇的评估。

"为公司培养优秀人才是先锋领航集团每位领导者能够做出的最大贡献，"布伦南强调说，"首先，招聘和培养优秀人才无疑会让领导者在先锋领航集团其他领导者眼中脱颖而出。其次，拥有得力的继任者可以让领导者在机会出现时腾出精力自由地迎接新的挑战和任务。"

布伦南喜欢在决策中引入严谨的量化因素，尤其在处理难题时。他回忆起，当他还是博格的首席运营官时："我们决定对员工开展调查，询问他们的体验和态度。调查结果让我们大吃一惊。简言之，公司上下强烈认为，虽然高层管理人员还不错，但一线主管却表现不佳。这为我们敲响了警钟。因此，我们采取了两项重大措施。首先，我们明确表示，尽管调查结果令人不安，但我们接受它的准确性，并声明管理层将承担起解决问题的责任。为此，我们在公司内部刊物《船员通讯》上公布了调查结果。其次，正如你所料，我们立即采取行动，对现状进行了重大调整。一年后，我们再次开展了同样的调查，情况有了显著改善，人员流动率降低了一半。"[7]

数年后，当人员流动率再次高于预期时，布伦南要求人力资源主管凯茜·古巴尼奇调查此事。她进行了大量离职访谈，很快就找到了问题所在，那就是先锋领航集团的着装规范要求。为了体现员工的专业性，布伦南坚持要求员工着装正式，穿西装，打领带。但在 IT 部门，牛仔裤和 T 恤是一种"部落制服"，最顶尖的科技人才总是这样穿。布伦南态度坚决："如果他们真的觉得有必要穿得像在收发室工作一样，他们可以去收发室工作……"但在 6 个月的深思熟虑并征求了多方意见后，布伦南做出了让步，允许员工在周五穿便装。（后来，比尔·麦克纳布将便装定为常态。2019 年，蒂姆·巴克利决定允许先锋领航集团的员工穿牛仔裤上班。）

布伦南每年都会审阅数百份先锋领航集团管理层的个人绩效评估。每份评估都极为严格，有些人可能会认为布伦南几乎到了神经质的地步，但即使先锋领航集团在计算机和通信技术上投入了巨额资金，其核心与立足之本仍然是员工。效率和效益均取决于专业人才和先进技术的充分融合。

布伦南最不寻常却也最为有效的做法之一就是，先自己动手。每当有重要的管理职位空缺时，布伦南会亲自担任该职务几个月，卷起袖子，亲力亲为。在像技术这样显然需要变革的

> 先自己动手。

第十三章 布伦南的方式　203

领域里，这个时间可能会长达 6 个月，因为管理者需要更长的时间才能确定优先事项。"尽管先锋领航集团的核心价值观和原则从未改变，但我们的业务方式必须持续变革。更换主要部门领导者时，我喜欢暂时担任那个职位一段时间，了解这个部门需要什么样的领导风格，尝试解决一些问题，然后决定谁最适合担任该部门的领导者，以及谁在担任该职位后会成长最多。"[8]

布伦南的副手们知道，他了解他们所面对的现实情况，并且选中了他们来有效地应对这些现实。副手们未来需要合作的所有其他部门负责人也清楚这一点。那些没有被选中承担这项特殊职责的人也明白这一点。这就在高层管理人员之间形成了一种非同寻常的信任。

在先锋领航集团，办公室政治非常少，而且显然被期望降到最低，理想情况下应该是零。正如布伦南解释的那样："在先锋领航集团，一切从来都不是关乎你我个人的事情，而是关乎我们，以及我们如何更好地服务客户。我们努力让合适的人坐上这辆公交车，但没有固定的座位。我们想让渴望成为最佳球员的运动员加入团队。"[9]先锋领航集团希望继续保持谦逊的企业文化。

在布伦南担任首席执行官期间，某些"不"的决策也很重要：

- 不设立地方销售办事处。
- 不跟风做出"我也是"的决策。
- 不提供住房抵押贷款。
- 不支付分销费用。
- 不重点发展国际分销渠道。

人无完人，杰克·布伦南在任期上也存在战略弱点。先锋领航集团在大多数国际市场上都不是一个重要角色，部分原因是各国政府都致力于保护本国金融市场，而且先锋领航集团在投资顾问领域尚未摸清门道，或者尚未将投资顾问领域作为其战略重点。在运营方面，成本效益与快速响应客户需求之间的平衡有时也会出现偏差。但当他在2008年退休，比尔·麦克纳布接任首席执行官时，先锋领航集团已经比他从杰克·博格手中接过来时更强大了。没有人会将布伦南描述为情绪化的人，但他的一言一行都表现出他对人际关系的重视。他以身作则，无疑是推动当今先锋领航集团文化成熟和发展的核心人物。

第十四章
资本力量

CHAPTER 14

　　万事皆有缘起。事情的开端并非孤立存在，在每个"开始"之前，都有无数个"此前"。2009年，先锋领航集团迎来一个重要的机遇。当时，巴克莱银行决定出售其投资部门巴克莱全球投资者公司（BGI）的全部或部分股权，贝莱德集团有意以135亿美元收购BGI。令业界震惊的是，先锋领航集团以数十亿美元现金出价竞购BGI的ETF业务，并将其指数公募基金业务留给巴克莱银行。

　　这并非先锋领航集团首次涉足收购领域。几年前，它曾短暂考虑收购美国教师退休基金会（TIAA-CREF），该基金会管理着规模庞大的高校教职工退休基金。两家机构都拥有巨额资产，主要由长期退休账户组成，投资于指数基金。然而，经过严谨的讨论，先锋领航集团很快放弃了这一收购计划，主要原因有3点：第一，尽管两家机构的文化大体相似，但也存在一些差异，足以让人怀疑成功整合的可能性；第二，为了实现财务上的协同效应，合并后可能需要裁减美国教师退休基金会的大部分员工，这显然与先锋领航集团"上下一心，忠诚至上"的核心价值观相悖；第三，正如高管团队和董事会在讨论中明确指出的那样，资产规模的扩大并非先锋领航集团的首要目标。[1] 先锋领航集团始终秉持一个信念，即为每位投资者争取长期利益最大化。

巴克莱全球投资者公司的前身是富国银行投资部门的一个实验性团队，由詹姆斯·R.维尔汀领导。维尔汀是一位狂热的猎鸭爱好者，他每次狩猎只带法定数量的子弹，并且从不失手。作为有效市场理论的坚定拥护者，维尔汀在20世纪70年代初就坚信指数投资的优势，并创建了富国银行投资顾问公司。该公司后来与日兴证券合并经营。这两个组织继续作为独立的业务部门运营。1994年，美林证券差点儿收购了富国银行投资顾问公司，但最终放弃了。据当时美林证券高管杰瑞·肯尼回忆，两位重要的投资经理曾恳求首席执行官比尔·施赖尔："如果收购这家指数投资公司，我们将前功尽弃，再也无法将美林证券资产管理公司打造成一家主动型投资管理公司。"[2] 因此，巴克莱银行以4亿美元收购富国银行日兴证券，作为其新兴全球化战略的一部分。1995年，巴克莱银行将富国银行日兴证券与其投资管理部门巴克莱德佐特威德投资公司（Barclays DeZoete Wedd Investors）合并，成立了BGI。到2006年，BGI的税前利润达到13亿美元，利润率高达43.9%。

2009年4月，《华尔街日报》刊登了一篇简短的报道，称私募股权公司CVC资本计划收购巴克莱全球投资者公司旗下的iShares ETF业务。这笔交易由巴克莱银行董事长之前供职的投资银行拉扎德牵线安排。在全球经济衰退的深渊中，巴克莱银行面临着来自英国银行业监管机构的压力，急需补充股本。对先锋领航集团来说，幸运的是 CVC 公布的交易条款中包含一项"竞购条款"，允许巴克莱银行考虑其他更高的报价；如果接受更高的报价，巴克莱银行将向 CVC 资本支付一笔解约费。时任先锋领航集团董事长布伦南看到这篇文章后，找到战略与财务部门负责人格伦·里德和首席执行官比尔·麦克纳布，问道："你们认为我们是否应该参与？"[3]

BGI 的 iShares 业务规模庞大，当时管理着约 3 500 亿美元的资产。它在全球 ETF 业务中处于领先地位，大多数分析师认为该行业未来还有很大的增长空间。iShares 在美国 ETF 市场中占据主导地位，并在欧洲和亚洲建立了规模较小但不断增长的市场份额。收购 iShares 将立即使先锋领航集团成为美国领先的 ETF 提供商，并可能加速发展其当时进程缓慢的国际业务。

里德很快得出结论，先锋领航集团应该聘请一家投资银行为其提供咨询服务，并在竞购 iShares 业务的过程中代表其利益。高盛集团是显而易见的首选，多年来，高盛集团一直与先锋领航集团保持着密切的联系，尽管先锋领航集团一直不太可能成为投资银行服务的客户。这一次，先锋领航集团终于有机会回报高盛集团了。但高盛集团已经接受了另一位有意参与此次交易的客户的委托，因此无法同时为先锋领航集团提供服务。

2009 年 4 月，华尔街交易低迷，在缺乏其他交易活动的情况下，CVC 资本收购 iShares 的消息引起了金融服务行业和私募股权界的广泛关注。[4] 结果，纽约所有大型投资银行都面临同样的利益冲突问题。于是，来自中西部的里德建议先锋领航集团聘请芝加哥地区的头部证券和企业融资公司威廉·布莱尔公司。布伦南和麦克纳布欣然同意。

威廉·布莱尔公司组建了一支明星团队，以帮助先锋领航集团分析和评估 iShares 业务。在最初的沟通中，威廉·布莱尔公司对作为共同所有权机构的先锋领航集团（局外人通常将其视为"非营利性"机构）如何获得巨额资金以超过 CVC 的报价感到困惑。里德解释说，根据与旗下基金的协议条款，先锋领航集团可以从先锋公募基金中调集最高 20 亿美元的资金。凭借这 20 亿美元的资本，先锋领航集团可以轻松借入另外 20 亿至 30 亿美元，总计约 50 亿美元。

"哇！你们多久能筹集到这么多资金？"

"几乎一夜之间就能完成。"

电话那头沉默了，显然，所有的困惑都烟消云散了。先锋领航集团拥有强大的资金实力，只是之前并未被外界广泛或清晰地了解。

里德知道，威廉·布莱尔公司与沃伦·巴菲特和伯克希尔－哈撒韦公司关系密切。几年前，正是威廉·布莱尔公司将冰雪皇后的收购机会介绍给了伯克希尔－哈撒韦公司。里德请求威廉·布莱尔公司代表先锋领航集团联系巴菲特，看看他是否有兴趣了解更多关于先锋领航集团收购 iShares 的计划。

巴菲特向威廉·布莱尔公司的代表确认，他一直非常敬佩先锋领航集团，并邀请布伦南、麦克纳布和里德访问位于奥马哈基威特大楼的伯克希尔－哈撒韦公司总部。先锋领航集团团队提前到达，决定在大楼一楼的咖啡馆等待，他们点了一些自己并不真正想吃的东西。到了约定的时间，他们乘坐电梯来到伯克希尔－哈撒韦公司所在的楼层。然而，走出电梯后，他们仨不确定应该走进哪扇门，这时沃伦·巴菲特突然打开一扇门，邀请他们进去,带领他们穿过走廊,来到一间摆放着一张桌子、一张沙发和几把高背椅的朴素房间。

双方简单寒暄过后,布伦南、麦克纳布和里德介绍了先锋领航集团对 iShares 的考虑。然后巴菲特问道:"我们能帮什么忙?"他走到办公桌前,拿出一张黄色便笺纸,用铅笔做了一些记录,然后宣布:"我们可以借给你们 25 亿美元。"这正是先锋领航集团在内部筹集了 20 亿美元后所需的资金。

在简短地参观了伯克希尔-哈撒韦公司简朴的办公室,包括巴菲特收藏的大量内布拉斯加大学橄榄球纪念品后,巴菲特把车钥匙递给助理,让她开车送先锋领航集团的 3 位高管去奥马哈机场。整个访问过程不超过 90 分钟。[5]

如果先锋领航集团能够成功收购 iShares,它将受益于 ETF 投资者的高品牌忠诚度,投资者会反复购买自己习惯的同一"系列"ETF。先锋领航集团将协调 BGI 与自身的 ETF 产品线,但不会进行合并和整合。同样,为了避免裁员,先锋领航集团不会试图将这两家分别位于西海岸和东海岸的公司合并。这将限制"精简规模"以提高经济效益的机会。

贝莱德集团是一家领导力非常强大的公司,它注重规模扩张,作为一家上市公司,它注重增加收入和利润,以提升其普通股的价值,而普通股是首席执行官拉里·芬克及其管理团队个人财富的重要组成部分。由于最近刚刚完成了对美林资产管理公司大型收购交易的整合,一些贝莱德集团高管不确定公司是否有精力和资源在如此短的时间内完成另一个重大收购。

正如菲利普·奥格尔在其著作《短命的银行》(*The Bank*

That Lived a Little)中的精彩描述⁶，2008年底，当巴克莱银行董事长鲍勃·戴蒙德乘坐的湾流飞机降落在卡塔尔多哈时，巴克莱银行急需150亿英镑的资金注入。10月13日，英国政府宣布向英国三大银行注资370亿英镑。巴克莱银行声明不需要政府的资金支持，将独立筹集45亿英镑，其中15亿英镑来自管理层行动，20亿英镑通过取消本年度的年终股息派发获得，10亿英镑来自卡塔尔的新资金承诺。此外，它还将通过发行债券筹集约100亿英镑。

巴克莱银行出售BGI的想法源于对补充股本的迫切需求。该方案最初由英国金融服务监管局（当时伦敦金融城强大的监管机构）局长赫克托·桑茨提出。第一个潜在买家CVC资本只对iShares业务感兴趣。巴克莱银行希望探索其他方案，并回忆起6年前刚被任命为巴克莱董事长的美国人鲍勃·戴蒙德曾与贝莱德的拉里·芬克讨论过出售整个BGI的事宜，只是当时的谈判没有取得太大进展。

戴蒙德注意到，在全银行重要会议日程安排上，为贝莱德集团服务的巴克莱资本团队正计划招待贝莱德高管观看在新洋基体育场举办的首场洋基队棒球赛。虽然戴蒙德是红袜队的忠实球迷，但他认为这是一个重要的机会。他来到体育场内的巴克莱私人包厢，在比赛接近尾声时，他与贝莱德集团总裁罗伯特·卡皮托一起散步，并请求卡皮托安排几天后与芬克会面。①

---

① 还有一种传言是，卡皮托从票贩子手中买了一张票，去巴克莱的包厢中把戴蒙德拉了出来，并敦促他把BGI全部卖给贝莱德集团。

在这次会议上，戴蒙德提出了全资收购整个BGI业务的交易方案，芬克表示有意向现在完成全部交易。[7]这一大胆举动彻底改变了竞争格局。首先，这将为巴克莱银行提供满足监管要求所需的全部资金，而且只需一次交易即可实现。其次，这将先锋领航集团排除在竞争之外，先锋领航集团可以安排一笔50亿美元的交易，但无法完成130亿美元的交易，尤其是在先锋领航集团已经占据指数基金市场龙头地位，没有理由进行战略扩张的情况下。

最终，贝莱德于6月宣布以135亿美元收购BGI，交易包括42亿英镑现金和贝莱德19.9%的股权。芬克正确地判断出金融危机已经结束。2009年12月1日交易完成后，贝莱德的市值飙升63亿美元至152亿美元。巴克莱银行从中获得的收益超过了14年前创建BGI时所付出金额的30倍，银行的财务状况也一片光明。

鲍勃·戴蒙德在7年前以1 000万美元购入的股票为他带来了3 600万美元的回报。随着成本的削减和资产的增加，公司的利润迅速增长了5倍多。早在1999年初，BGI就认识到，尽管ETF是十分优质高效的产品，但要建立强大的市场需求，需要完整的产品线、大规模的教育计划和专门的销售队伍。BGI聘请了100多名销售人员，将旗下ETF产品更名为iShares，为每个主要指数配备了相应的iShares ETF，并斥资1 200万美元用于平面和电视广告，创建了备受赞誉的一流网站，以面向个人投资者进行推广宣传。其销售队伍专注于三类顾问客户：注册投资顾问公司、全国性和区域性证券公司以及小型公司。随着零售业务的增长，BGI开始向机构投资者、对冲基金、公募基金和财富管

第十四章　资本力量　　213

理公司大力推广。到 2006 年，BGI 在全球范围内管理着 194 只 ETF，投入 1 亿美元进行市场开发。BGI 是最大的 ETF 发行商，管理着 2 840 亿美元资产。道富环球管理着 1 010 亿美元资产，纽约银行管理着 270 亿美元资产，而先锋领航集团以 220 亿美元位列第五，它直到 2002 年才开始涉足该领域。

格伦·里德从岳父生前的明智忠告中获得了安慰："永远不要回头，不要为未完成的交易而烦恼。"实际上，这笔未完成的 iShares 交易为先锋领航集团带来了许多好处：

- 为确保先锋领航集团不会在事后发现自己仅是吸引其他竞标者的掩护，先锋领航集团要求巴克莱在与其他方完成交易的情况下必须承担先锋领航集团的尽职调查费用。巴克莱履行了承诺，几乎全额报销了先锋领航集团近 100 万美元的实际支出。在里德看来："这是先锋领航团队在并购领域的实战教育……是以全额奖学金的方式获得的。"
- 先锋领航集团再次确认了其通过先锋领航公募基金调拨资金或向第三方借款筹资的能力。先锋领航集团证明，它还可以通过仅提高一个基点的客户费用，或者不降低相同微小比例的费用来筹集大量资金。随着管理资产增至超过 8 万亿美元，这种财务实力变得日益强大。里德表示："这对先锋领航集团及其战略家来说是一个决定性的时刻。"
- 最重要的是，错过 iShares 的收购竞标后，先锋领航集团及其董事会开始致力于扩展产品线和增强销售力量投入，进一步积极拓展其本已相当可观的 ETF 业务。

先锋集领航团明确了其决策标准：对收购 ETF 资产兴趣浓厚，但没有意愿通过收购增加指数基金业务；只致力于推进那些能够惠及当前投资者的交易；对文化冲突保持极度谨慎的态度。

作为上市公司，像贝莱德这样的竞争对手十分自然地专注于扩大资产、提高收入和增厚利润的策略，但先锋领航集团不会这样做。先锋领航集团的关注点始终是如何做得更好，更好地服务于每一位投资者。此外，先锋领航集团潜在的金融实力虽然之前潜藏未显，现在却变得清晰可见：凭借正确的投资，先锋领航集团已经成为金融巨头，它也十分清楚这一点。

正如董事会主席阿尔弗雷德·兰金对比尔·麦克纳布和杰克·布伦南所说的那样："你们既然已经证明公司有能力在合适的时机筹集并部署 50 亿美元，难道就不能产生一种内在的驱动力，去寻找 50 亿美元的机会吗？"[8]

第十五章
飞轮效应

CHAPTER 15

比尔·麦克纳布以亲身经历阐述了团队合作和坚定的共同承诺的价值。"小时候我在罗切斯特和一个朋友一起送一份晚报《时代联盟报》。我们分头行动。当我们一起工作时，每个人需要花费 35 分钟完成任务。他总抱怨说不喜欢像我那样快节奏地工作。有一次，我的朋友和家人去旅行了，我让我的两个弟弟来帮忙。我们设计了一个系统流程。我们把报纸放在独轮手推车里，我以最快的速度推着它上街。他们则抓起报纸，跑到人们的家门口。我们能在 20 分钟内完成整条路线！"

身高近 2 米的 F. 威廉·麦克纳布三世谦逊自律，是一名赛艇运动员。赛艇是一项终极团队运动，不允许个人英雄主义。它要求每名队员遵守纪律并具有奉献精神，为团队的成功默默地全力以赴。麦克纳布在纽约州罗切斯特长大，14 岁搬到波士顿。1979 年毕业于达特茅斯学院，获政府学学士学位。

比尔·麦克纳布善于以证据为基础进行冷静的渐进决策。"我在接受每份工作前都会问自己 3 个问题：这份工作有趣吗？

我会学到很多吗？我将为谁工作？从达特茅斯学院毕业后，我接受了费城附近哈弗福德中学的教职。结果这成为我一生中最美好的经历之一。22岁的我必须自己设计课程，挑选教材并规划课程大纲。我必须自如地应对学生和为学校支付高昂学费的家长们。我在哈弗福德工作了两年。在宾夕法尼亚大学沃顿商学院攻读金融学工商管理硕士期间，我继续指导学校的赛艇队。"[1]

> 我在接受每份工作前都会问自己3个问题：这份工作有趣吗？我会学到很多吗？我将为谁工作？

在两年的教师生涯后，麦克纳布进入大通曼哈顿银行工作，最初担任信贷分析师，随后参与处理20世纪80年代初期的高杠杆交易。1986年，他加入了先锋领航集团，负责管理保险公司为401（k）计划投资者发行的类似定期存款的担保投资合同。到2008年，他已经领导过先锋领航集团直接服务于客户的每个业务部门。

2008年1月，杰克·布伦南在告诉董事会他计划辞去首席执行官一职时只有54岁。所有董事都认为他现在辞职为时过早："杰克，你现在退休太年轻了！""一切进展得如此顺利，为什么要停下来？""杰克，你最好的时光还在后面。你不会想错过取得更多成功的乐趣，所以不要现在就停下来！"但是，像往常一样，布伦南的决定是经过深思熟虑的。他这样总结自己彻底的自我审视："我的理智告诉我应该留下来，但我的内心告诉我是时候离开了。我开始对'创始人困境'过于敏感，并且开始变得保守。"当他们意识到布伦南已经做出决定并将坚持到底时，不可避免的问题是，谁将担任下一任首席执行官？

蒂姆·巴克利是个显而易见的人选：他对先锋领航集团的价值观和使命深信不疑，才华横溢，领导力出众，为人谦逊，拥有极强的个人魅力和专业素养。然而，布伦南说："不，现在还不是时候。他需要再积累几年经验，让其他人有更多时间来认识他的能力，他会成为更优秀的首席执行官。"

布伦南相信，新的首席执行官应该是比尔·麦克纳布。他已展现出广泛的领导才能，为担此重任做好了准备。在下一次董事会例会上，日程安排是由先锋领航国际常务董事吉姆·诺里斯全面回顾先锋领航的国际业务，接着轮到麦克纳布进行他预期中的例行汇报。

麦克纳布能感觉到气氛有些不对劲。"在我与董事们共事的这些年里，这是我第一次感觉到他们似乎心不在焉，甚至对即将讨论的话题准备不足，这非常不寻常。先锋领航集团的董事们总是认真履职，为会议做好充分的准备。"麦克纳布心中沉甸甸地意识到，不知为何他失去了他们的注意力。

然后情况变得更糟糕了。布伦南出面叫停了会议讨论，提议休息一会儿接打电话。这在以前从未发生过。然后布伦南转向麦克纳布说："我们到'小房间'去吧。"那是董事会会议室旁边的小房间，等待被叫入会议的高管通常会在那里等待。麦克纳布有些慌张，还没等布伦南开口，就开始为不知何故失去了董事们的注意力而道歉。布伦南打断了他，给了他一个惊喜："比尔，你刚刚当选为先锋领航集团的总裁兼首席执行官！恭喜你！"

正如布伦南所知，在他说话的时候，董事会正在发出正式任命。麦克纳布惊呆了。布伦南只比他大3岁，正处于事业的巅峰时期。麦克纳布曾期望在布伦南的团队中度过他的整个职业生涯，并且众所周知，他说过："无论布伦南去哪里，我都会追随他！"

现在麦克纳布说："别开玩笑了！"

"比尔，对你我来说都是时候了，对先锋领航集团来说也是如此。"[2]

麦克纳布就任首席执行官的第一天，特意前往位于同一栋大楼不同楼层的博格办公室进行简短的私人拜访。博格说："他非常友善，十分周到。我会尽量表现得体，不给他添太多麻烦。如果我有问题，我想肯定会有不少，我会和他讨论。比尔一直非常和气。"[3] 当然，这并没有阻止博格对行业收费标准或ETF发表尖刻的评论。博格永远坚持保持"独立"。

这次礼节性会面让人想起了一次更有预兆性的会面。麦克纳布第一次面试先锋领航集团的工作时，就见到了博格。麦克纳布回忆道："他看着我的简历，对我说的第一件事是：'你为什么要来这里？你在华尔街的一家大公司工作。我们管理的资产只有200亿美元。我无法想象我们如何才能达到250亿美元。我不知道你为什么要来这里。'在接下来的一个半小时里，他跟我谈论了华尔街的所有弊端，当我回到家时，我的妻子问：'情况怎么样？'我说：'我不知道。我没怎么说话。但有一件事我很清楚，我真的非常想加入这家公司，因为我听到了极其令人信服的远大愿景。'"[4]

博格描绘愿景并创立了公司。他确立了原则和价值观，并让所有人团结在他周围。但真正使公司运作起来的是杰克·布伦南，不仅是在接任后，更是在作为博格的助手时。他为先锋领航集团打造了团队、流程、现代思维和管理能力。从这个意义上说，他们是互补的。麦克纳布与两人都共事过，他能从他们身上学习，看到双方的优点，并将这些优点融合在一起。

在带领先锋领航集团强大的401（k）计划业务走向行业领先地位的过程中，比尔·麦克纳布采用了一种低技术含量的简单方式来提高销售效率和团队协作。他经常与销售团队会面，要求每个成员花10~15分钟与他和其他成员分享潜在客户和现有客户的具体细节。这使得每个人都专注于有效的方法及背后的原因。他们在具体的案例讨论中看到了自己面临的挑战，并从其他销售人员那里获得了切实可行的想法和建议。他们证实，麦克纳布作为领导者，时刻关注着市场现实。

麦克纳布回顾自己接任先锋领航集团首席执行官时的严峻形势，笑着说："杰克·布伦南可能会作为历史上最伟大的市场时机把握者被载入金融史册。"[5] 在布伦南漫长的任期内，他经历了有史以来最长、表现最强劲的牛市，然后将首席执行官的接力棒传递下去。麦克纳布于2008年8月31日正式接任首席执行官，几乎一上任就面临了几十年来最剧烈的市场下跌压力。

"应对这场危机对先锋领航集团来说非常重要，当然对我来说也是如此，毕竟我是在杰克·布伦南这位如此成功、如此受人爱戴和令人尊敬的导师型领导者之后上任的。幸运的是，在危机来临之前，我们和投资者一直保持保守立场，完全没有持有雷曼兄弟的债券。这帮助我们从那段充满挑战的时期中走了出来，并变得更加强大。9月15日星期一，当雷曼兄弟破产时，我正在华盛顿特区对我们 400 位最大的 401（k）计划客户首席执行官发表演讲，强调投资者应该始终保持清醒的长远视角。有人说：'就在我们说话的时候，世界正在崩塌。'与此同时，格斯·索特正在交易台上努力应对一系列紧急决策电话，全力保护客户的储蓄。"

为了及时掌握快速发展的局势，并确保尽可能地控制局面，麦克纳布和所有高级管理人员连续 3 个月每天早上、中午和下午下班后碰头。"当然，这是一个增强内部凝聚力的好机会，但我们的焦点始终放在两个群体上。第一是我们的客户，第二是我们的员工。我们抓住一切机会，尽可能频繁地与每位投资者接触。说实话，有时甚至是分秒必争。我们的网站访问量创下了历史新高。电话线上的客户络绎不绝。我们为客户做了网络直播，首次直播就有 5 万次点击。我们参加了美国消费者新闻与商业频道和彭博社的节目。我们坚持既定方针，很好地度过了危机。这一过程对我们的客户和团队都产生了重要的影响，因为它重申了我们对这两个群体的承诺：做正确的事。"

麦克纳布后来表示："在那段时间里，当华尔街的银行纷纷倒闭或接受救助时，先锋领航集团内部稳住了阵脚，同时向外伸出援手，安抚紧张不安的投资者。"当华尔街公司解雇数千名员工时，麦克纳布决定先锋领航集团不会裁员。"当然，交易量在价格下跌时不会减少多少，"他解释道，"但资产和收入确实下滑了，所以我们不得不提高公募基金的费率以弥补差额。"投资者接受了这一微小代价。麦克纳布的决定对团队士气和人们对新领导层的信心产生了巨大的影响。

麦克纳布解释说："我们认为，如果我们的团队被诸如'我是否会失业'这样的问题困扰,他们就无法很好地服务客户。我们(通过裁员)节省的成本相当有限,我们认为传递一个积极信息给团队极为重要:专注于客户,只专注于客户。作为一个组织,我们会挺过去的。"[6]

麦克纳布补充道:"我们对公司的核心使命怀有传教士般的热情,我们希望为所有投资者挺身而出,公平地对待他们,并为他们提供最佳的投资成功机会。我们已将这一宗旨提升为一种信念,即我们可以改变世界的投资方式。"

在那次危机之后,他回忆道:"我们知道行业发生了根本变化。鉴于我们的公司结构和价值观,我们明白自己有机会掌握行业的主导权。为此,我们需要让人们认识到我们的独特之处。在内部,我们需要保持对客户的关注。我告诉员工,'我们是为投资者而存在的,其他一切都不重要'。"

在飞往西海岸的途中,麦克纳布意识到邻座的人忍不住关注他,他一直在处理先锋领航集团的文件。

"我看得出你工作很努力,"那人说,"你在先锋领航集团工作吗?"

"是的。"

"你在那儿做什么?"

"什么都做,看情况。"

"与先锋领航集团一起投资,让我觉得自己是世界上最优秀的投资者之一。我的大多数朋友都在转向现金,你有什么建议吗?"

"坚持投资并分散风险。"

在讲述这个故事时，麦克纳布补充道："我认为这次危机强化了一个经验，那就是'无聊乏味的策略'确实有效。"[7]

2008年10月，有10万名用户访问了先锋领航集团网站的特定页面，了解先锋领航集团"为您服务"的承诺意味着什么。这对当时的先锋领航集团客户来说是一个不寻常的高数字。麦克纳布和格斯·索特阐述了预期市场复苏的理由以及着眼长期的重要性。不到6个月后，也就是次年3月，危机过去了，股市回升。

几年前，由于客户激增，先锋领航集团需要增加员工，但无法通过正常招聘渠道填补空缺。凯茜·古巴尼奇提出一个解决方案：鼓励员工向公司引荐人才，如果推荐人选被成功录用，公司将向推举人发放现金奖励。这真是个好主意！谁能比在职员工更了解先锋领航集团是一家多么好的公司呢？谁又能更好地理解先锋领航集团在候选人身上寻求的价值观呢？当然，一笔不错的奖金将是一种明智的激励。这项奖金计划被印在一本制作精美的宣传册中，并在一系列小组会议中得到说明。人们的预期很高，但什么都没发生。公司提高了奖金额度，并加强了宣传，但还是反响平平。

古巴尼奇决定进行一些访谈。是提高后的奖金仍然太低了吗？还是人们对这个项目仍有疑问？她很快发现了真正的问题。一位员工代表解释说："我喜欢和朋友们在一起，也热爱先锋领航集团的工作。但我的朋友们达不到先锋领航集团的录用标准。如果我介绍他们来这里，他们会被拒绝，那么我将失去朋友，也将失去我在公司的声誉。我为什么要为了几百美元而冒险，可能最后同时失去朋友和在公司的声誉呢？"[8]

"先锋化"（Vanguarding）是一家广告公司在头脑风暴会议中提出的广告概念。有人在白板上写下了"先锋化你的资金"。将"先锋"转化为"先锋化"，使其成为一种行动号召。据报道，当年先锋领航集团的媒体推广费用为 5 000 万美元，比上一年的 2 000 万美元有所增加。麦克纳布强调，媒体推广费用占管理资产的比例远低于 20 年前。当然，博格关注的是实际金额："人们应该看绝对金额，而不是相对比例。"当时先锋领航集团管理着 1.4 万亿美元的资产，费率为 0.20%，低于管理资产规模 9 000 亿美元时 0.30% 的费率。而博格关注的是以美元计算的运营费用。他认为 1/3 的降幅并未体现出"显著的规模经济效应"。

麦克纳布始终保持警惕。"当我成为首席执行官时，"他回忆道，"我开始担心，公司可能已经悄然渗入了一丝自满情绪。我听到有人说：'我们有什么可担心的？'但事实上，我们在零售指数投资方面的市场份额正在流失。那时，我带领高级管理团队进行了一次研讨会，积极地规划未来的发展方向。"麦克纳布从商业作家吉姆·柯林斯的著作中采纳了一个强有力的战略管理概念。这个形象高效地概括了先锋领航集团的商业战略：飞轮，一个起初由于惯性缓慢旋转的轴装圆盘，经过努力后加速旋转，最终依靠自身的动量旋转。

麦克纳布进一步阐述道："先锋领航集团的飞轮效应始于低成本基金，这带动了费用的下降。更低的费用为投资者带来了更高的回报，促使更多的投资者将资金投向先锋领航集团。先锋领航集团在一个强大的良性循环或飞轮效应中，能够不断降低费用，吸引资产，如此循环。"[9]

麦克纳布使"飞轮"成为先锋领航集团内部的通用术语，加深了整个公司对这一理念的理解。在科罗拉多州与柯林斯会面后，高管团队根据这一理念确定了十大目标，随后将其精简为5个，统称为"飞轮2.0"。"第一，我们专注于开发下一代产品和服务；第二，我们致力于成为一家真正的全球化公司；第三，我们力求继续降低成本曲线；第四，我们需要通过管理风险（包括网络安全和监管变化）来保护我们的侧翼；第五，我们始终重视卓越的领导力。对我们而言，'飞轮2.0'概念的确立是一个关键时刻。我们决定，我们不会发展成为面面俱到的'万能选手'。我们不会像嘉信理财那样进军银行业，也不会像贝莱德那样投资私募股权交易。"

先锋领航集团还围绕4个核心维度设定了具有挑战性的目标：在扣除费用后，90%的主动管理型基金在10年内业绩超越同行；80%的先锋领航集团客户及投资者给予先锋领航集团较高的"净推荐值"，乐于向他人推荐先锋领航集团；"工作投入"的员工与"不投入"的员工数量比达到或超过9∶1；平均费率从0.20%下降至0.10%。公司的主要焦点是利用自动化以更低的成本提供更高的服务价值。

麦克纳布指出："鉴于先锋领航集团目前的巨大规模，我们产生的可投资资金将十分庞大。"先锋领航集团平均每天收到超过10亿美元的新资产管理委托。"在追求企业使命的道路上，我们可以签署几张上亿美元的支票支持激动人心的新发展，为所有投资者提供公平的交易机会。"

他总结道："我们的核心价值观始终如一，但每一代人都必须改变实现这些核心价值观的方式。为了实现平稳过渡，有必

> 我们的核心价值观始终如一，但每一代人都必须改变实现这些核心价值观的方式。为了实现平稳过渡，有必要改变具体的实施细节。

要改变具体的实施细节。先锋领航集团的投资者越来越多地将他们的体验与亚马逊和谷歌等科技巨头进行比较，而不是与富达或嘉信理财进行比较，我们与客户的联系方式也正从 iPad（苹果平板电脑）转向 iPhone（苹果手机）。"

麦克纳布认识到，投资顾问可以为先锋领航集团的客户及投资者带来巨大的益处。正如他所说："考虑到股票市场的种种变化使其越发高效，先锋领航集团可能难以帮助投资者跑赢市场，但我们可以帮助投资者制订稳健合理的长期财务计划，并帮助他们坚持这些计划，避免犯下代价高昂的错误。"[10]

在麦克纳布担任首席执行官期间，网络安全成为一个日益严峻的挑战。长期以来，先锋领航集团一直将安全放在首位，以保护客户及投资者的资产、家庭住址、社会保险号码和其他个人信息。不幸的是，现代社会中隐藏着越来越多的不法分子，他们试图入侵大型金融服务机构的计算机系统。先锋领航集团平均每天遭受 30 万次网络攻击。全球首席信息官约翰·马尔坎特解释说，攻击者通常是试图破坏美国金融体系的外国组织，还有些攻击来自有组织的犯罪集团，他们的目的是进行欺诈或勒索赎金，另有一些则来自业余的"黑客艺术家"。

先锋领航集团拥有一套复杂的多层次防御体系，83% 的攻击都被外围的防御屏障阻挡了。先锋领航集团的防御十分坚固，

95%的应用程序都进行了分割或与系统中的其他部分进行了隔离。此外，它还会进行反击。先锋领航集团知道，攻击者可以重建他们的能力，并再次发动攻击，但这对他们而言总是有实际成本的。随着时间的推移，这些"重建"成本会不断累积。因此，公司最好的防御措施之一就是让攻击成本远高于大多数其他目标，从而促使攻击者主动转移目标，使先锋领航集团免受侵犯。

为了保护客户的账户和信息，先锋领航集团持续监测异常或"不可预测"的在线行为。当一个习惯于在工作时间（或晚上或清晨）与先锋领航集团联系的客户在其他时间段登录时，这可能并非客户本人的行为。如果交易存疑，先锋领航集团会推迟交易，直到核实完客户的真实身份，通常是通过向客户的手机发送验证码来进行确认。[11]

2015年，先锋领航集团为非美国投资者管理了2 440亿美元资产，是2007年的两倍多，其中大部分是指数基金。麦克纳布评论道："我们之前也曾涉足海外市场，但我们并没有认真对待。""竞争限制很多，尤其是在亚洲。许多国家的金融法规旨在偏袒作为基金分销商的本地银行。"但变化正在来临，尽管这一进程缓慢且不均衡。

作为先锋领航集团国际扩张的坚定支持者，麦克纳布密切关注着中国这个世界第二大经济体带来的机遇。据报道，中国的家庭储蓄总额已超过8万亿美元。2014年，一系列监管政策的转变打开了中国内地与香港之间的准入通道。监管机构建立了中国内地与香港之间的公募基金互认机制，这意味着在香港注册的基金将有资格在中国内地跨境销售,反之亦然。麦克纳布表示:"我们正在与当地所有合适的机构沟通。我相信,从中期来看,我们有可能成为中国规模最大的资产管理公司。"然而,他补充说:"除非规则发生变化,否则我们无法以资产管理公司的身份进入中国。我们不愿意在合资企业中成为少数股东。"近期中国政府对香港的政策有所变化,业务前景变得复杂起来。2021年3月,先锋领航集团暂停了在中国内地推出共同基金业务的计划,称目前将专注于提供投资顾问业务。[12]

有的国家则更为开放。麦克纳布指出,例如在英国,2006年政府颁布的《零售分销审查制度》(RDR)推动了2012年禁止将经纪佣金作为咨询费用的政策。"这促使投资顾问将关注焦点从热门股票转向长期财务规划、资产配置和投资指导。对指数投资的关注也大大增加了,《零售分销审查制度》对我们来说是一种良好的助力。"[13]

"对于任何一位首席执行官来说,10年的时间足以让他在自认为最重要的领域、在长远来看最有利的变革上尽最大的努力。"麦克纳布在反思自己多年的服务时进行了哲学式的思考,"10年后,一位首席执行官要么实现了他的首要目标,要么未能实现,并且很可能会精力不足,也会面临更大的组织阻力。因此,无论是对个人还是对企业来说,更换首席执行官都是更好的选择。此外,企业也需要知道,更换首席执行官是一家充满活力的健康企业发展过程中的一部分。"[14]

2017年7月14日,在先锋领航集团管理规模快速扩大7年之后,其旗下资产从1万亿美元激增至4.4万亿美元,先锋领航集团宣布 60 岁的麦克纳布将于 2018 年 1 月 1 日卸任首席执行官一职,由 48 岁的蒂姆·巴克利接任。正如《纽约时报》的兰登·托马斯观察到的那样,"先锋领航集团是美国商界中企业文化最紧密的公司之一,几乎所有高层领导都在公司总部工作了数十年。"[15] 或者,正如麦克纳布所说:"这从来不是关于我个人的,而是关于整个团队的。"

第十六章
蒂姆·巴克利的战略转型

CHAPTER 16

"我不认识你,但我的父亲说我应该为先锋领航集团工作。"这是蒂姆·巴克利还在哈佛大学读本科时写给杰克·布伦南的信件的开头。布伦南相信自己能迅速识人,喜欢在早期做出准确的"人事判断"。一个著名的例子是,他在与巴克利初次见面后,就宣布:"我刚刚遇到了先锋领航集团未来的首席执行官!"

在第二次见面时,巴克利提到他已经收到费城一家头部投资公司待遇优厚的工作邀约。两人都是谈判高手,所以他们迅速推进谈话,双方都觉得越来越有趣,甚至令人着迷。在恰当的时机,巴克利说道:"我已经收到库克比勒尔公司(Cooke & Bieler)的暑期工作邀请。"布伦南笑了笑,给出了一份"爆炸性"的暑期工作邀请,有效期只有5分钟。短暂的停顿之后,巴克利也笑了:"我接受。"

小莫蒂默·J.巴克利,通常被称为蒂姆,出生于1969年,是莫蒂默医生和玛丽莲·巴克利的儿子。他的父亲是马萨诸塞州总医院心脏外科主任。蒂姆获得了经济学学士学位,进入哈佛商学院深造,并在学年期间的暑假回到先锋领航集团实习。他正在学习学校著名的投资管理课程,课程案例正是先锋领航集团。由于巴克利已经在先锋领航集团工作,他刻意保持沉默,由安德烈·佩罗德教授引导课堂上的80名学生一个接一个地发现先锋领航集团的竞争优势:低成本运营模式和独特的共同所有权结构,使得先锋领航集团的费用不断降低,从而吸引了越来越多的资产,并进一步降低了成本和费用,加之公司的服务优质,客户的忠诚度逐渐提高。在这种良性循环下,先锋领航集团成为公募基金行业的领导者,并年复一年地在资产增长方面保持领先。他解释说,先锋领航集团的企业文化和职业发展机会非常有吸引力。在先锋领航集团工作不会有破坏性收购扰乱职业生涯的风险,也没有公司破产倒闭的隐患,而这些在业内都是司空见惯的事情。

"所以,"在90分钟的案例讨论接近尾声时,佩罗德教授说,"先锋领航集团是一家理想的投资管理机构,也是美国市场上的行业领导者。此外,它在澳大利亚这一小块市场上也做得很好,这无疑表明,其低成本、低费用、可靠产品和优质客户服务的模式可以出口到其他市场。因此,它引领市场的机会众多且空间巨大。这意味着先锋领航集团拥有光明的未来,为像我们今天教室里这样才华横溢、积极进取的年轻人提供了巨大的机遇。"

佩罗德转向一名学生,问道:"菲尔,你觉得呢?"

"事实上,我已经接受了一家大型对冲基金公司的工作邀约。"

"恭喜你,菲尔。你呢,南希?"

"我上周已经决定去一家私募股权公司了。"

"艾利森?"

"我已经接受了一家精品投资银行的工作邀约。"

这门课程的节奏一直很快,充满了热烈的讨论,教授最后经常会抛出一个具有挑战性的问题或困境,供学生们课后思考。但这一次,当佩罗德教授问"难道没有人愿意去先锋领航集团吗?"的时候,讨论似乎要草草收场了。

巴克利举起了手。"你们很多人可能知道,过去两个夏天我都在先锋领航集团工作,我还会再回去,不仅仅是为了一份工作,而是为了一份事业。我想用本堂课剩下的两分钟告诉大家原因。"巴克利心平气和地列举了他的理由,以及这些理由如何与他在先锋领航集团看到的核心价值观相契合,这些价值观深深地吸引着他,让他对自己的决定充满信心。

他讲完后,现场出现了一阵短暂的沉默。然后同学们爆发出雷鸣般的掌声。[1]

布伦南深知"指路明灯"在任何一位未来领导者的成长过程中都至关重要,并决定亲自为巴克利扮演这一角色,支持他的成长,不急于催促他。巴克利将有充足的时间深入了解公司,并让公司认可他的领导才能。第一步是在 1991 年,巴克利担任杰克·博格的助理,以深入了解先锋领航集团的核心价值观,并赢得博格的信任。1998 年,他被晋升为主管,2001 年成为首席信息官,全面负责信息技术部门的管理工作。该部门对先锋领航集团的未来至关重要,是先锋领航一直努力追赶竞争对手的领域。同年,他加入了全球投资委员会。2006 年,他轮岗到重要的个人投资者零售部门担任董事总经理,并在 2013 年成为首席投资官。作为其领导力培养计划中的一部分,他还于 2011 年至 2017

年担任费城儿童医院的董事会主席。巴克利在集团内部多个部门和集团外部都积累了丰富的经验，向董事会和整个先锋领航集团展现了他的领导才能。2017 年，他成为总裁职位的不二人选，一年后接替比尔·麦克纳布担任首席执行官。

在担任首席执行官的第一年，巴克利"什么都没做"。这是他有意为之。他利用这一年与所有高级管理人员和崭露头角的初级管理人员进行了多次一对一会面，评估他们当前和未来的潜力，建立更密切深入的关系，让他们有机会慢慢了解他。然后，他准备好开始展现领导力。

> 他利用这一年与所有高级管理人员和崭露头角的初级管理人员进行了多次一对一会面，评估他们当前和未来的潜力，建立更密切深入的关系，让他们有机会慢慢了解他。

在第一年之后，他对董事会进行了重要调整，增加了多样性，并为这个已经很出色的团队增添了强大的助力，其中包括施乐公司前副总裁埃默森·富尔伍德、宾夕法尼亚大学校长埃米·古特曼、康明斯公司退休总裁约瑟夫·洛克雷、佩罗德教授和康宁公司前总裁彼得·沃拉纳基斯。新董事包括圣母大学著名前首席投资官兼副校长斯科特·马尔帕斯、美国卫报人寿保险公司董事会主席兼前任首席执行官迪安娜·马丽根、财政部前副部长兼美联储理事会成员萨拉·布卢姆·拉斯金，以及 IBM 前首席财务官兼高级副总裁马克·洛克里奇，后者成为先锋领航集团的首席独立董事。洛克里奇定期召集 10 位独立董事开会，通常与高级管理人员一起。有些会议巴克利会参加，有些则不会出席，巴克利是先锋领航集团唯一一位非"独立"董事。

董事会与高级管理团队的合作方式发生了重大变化。过去，公司采用的是传统的常规模式，就像现在大多数董事会一样，管理团队进行精心准备的汇报，董事们提出几个问题，得到合理的回答后便批准提案。但在先锋领航集团，现在这种传统模式让位于董事和高管之间无拘无束的讨论。所有人都认为新的模式更具吸引力，能激发出更多的创意，并做出更好的决策。一小群董事经常对他们感兴趣的问题进行深入探讨，例如潜在的战略举措、新的技术倡议或与其他组织的合作机会。因此，即便是在提案的早期阶段，董事们也能对先锋领航集团的前瞻性策略产生重大影响。

巴克利解释说："合作伙伴关系可以加速我们改进客户服务的进程。长期以来，我们在投资管理、技术和客户服务等领域成功汲取了世界一流的外部专业知识。"[2] 在巴克利的领导下，先锋领航集团很快宣布了两项重大的新合作。

私募股权是一个蓬勃发展的投资领域，但先锋领航集团从未涉足，背后的原因有很多，包括流动性不足、缺乏每日定价、资本长期锁定以及难以评估管理者等。这种情况在 2020 年发生了变化，先锋领航集团选择全球私募股权公司汉柏巍作为其私募股权和风险投资的战略合作伙伴。低费率再次成为一个重要的差异化因素。最初，这项新服务仅限于承诺资金至少 2 000 万美元的机构投资者，不过先锋领航集团在首次公告该项目时就表示，预计会随着时间的推移扩大合作范围至更广泛的投资者群体。不久之后，个人投资者和"家族办公室"也可以按照 200 万美元的

第十六章 蒂姆·巴克利的战略转型

承诺资金进行投资了。私募股权业务比预期的更成功。首只先锋－汉柏巍基金的募集金额接近预期规模的两倍，一只新基金随后被推出。

先锋领航集团和汉柏巍都倾向于保守经营，将自己视为终身雇主，且均实现了显著的发展。35年来，汉柏巍积累了超过700亿美元的管理资产。该公司拥有600名员工和125名专业投资人士，分布在欧洲、亚洲和美洲各地。该公司已承诺向新成立的基金投资超过400亿美元，完成了240亿美元的二级市场收购，并直接向运营公司投资了170亿美元。汉柏巍是一家经验丰富且具备广泛能力的成熟组织，拥有经过历代领导层更迭的强大企业文化，并与世界一流的私募股权和风险投资经理建立了广泛的关系。

实际上，考虑到其规模和多元化，期望汉柏巍拥有前25%的顶级业绩并不现实。这不是汉柏巍的目标，也不是先锋领航集团的目标。汉柏巍旨在成为一家可靠的、高于平均水平或处于第二梯队的私募股权投资管理公司，并与多元化的机构投资者群体和各种私募股权投资经理建立长期的良好关系，业务遍及全球。

这一战略合作既是进取性的也是防御性的。机构投资者和富裕个人一直在加大对私募股权的投资，而先锋领航集团未将这一主要资产类别纳入其产品线，已经成为其发展大型投资者业务的障碍。增加私募股权业务有助于保留可能因缺乏这一资产类别而选择离开的现有大客户。对汉柏巍来说，与先锋领航集团的合作提供了一个可观的潜在增量资金来源：先锋领航集团的客户。

通过在世界各国市场进行广泛的多元化投资，在基金推出的"特定起始"年份，在不同投资类型方面，以及在汉柏巍众多的投资经理的管理下，这种合作有望随着时间的推移实现高于平均水平的投资回报。私募股权投资始终充满挑战,不同管理公司的投资业绩差异很大,而业绩最优异的投资经理通常不对新投资者开放。获取优质新基金的竞争非常激烈。私募股权投资者已经认识到,识别实力雄厚的普通合伙人是长期成功的关键。

> 私募股权投资者已经认识到,识别实力雄厚的普通合伙人是长期成功的关键。

当然,另一项要求是以优惠或低廉的价格获取投资。私募股权管理公司过去的强劲回报吸引了大量资金流入。其结果是,截至2021年初,私募股权基金从投资者那里筹集到但尚未投资的资金达到了惊人的8 410亿美元。[3] 美国投资委员会报告称,在过去的10年里,私募股权的总体回报率仅比标准普尔500指数高出0.5个百分点,为14.2%,而标准普尔500指数为13.7%。[4] 这一超额回报对那些放弃流动性和控制权10年或更长时间的投资者来说,只能算是微薄的补偿。因此,先锋领航集团在选择管理公司并确保投资者了解条款(包括基金中使用杠杆来提高回报)方面的成功更加重要。

科技可以改变业务成本,先锋领航集团一直在寻找进一步削减成本的机会。2020年7月,先锋领航集团宣布了与印孚瑟斯的另一项重要合作,印孚瑟斯将为先锋领航集团引领业界的1 500个确定供款型养老金计划提供基于云计算的记录保存服务。[5]

印孚瑟斯总部位于印度,在美国拥有大量运营业务,近40年来帮助46个国家的组织进行数字化转型。该公司集人工智能的专业知识、大规模运营以及极低的运作成本于一体。为了表明此次合作的重要性，大约 1 300 名先锋领航集团员工在投资者部门前董事总经理玛莎·金的带领下，搬迁到了先锋领航集团在莫尔文、夏洛特和斯科茨代尔办公室附近的印孚瑟斯办公点。[①] 用巴克利的话说："与印孚瑟斯的合作将帮助我们改变退休金行业，造福所有投资者。"

印孚瑟斯总裁莫希特·乔希表示："我们的云计算平台将为行业设立新的标杆，我们致力于使用尖端数字技术大幅提升计划参与者和发起人的退休储蓄体验。此次合作将使用云计算平台，为近 500 万名计划参与者和 1 500 名计划发起人保存记录。"

印孚瑟斯与世界上许多规模最大、最顶尖的头部金融服务组织合作，合作对象涵盖了美国前 20 的退休金服务提供商中的一半以上。访问其在班加罗尔的总部时，人们总是对那里维护良好的绿色草坪和现代化建筑印象深刻，这些建筑上都醒目地标识着其中员工所服务的公司名称，包括高盛、摩根士丹利、瑞银集团、美国运通、维萨等。印孚瑟斯成立于 1981 年，仅以 250 美元初始资金起步，到 2020 年时营业收入已飙升至 135 亿美元，市值超过了 800 亿美元。

先锋领航集团决定将记录保存业务外包主要出于两方面的战略考虑。如果由先锋领航集团管理层自己完成这项工作，将需要投入大量时间和人才以实现预期的大规模转型。他们的判断

[①] 并非所有人都信服。在"博格信徒"论坛上，怀疑者质疑 1 300 名员工中有多少人在一年后还会留在工作岗位上，同时担心工作岗位会从美国转移到印度。

是，最好将这些资源投到其他优先级更高的事项上。通过采用印孚瑟斯成熟的云计算技术，先锋领航集团几乎可以立即跃入该技术的前沿。

2021年10月，先锋领航集团在持续降低成本的道路上走偏了一次。公司内部员工对此反应强烈，蒂姆·巴克利很快撤回了之前宣布的决定。事情的起因是，先锋领航集团原计划取消一项医疗保健福利。该福利允许每位40岁以上的员工每年累积5 500美元的信用额度，配偶可获得一半的信用额度。退休后，在先锋领航集团工作至少10年且年满50岁的员工可以使用这些额度报销75%的医疗保险费。作为取消该福利的补偿，先锋领航集团将向符合条件的员工一次性支付4万美元，但一些资深员工已经累积了超过10万美元的信用额度。[6]

4天后，巴克利通过电子邮件和视频向在职和退休员工致歉，承认"我们知道我们做得不好"。原有福利政策将继续适用于所有退休员工以及在2022年底前退休的员工。对于其余员工，任何已累积的福利将被冻结在当前水平。

目前，作为蒂姆·巴克利领导下的重大变革之一，先锋领航集团正在将其核心主张从低成本的自助式投资产品转向定制化的增值投资顾问服务。这一转变得益于人工智能和其他技术的显著进步，以及公司巨额的资本投入。随着巴克利及其团队将更多注意力放在投资顾问业务上，先锋领航集团将进行战略转型，给投资行业带来颠覆性挑战。这一转变有望比其过去推动的低费率模式给投资者带来更多实质性益处。

PART FOUR

第四部分

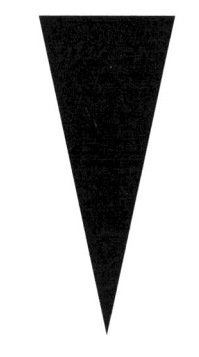

引领与创新

第十七章

顾问业务

CHAPTER 17

作为首席执行官，发展投资顾问业务是蒂姆·巴克利的首要创新任务。先锋领航集团正全力以赴，投入大量财力和创意人才，探索利用前沿科技为投资者提供定制化顾问服务的新方式。这种转变恰逢其时。

事实上，先锋领航集团同其他大多数投资公司一样，都迟迟没有意识到优质顾问服务在投资者整体体验中的重要性。这种迟缓部分是由于公司的发展历史。在"酒香不怕巷子深"的早期，先锋领航集团依靠的是那些被超低费率吸引而来的自助式个人投资者。投资顾问业务因人而异，传统上属于劳动密集型服务，因而成本高昂，且难以规模化。因此，顾问服务自然发展得相对较慢。

虽然先锋领航集团致力于提供优质服务，但其大多数客户都属于中等收入群体，与一些竞争对手提供的个性化高端服务相比，他们期望为之付费的服务类型明显更加简单。例如，富达为富裕客户的家族办公室提供 800 号段的直拨热线和专门的联系人，更重要的是，他们有一支擅长解决降低健康保险费用等衍生问题的专家团队。富达还可以整合家族办公室间相似的需求，以争取获得更低的成本或更好的服务。

作为提供顾问服务的第一步，先锋领航集团于1993年推出了一款基于个人计算机的软件包，协助投资者进行退休规划。一年后，它又推出了生活策略基金。这是4只基金中的基金，提供4种一般风险水平的预先配置资产：固定收益型、保守增长型、稳健增长型和激进增长型。然而，这些"一刀切"的基金不可避免地会忽略人们在财富、预期寿命和市场风险态度等方面的诸多差异。

无论是杰克·博格还是杰克·布伦南，他们都未能找到一种方式，让个性化顾问服务对投资者和先锋领航集团来说具有成本效益。随着信息技术的飞速发展，这种情况正在发生变化，比尔·麦克纳布越来越关注顾问服务，而蒂姆·巴克利则给予更大程度的重视。回顾过去，布伦南希望自己当初能够更大胆一些。

正如沃伦·巴菲特在谈及投资时所说的那样，为每个投资者提供投资建议"很简单，但并不容易"。首先，要为每个投资者明确切实可行的目标，并按优先级排序。即使是"足够的退休金"这样的量化目标，也难以明确界定。而像"更高的风险"或"更低的风险"这样的定性目标就更难以量化了，确切的数值有很大的上下浮动空间。其次，要明确每个目标的实现时间。这两个步骤的结合有助于明确每年需要采取哪

> 正如沃伦·巴菲特在谈及投资时所说的那样，为每个投资者提供投资建议"很简单，但并不容易"。

些行动（尤其是储蓄）才能实现目标。这就是"简单"的部分。接下来是"不容易"的部分，帮助投资者真正完成储蓄并坚持计划，即使市场表现出令人不安、略带挑衅的波动。

对大多数上班族来说，从传统的固定收益养老金计划向401（k）计划的转变，意味着将决策责任从公司总部的全职专家转移到了个人身上，而个人通常没有时间、专业知识储备或兴趣去掌握复杂的投资知识。许多人也缺乏客观的态度，无法对长期投资做出始终如一的理性决策，往往采取"放任自流"或"保持现状"的策略。大多数大型金融公司提供的"建议"实际上都是为了让投资者购买高成本、低价值或两者兼而有之的服务和产品，当然，这也是为什么它们会被包装在"建议"的外衣之下。

先锋领航集团融入了投资建议的产品，如生活策略基金和后来的目标退休基金，帮助客户选择低成本、低换手率且税收优惠的指数基金和交易所交易基金，选择一套严谨规范的长期投资方案。鉴于我们大多数人都不是投资专家，如果我们能从值得信赖的专业投资人士那里获取明智建议并持之以恒，我们会取得更好的结果，通常是好得多的结果。

在20世纪60年代和70年代，"跑赢市场"是投资者的主要目标。在那个与今天截然不同的股市中，主动投资（选股）似乎是提高回报的明智之举。关于长期投资的策略建议被搁置一旁。可悲的是，大多数投资者接受了广为宣传的"超额收益"的可能性，却忽视了实现这一目标的统计数据越来越低、希望越来越渺茫。此外，随着投资者越来越多地追逐表现更好的"明星"经理，管理费随之上涨，随着时间的推移，管理费涨了一倍多。

第十七章 顾问业务

关于投资的严峻现实

- 行为经济学家的研究表明，我们中有 80% 的人认为自己作为投资者高于平均水平。

- 大多数人没有书面的投资计划。

- 虽然我们大多数人都知道可以在 62 岁申领社会保障金，但我们不知道，如果等到 70 岁再领取会额外得到多少。这远远超过了大多数金融人士估计的 25%～30%。对我们大多数人来说，这是一生中最重要的投资决策，但我们往往不知如何明智抉择。推迟 8 年领取，我们所获得的福利将会增加 76%。[1]

- 大多数人认为投资管理费很低。

- 大多数人在估计投资回报时，都忽视了通货膨胀的影响。

- 大多数人在股市大跌时冲动抛售，在股市大涨时急于增持，即使我们知道应该反其道而行之。股票可能是唯一一种我们在"降价促销"时避之不及的商品，也是唯一一种我们在价格上涨时争相购买的商品。

- 在决定资产配置时，我们往往会忽略这样一个现实，即我们大多数人实际上都是非常、非常长期的投资者，通常是从 20 多岁到 80 多岁。我们的退休储蓄要在今天的喧嚣过去很久后才会被使用。

- 我们常常会犯"非受迫性失误"，导致我们的回报率比公募基金的回报率低 20%～30%。

管理公司的资产规模和费用随着新业务的拓展和市场上行而飙升，管理公司及从业者的收入再次攀升。这些丰厚的经济回报以及主动投资这项始终有趣的工作带来的非经济回报，吸引了大批有能力的竞争者。业绩出色的公募基金、对冲基金和其他拥有精密计算机的机构投资者，将任何"表现不佳"的参与者赶出了市场。股票市场中机构投资者交易占比从 10% 提升至 90% 以上。几乎所有专业人士都在同一时间知道几乎所有相同的信息，他们必须与其他专业人士进行买卖交易。市场价格迅速反映了专业人士已知的一切信息。大多数主动基金经理在扣除管理费和运营成本后，无法跑赢其锚定的市场基准。在过去的 15 年里，89% 的美国主动管理型基金的表现逊于其选择的基准，而且提前识别出表现优异的 11% 几乎是不可能的。更糟糕的是，过去 10 年的赢家往往会在下一个 10 年中成为输家。

> 几乎所有专业人士都在同一时间知道几乎所有相同的信息，他们必须与其他专业人士进行买卖交易。市场价格迅速反映了专业人士已知的一切信息。

即使是乐观主义者也必须承认，过去奏效的方法今天已不再适用。促成这种不利转变的变革力量不太可能逆转，更不可能在足够长的时间内逆转到足以让主动投资再次成为对客户有利可图的游戏。

先锋领航集团在主动投资方面的目标不在于击败市场，而在于帮助客户避免遭受更大的损失。虽然先锋领航集团经验丰富、技术娴熟的"经理人中的经理人"团队的表现通常优于其他大多数主动基金经理，但平均而言，他们并没有跑赢指数基准。跑赢大盘的主动管理型业务前景有限，因此，在投资规划方面提供个性化的合理建议，是投资者实现长期投资成功的最佳途径。

先锋领航集团在两种产品上越来越成功：

- 融入了投资建议的产品：先锋领航集团率先推出具备明确特征与目标的生活策略基金。该基金不仅费用低廉，而且形式多样、简单便捷，让投资者能够自信地做出合理选择。
- 量身定制的服务：先锋领航集团根据投资者的资产、年龄、收入等因素，为投资者提供定制服务，以满足客户的特定目标。

自成立时起，生命策略基金的费率就远低于竞争对手的，仅为其 1/3，并且投资配置也与众不同。对于每个人生阶段，先锋领航集团推荐的股票配置比例通常比其他基金高出 10% 以上，国际股票配置比例则高出近 5%。配置更多股票的结果是，选择先锋生命周期产品的投资者可能会在短期经历略微更多的波动，但从长远看，资产增值更为显著。先锋领航集团在市场上广受欢迎，使其在生命周期基金领域赶超竞争对手。3 年后，也就是 1997 年，先锋领航集团在此类资产管理规模的排名中跃居第三。

2003 年，先锋领航集团推出了目标退休基金。这类基金旨在满足投资者年满 65 岁时的退休需求。随着投资者年龄的增长，资产配置会逐渐从股票指数基金转向债券指数基金和现金。例如，对40岁的投资者而言，基金可能会提供60%的股票和40%的债券的投资组合；但对50岁的投资者来说，推荐的配置比例是股票和债券各占50%；而对70岁的投资者来说，则是70%债券和30%股票的组合。遵循这种传统的分配比例，有助于抵消一个人随着年龄的增长可预测的未来劳动收入净现值下降的情况。此外，由于股票收益具有"均值回归"的特性（即长期来看会趋于平均水平），其长期回报相比短期回报波动性更小、不确定性更低。

当然，这些计算并未考虑通货膨胀对实际回报的影响，也没有考虑个人可能持有的其他资产，例如房产、社会保障福利或65岁以后继续工作等因素。它们也没能为计划参与者提供了解股票市场本质的教育机会，以便减少他们的不安情绪。尽管如此，目标退休基金对大多数人来说仍有意义，它免除了参与者年复一年的管理职责，如在股市和债市价格波动时重新平衡投资组合的资产配置，或者在市场大幅变动时坚持计划，这些都是他们通常不想承担的责任。

目标日期基金（业内通常的称谓）最初是作为401（k）计划参与者不确定如何投资年度缴款时的"默认"选项而推出的。许多401（k）计划参与者默认将资金投入货币市场基金，这对于简单的储蓄来说是可行的，但对于退休基金的长期投资来说却不可取。虽然通用的"大众化"解决方案可能并不完全适合每位投资者，但一个随着年龄增长而调整资产配置的知名标准化解决方案对大多数人来说比完全没有计划要好得多。

降低服务大型投资者成本的努力有时可能会出现偏差。目标日期基金是为拥有401（k）计划或其他延税账户的投资者而设计的，但一些投资者却在应税账户中持有它们。2021年，先锋领航集团将其费率最低的目标日期基金的最低投资额从1亿美元下调至1 500万美元，许多机构立即将资金从其他产品转入其中以享受更低的费率。这迫使先锋领航基金出售大量证券，给一些应税投资者带来了巨大的意想不到的税务负担。一些愤怒的股东（投资者）振振有词地辩称，先锋领航集团本应更明确地警告投资者，不要在应税账户中持有这些基金。2022年7月，先锋领航集团与马萨诸塞州证券监管机构达成和解，同意支付约600万美元，其中大部分将作为赔偿返还给该州符合条件的投资者。[2]

1996年，先锋领航集团进入了个人投资顾问和财务规划业务领域。当时杰克·布伦南表示："我们现在能够为长期以来一直在寻求帮助的个人投资者、退休计划参与者和独立财务规划师提供服务，帮助他们制订个人投资计划的关键组成部分。"

先锋领航集团推出了"先锋个人顾问服务"。先锋领航集团的投资顾问会审查每位客户的整体财务状况，包括投资目标、支出需求和风险承受能力，并据此在最多10只低成本先锋领航基金中为客户确定资产配置。投资顾问服务的费率被设定为最高每年0.50%，在先锋领航集团投资超过50万美元的投资者还享有费率递减优惠。投资规划服务包括对客户投资组合的一次性审查，以及资产配置和基金建议。退休规划服务则提供了对客户退休财务需求的详细分析。遗产规划服务寻求在其他策略的基础上最大限度地提高遗产和赠予税减免。先锋领航集团的

"个人信托服务"部门作为受托人,为建立各种类型的信托提供专业协助。

布伦南强调了先锋领航集团的低成本特征,"我们正在为这类服务设立成本效益的新标杆"。他还强调,先锋领航集团无意与提供全方位服务的财务规划师竞争。"我们的重点是通过电话,为现有的投资者提供便捷的精选服务,这与传统规划师提供的面对面全方位服务截然不同。"[3]

先锋领航集团不断推出新的顾问服务。1998 年,它为快速发展的 401(k)计划业务引入了交互式退休规划软件。3 年后,它与诺贝尔经济学奖得主威廉·夏普的金融引擎公司合作,为资产规模达 10 万美元的客户免费提供在线投资组合管理服务。2006 年,先锋领航集团简化了最初的顾问服务,并将其命名为"先锋财务规划"(VFP)。这项服务的主要内容是由注册理财规划师为资产规模 10 万美元以上的投资者制订一份 10~20 页的计划。

随后,公司开发了先锋资产管理服务,提供持续的财富管理、信托和遗产规划服务。该项目的目标客户是那些关注焦点逐步从积累财富转向为未来保值增值的投资者。顾问将帮助客户明确目标和投资偏好。虽然这项服务旨在以低成本提供专业的投资组合管理、成熟的解决方案和值得信赖的个性化服务,但它的最低投资门槛相对较高,而且按照先锋领航集团的标准,收费也相对较高。个人最低投资资产为 50 万美元,机构为 100 万美元。年费按照管理资产规模计算,最低为 4 500 美元。

2015 年 4 月,在卡伦·里西的领导下,先锋领航集团推出了一项将传统的人工服务与基于网络的顾问和投资模型算法相结合的投资顾问服务。[4] 这个名为"先锋个人顾问服务"（PAS）的项目，仅限于提供先锋领航集团的产品，并侧重于指数基金和 ETF。其费率仅为资产的 0.3%，对于超过 500 万美元的账户，费率还会进一步降低。先锋领航集团最近将其 PAS 部门的专职投资顾问数量从 300 人增加到 1 000 人。所有顾问都领取工资和奖金，而不是通常的佣金（佣金会鼓励交易）。同时，公司还投资 1 亿美元以打造一个动态的网络界面。

"我们希望将我们的使命传递给更广泛的受众，"里西解释说，"当我们分析为什么会流失个人客户时，我们发现是因为他们觉得我们提供的顾问服务不足。我们认为，仅仅改进现有的顾问服务是不够的。我们希望彻底重塑顾问服务，成为行业的颠覆者。有时，媒体会误解我们的个人顾问服务。有些人认为我们开发它是为了应对新型机器人顾问。[①] 但事实并非如此，完全不是。PAS 业务早在几年前就已经在筹划中了。"

她继续说："科技使我们能够以越来越低的成本为更多人提供顾问服务，这就是飞轮效应。一些投资者希望与投资顾问合作，在人生的重大转折时期（例如结婚或购买新房），投资顾问可以让他们对自己的投资选择感到安心。我们的投资者也担心退休储蓄和提取率……我们希望我们的服务极具成本效益。在设定费率时，我们的参照物是行业的平均费率，即 100 个基点。我们进行了一些焦点小组访谈，发现人们实际上只愿意支付 25~40 个基点。因此，我们将费率定为 30 个基点，不到 100 个基点的

---

① 新型机器人顾问旨在提供数字化财务管理或建议，尽可能减少人工干预。

1/3，因为我们相信，如果我们严格进行客户细分并提供高效的虚拟体验，我们就能凭借飞轮效应在低价位实现经济效益。规模是科技的关键，反之亦然。"[5]

如果投资者充分了解成本与价值之间的关系，那些提供传统顾问服务并收取 100~120 个基点的竞争对手将无法与先锋领航集团竞争。基于个人魅力、信任纽带以及大量非投资管理服务的传统"劳动密集型"高成本模式，不具备可扩展的规模效应。科技是实现规模效应的关键，它能够削减成本并降低费用。事实上，顾问费用正在下降。

里西的团队拥有 6 500 名员工，其中包括 1 000 名注册理财规划师，为先锋领航集团除 401（k）计划以外的 800 万个人投资者提供潜在服务。这对增值顾问服务来说是一个庞大的潜在市场。她的关注点是那些适合自动化与规模化、能够吸收资本成本并能从加速的技术进步（如人工智能）中受益的服务和组件。在诸如开户或将账户从其他机构转移到先锋领航集团这样的常规工作中，自动化已经发挥了重要作用。

大约 2/3 的注册理财规划师是从先锋领航集团其他部门调来的。其余的是从前的注册投资顾问，他们不喜欢仅仅以开户为导向的销售工作，而是喜欢与投资者合作，帮助他们确定真正的长期优先目标，并协助客户制订实现目标的计划。

确定适当的个性化建议是一项复杂的工作，但先锋领航集团认为，可以在不将投资者卷入每个细节的情况下，将这项工作纳入流程。就像瑞士手表一样，其内部非常复杂，但用户只需看一眼表盘就能知道时间。顾问可以一步步引导个人投资者做出决策，并帮助他们扣动扳机，采取适当的行动。关系的建立是通过长期保持信任、明确每个客户的问题或机遇,以及设计最佳解决方案来实现的。

推动 ETF 和指数基金需求增长的主要力量并非来自个人投资者,而是来自理财顾问。由于 ETF 和指数基金费率较低且易于管理,理财顾问会引导投资者选择这类产品。除了服务现有的先锋领航集团客户,里西的团队还通过 3 个主要渠道与外部顾问合作:注册投资顾问、像恒达理财那样的区域性证券公司,以及像摩根大通那样的全国性机构。

> 关系的建立是通过长期保持信任、明确每个客户的问题或机遇,以及设计最佳解决方案来实现的。

与注册投资顾问的合作已成为先锋领航集团另一个以顾问为导向的部门财务顾问服务部(FAS)的重要业务渠道。该部门由先锋领航集团资深高管汤姆·兰普拉领导,专注于为注册投资顾问和其他拥有全国销售力量的金融中介机构提供服务,帮助他们通过费率较低的 ETF 为个人投资者提供具有成本效益的顾问服务。这一理念的核心在于,注册投资顾问过去那种"跑赢市场"的使命正在变得越来越难以实现。理财顾问被鼓励减少对主动管理投资组合的关注,不再试图跑赢市场,而是更多地关注以关系为导向的服务,如财务规划、制订定制化的长期投资计划和"行为指导",即指导客户如何坚持其定制的最佳投资计划。

财务顾问服务部将其帮助顾问提高客户回报的过程称为"顾问阿尔法"流程。该流程始于制订投资计划,显然,即使是简单的计划也比没有计划好。"没有计划，就是计划失败"已经成为先锋领航集团传递该理念时的便捷口号。在帮助客户制订计划的过程中，顾问可以获得重要信息，使双方更容易聚焦于客户的主要目标。

理解决策背后的情感驱动因素，通常是理解每位客户并进行有效行为指导的关键。先锋领航集团的关注点是"客户生活中的重大事件，而不是财经新闻中的头条"。我们都喜欢那些关注我们如何进步的教练，而不喜欢被当面指出错误。在作为"行为指导教练"帮助客户实现更多最重要的个人目标时，注册投资顾问被鼓励更多地庆祝客户的收益和进步。

在争夺财务顾问业务的竞争中，服务至关重要，因为各家公司提供的产品非常相似。先锋领航集团拥有一个专门为财务顾问服务的网站，并在网站上推广"顾问阿尔法"流程，展示顾问可以通过哪些具体的方式帮助客户在市场波动中坚持计划，从而实现子女大学学费或退休保障等长期目标。先锋领航集团的研究突出了获取业务的机会，例如，调查显示，69%拥有超过500万美元资产的投资者尚未制订财务计划。

先锋领航集团试图对"顾问阿尔法"进行量化，测算良好的建议可以在多大程度上提高回报。虽然具体的数字很容易引起争议，这显然会因个人投资者和市场环境的不同而异，但先锋领航集团在测算中强调的"顾问阿尔法"的组成部分和幅度似乎是可信的，特别是当你了解未经指导的投资者通常会犯多大的错误时。估计每年增长3%的总价值可能过于乐观，但这些假设总体上符合投资者的经验和实际成本（可参见表17-1）。

表 17-1 量化"顾问阿尔法"

项目	预计增加价值
资产配置建议	0~0.75%
资产配置再平衡	0.35%
退休后支出策略	1.10%
注册投资顾问指导	1.50%
"顾问阿尔法"总计	约3%

先锋领航集团的销售人员遍布全美，为超过 1 000 家财务顾问公司提供服务，这些公司管理着超过 3 万亿美元的投资者资金。3 个要素结合在一起，即技术、客户专业知识和投资专业知识。由于先锋领航集团的 ETF 和公募基金费率较低，这就为财务顾问的费用留出了更多空间。随着先锋领航集团不断获得消费者的认可，越来越多的顾问客户了解并信赖先锋领航集团，尤其是在投资其 ETF 时。先锋领航集团对财务顾问开放其技术工具，允许顾问以自己公司的名称标注并以新的方式与客户合作，从而增加他们的收入。

2021 年 7 月，为了践行对顾问服务的承诺，先锋领航集团完成了其史上的首次收购。Just Invest 是一家新兴的小型公司，它帮助注册投资顾问为拥有特定需求的投资者"直接定制"指数投资组合，如排除枪支制造商或石油公司股票，或关注特定的 ESG（环境、社会和治理）股票。由于现在可以进行零股交易，且新技术使低成本甚至免费的定制自动化成为可能，基金经理可以经济高效地提供定制服务。在税收损失冲抵的另一个应用中，投资者可以通过出售亏损股票来抵销应税收益。市场预计对直接指数化的需求将会激增，贝莱德在 2020 年底以 10.5 亿美元收购了直接指数化公司 Aperio。虽然先锋领航集团没有做出具体承诺，但该技术也可能用于服务个人投资者。

注册投资顾问的增值服务一方面在于与每位投资者建立信任，另一方面在于为复杂的个人问题找到最佳解决方案。解决每位投资者一生的"金钱难题"是一个错综复杂的多变量问题，涉及诸多相互影响的不确定因素，包括可用时间、可支配收入和储蓄、未来投资回报、退休日期、对昂贵医疗保健或辅助生活的不确定需求、投资者的慈善愿望、退休期间回报以及确定适合退休提取额的复杂预测，还有许多投资者的其他需求或愿望。这类问题对人类来说难以处理，但先进的算法却可以随时以低成本快速解决，而且不会像人类那样不愿意随时重新调整整个解决方案。

鉴于这一机遇的巨大前景，先锋领航集团期望成为这一领域的领导者，致力于为数百万个人投资者和与其建立信任的众多财务顾问开发算法投资建议。在首席执行官蒂姆·巴克利的领导下，先锋领航集团将顾问服务作为其前沿战略，这充分体现了其在服务个人投资者方面努力保持投资管理行业领导地位的决心。

第十八章
划定边界

CHAPTER 18

　　海蒂·斯塔姆长期担任先锋领航集团的法律总顾问，她在与美国证券交易委员会的互动中遇到了一个棘手的问题。这个问题长期存在，但她几乎无能为力，只得学会忍受它。这个问题虽然简单，却颇具讽刺意味。美国证券交易委员会的工作人员和委员们认同先锋领航集团为普通投资者争取公平待遇、在股东沟通中保持坦诚以及降低费用的努力，但由于担心开了先例可能对其他传统的基金公司产生影响，他们并不总是允许共同所有权下的先锋领航集团推进新的举措。斯塔姆解释说："先锋领航集团高度重视投资者，我们的实践与美国证券交易委员会保护投资者的使命高度一致。在一系列问题上，我们一直领先于行业。"

　　作为法律总顾问，斯塔姆负责提供关于"预见未来"的建议，以保护先锋领航集团免受未来监管变化或潜在诉讼的影响。唯一可靠的方法是保持简单并始终做正确的事情。在先锋领航集团这样以价值为导向的组织中，这是自然而然的事。在与美国证券交易委员会或任何其他监管机构合作时，斯塔姆建议：

"没有必要采取对抗态度。我们都希望得到对投资者最有利的结果。"[1]

随着时间的推移，先锋领航集团通过多种途径支持监管机构推动行业稳步改进：

- 1997年，美国证券交易委员会主席阿瑟·莱维特担心投资者无法从公募基金的招募说明书中充分获取信息，因此邀请业界研究此事并提出建议。主要建议是显而易见的，由防御性律师精心编写的冗长、详尽的招募说明书晦涩难懂、令人费解。委员会建议采用简化版的4页文档，清晰地呈现所有真正重要的信息。

- 先锋领航集团一贯遵循与客户坦诚沟通的传统理念，大力支持优化信息披露，使用清晰的费用表和"特别关注"专栏，以引起读者对特别重要事项的注意。先锋领航集团尽力避免使用法律术语，尽管一些竞争对手似乎正在使用它们来混淆视听。

- 监管机构致力于推动完善公募基金的治理规则，特别是要求基金董事会中绝大多数为独立董事。先锋领航集团历来只有一两名员工担任董事会成员。比尔·麦克纳布担任总裁后，加入了董事会。后来，当麦克纳布接任董事长一职时，杰克·布伦南便从董事会辞任。如今，除麦克纳布外的所有董事共计9名，均为独立董事。

- 先锋领航集团降低了行业成本。所谓的"先锋效应"正在发挥作用。当先锋领航集团以低费用进入一个新市场时，竞争对手会迅速降低费用。近年来，越来越多的投资管理公司采取了这一做法。先锋领航集团的价格主导地位为投资者节省了数十亿美元。

斯塔姆说:"委员会如果正在审查新制定的规则,通常会征求先锋领航集团的意见,以确保新规则合理可行,因为他们知道先锋领航集团始终坚持做正确的事情。让我稍微纠正一下这句话。在我供职于先锋领航集团的 19 年里,我们只收到过美国金融业监管局(FINRA)两次小额罚单,每次 1.5 万美元,涉及的都是些无关紧要的技术细节。其他公司每年会为罚款预留大笔预算,并将违反规则的罚款视为经营成本的一部分。真正的区别在于态度,先锋领航集团始终致力于做正确的事情。当先锋领航集团收到那些小额罚单时,你会看到所有人沮丧失望的表情!管理层非常严肃地对待此事。人们的回应坚实而有力:'这不是我们的作风!'"

先锋领航集团在合规方面一直是积极主动的。例如,法律和合规团队会在新产品开发的初期就介入,以确保公司拥有最佳的合规设计。先锋领航集团是最早采用网络以交互形式向数百万投资者发布有效信息的企业之一。

2009 年,作为法律总顾问的斯塔姆经历了一个特别时刻,当时监管机构正在审查所有货币市场基金在金融危机期间对高风险证券的投资情况。争论的焦点是,一些资产本应相对安全稳定的公募基金使用了 CDO(担保债务凭证)和次级抵押贷款支持证券。货币市场基金是先锋领航集团的主要业务之一,先锋领航集团的货币市场基金都不包含 CDO 或任何有瑕疵的抵押贷款支持证券。当固定收益团队负责人罗伯特·奥韦特尔被召到先锋领航集团董事会汇报货币市场危机的最新情况时,一位董事问道:"罗伯特,你能解释一下为什么我们的基金都不持有这些证券吗?"奥韦特尔回答说:"我没有买它们,因为我不了解它们。我不买任何我不了解的东西。"

> "我没有买它们,因为我不了解它们。我不买任何我不了解的东西。"

2003年9月的一个晚上,斯塔姆在与法律团队进行了一整天的培训后收到一封电子邮件。消息并不乐观,纽约州总检察长艾略特·斯皮策召开了一次新闻发布会,宣布对公募基金公司展开大规模调查。"我跑到公关办公室看电视,"她回忆道,"只见斯皮策声称他的调查将揭露包括先锋领航集团在内的大型公募基金公司普遍存在的掠夺性交易行为。这是无稽之谈,与先锋领航集团的价值观完全背道而驰。在保护投资者方面,我们始终走在前列。多年来,先锋领航集团始终致力于做正确的事情,我们关闭了'热门'基金,拒绝接受会损害回报的短期资金,并收取赎回费以保护长期投资者。"

斯皮策正在调查两种交易行为:一是非法择时,即允许对冲基金对基金交易进行择时,以便换取其他业务机会;二是延迟交易,即允许对冲基金在下午4点后进行交易,但仍以下午4点的价格进行计价。

9月的那一天是接下来几个月紧张局势的开端。当斯皮策和紧随其后的美国证券交易委员会开始发出传票时,斯塔姆知道无论发生什么事情,先锋领航集团都必须抢占先机。每家基金公司都是目标。斯皮策在新闻发布会上点名提到了先锋领航集团，这让斯塔姆感到不安。斯皮策一定是有某种理由才这么做的。

内部审计主管弗兰克·萨特思韦特、法律部的企业和诉讼主管保利娜·斯卡尔维诺以及证券监管团队主管斯塔姆知道，他们必须在斯皮策或美国证券交易委员会之前找到问题，这样他们至少可以在监管机构到来之前解决问题。"我们每天都会面，一天碰头好几次。"斯塔姆回忆道，"我们基本上把公司翻了个底朝天，看看是否有任何问题浮出水面。弗兰克和他的内部审计团队开始进行针对性搜查，以找出任何违规行为的证据。保利娜和她的团队负责回应传票，这些传票要求提供数百页文件，一份传票来自纽约，另一份则来自美国证券交易委员会。证券监管团队正在审查所有交易规则的遵守情况，并与我们的投资组合经理和为客户服务的一线工作人员交流。"先锋领航集团的每位律师和律师助理都工作到深夜，审查可能与斯皮策指控有关的电子邮件。

然后，有人发现了一封来自零售部门代表的电子邮件，该代表向部门负责人提出了一个不寻常的问题。一个潜在客户，即一家对冲基金，希望将大量资金投入先锋领航基金，并询问是否可以在承诺未来进一步投资的前提下，进行比先锋领航集团通常允许的范畴更加频繁的交易。

收到电子邮件后，零售主管显然心存疑虑，立即给当时的首席投资官格斯·索特发了一封电子邮件："格斯，你对此怎么看？"他的回答是："绝对不行，我们永远不会同意这样做。这种做法对基金中的其他股东来说太糟糕了。"

作为律师的保利娜和斯塔姆再高兴不过了。他们拥有了反向的"确凿证据"！先锋领航集团将这封电子邮件链接作为重要证据，提交了传票回复。先锋领航集团再也没有收到纽约州总检察长或美国证券交易委员会关于这些问题的任何消息，也从未收到斯皮策办公室的道歉。显然，交易丑闻的消息来源曾提到先锋领航集团是"其中一家公司"。是的，这家对冲基金曾试图进入先锋领航集团，但先锋领航集团将其拒之门外。

多年后，斯塔姆愉快地回忆道："那对我们来说真是美好的一天。这位代表知道这个要求有问题，而且他并不是那种为了扩大销售规模而盲目同意任何要求的人。零售主管立即意识到问题的存在。我们的首席投资官更关心他对投资者的受托责任，而不是追求管理更多资产。"[2]

虽然许多人仍然称指数投资为"被动"投资，但先锋领航集团跟踪复制了众多市场指数，对从事这项复杂工作的人员来说，指数投资绝对是积极主动的。除了运营工作上的主动性，作为股东，先锋领航集团还在公司治理中发挥着积极作用。

在一次代理投票结束前半小时，先锋领航集团接到一家大型公司首席执行官的紧急电话："我不敢相信你们投票反对我们的董事！这怎么可能对你们产生影响？你们是指数投资！"他的公司在一系列企业治理标准上都未达标，促使先锋领航集团投票反对其董事连任。先锋领航集团认真对待自己作为主要股东和长期股东的角色，代表其投资者（所有者）行使权利。

先锋领航集团通过公开倡议和代理投票，敦促公司董事和管理层关注自身行为是否符合最佳实践。虽然先锋领航集团会公开其投票记录,但坦诚起见,不会透露与个别公司交涉的具体细节。其关注点是那些表现落后的公司,以便提高公司治理的整体水平。

杰克·布伦南早年曾向所有先锋领航集团持股公司的首席执行官致函,讨论公司治理与先锋领航集团作为企业守护者的角色。他在信中阐述了企业治理的重要性,指出良好治理对股东的长期回报至关重要。先锋领航集团通过关注基本原则、公开表达观点、与相关企业互动并公布其政策与投票记录,力图提升业界对良好治理的标准。

> 良好治理对股东的长期回报至关重要。

先锋领航集团将代理投票分为 4 类,并将其作为良好治理的四大支柱:

- **董事会构成**:优秀的董事会是良好治理的基础。我们的主要目标是确保代表全体股东利益的董事具备独立性、能力称职且经验丰富。同时,我们相信,思想、背景和经历的多元化,以及诸如性别、种族和年龄等个人特质的多元化,有助于董事会有效、积极地守护股东的利益。①

---

① 对一个真正致力于多元化的组织而言,10 年前公司高层中有很大一部分人来自同一所大学,即达特茅斯学院,包括布伦南、麦克纳布和索特,而且少数族裔相对较少。另一方面,许多女性如今担任重要职位,而且在布伦南和麦克纳布的努力下,少数族裔在董事会和高级领导职位中明显增多。

- **治理结构**：我们相信，赋予股东权力并确保董事会和管理层问责制的治理结构至关重要。我们认为，股东应该能够通过某些治理和章程条款，对董事进行必要的问责。这些首选条款包括董事应每年由股东选举产生，并且必须获得多数票才能加入或继续留任董事会。
- **风险与战略监督**：董事会有责任对关乎公司核心的实质性风险和长期战略进行有效监督和治理。我们相信董事会应该采用全面、综合和深思熟虑的方法，识别、量化、缓解和披露可能影响股东长期价值的风险。同时，董事会还有责任参与讨论并监督公司的战略方向和目标进展。
- **高管薪酬**：我们坚信，与绩效挂钩的薪酬政策和实践是实现可持续长期价值的基本驱动力。董事会在确定适当的高管薪酬方面发挥着核心作用，这些薪酬应能激励高管取得优于同行和竞争对手的业绩，并应披露这些实践及其与公司业绩的一致性。

正如先锋领航集团在其网站上所述："我们倡导建立能够激励长期超额表现的高管薪酬方案。当股东获得丰厚回报时，高管也应如此；而当股东回报不佳时，高管的薪酬也应朝着同一方向做出调整。与业绩挂钩的政策应激励管理层关注长期价值的创造而非短期目标。董事会应确保公司政策与同行和行业相比是适当的，并且应向股东明确披露任何薪酬计划的细节。"

以股票薪酬为例，先锋领航集团深入分享了其在评估此类提案时将使用的 10 个因素：

同意批准因素：

- 公司要求高级管理人员持有一定数量的公司股票（通常为工资的某个倍数）。
- 公司要求通过股权激励获得的股票必须持有特定期限。
- 薪酬计划包括绩效兑现奖励、指数期权或其他与绩效挂钩的激励措施。
- 对高级管理人员的股权授予应覆盖广泛，避免过度集中。
- 明确将股票薪酬作为现金的替代品，以提供具有市场竞争力的总薪酬。

反对批准因素：

- 所有股票计划带来的潜在总稀释超过公司已发行股份的15%。
- 年度股权赠予超过公司已发行股票的2%。
- 计划允许在未经股东批准的情况下对期权进行重新定价或替换。
- 计划包含期权"重置"条款，允许高管在行使已有的股票期权时，获得新的股票期权。
- 计划包含自动补充股票的永续功能。

先锋领航集团所述的治理支柱可能每一项都很复杂，大多数都是某个行业和公司特有的，不易为局外人完全理解。但经验丰富、勤勉负责、能力卓越的董事会成员可以有效地监督这些方面，特别是如果他们具备必要的信息，并且能够得到理解和尊重董事会重要职责的高级管理人员的积极配合。有证据表明，情况正在好转。标准普尔500指数公司董事会成员中的女性占比已从2014年的19%上升到现在的30%左右；[3] 与绩效挂钩的首席执行官薪酬计划显著增加；经过多数票选举产生的董事增加了一倍多。[4]

由于先锋领航集团在对公司的长期政策存有疑虑时，无法简单地出售其指数基金所持有的股票，只要这些股票仍在指数中，先锋领航集团就必然是其永久的持有者，因此它力求成为一名具有建设性的股东。如今，格伦·布莱姆领导着一个由35名分析师组成的团队，负责公司治理和代理投票工作，相较于2000年的6人团队，团队规模大幅扩大。他们制定政策，并将其传达给指数基金持股公司的高管和董事。先锋领航集团众多主动基金经理的代理投票责任被委托给了这些分析师，因为他们掌握着更详细的信息。

阳光是最好的消毒剂，"我们希望保持透明和积极主动"，布莱姆说。[5] 自2002年旨在保护投资者免受公司财务报告欺诈的《萨班斯-奥克斯利法案》颁布以来，先锋领航集团与公司沟通的数量和质量都有所提高。自2018年以来，先锋领航集团已与1 500家公司进行了直接接触，这些公司规模占其管理资产的75%。在2020年的代理投票季，他们在近半数的交流中讨论了高管薪酬问题。先锋领航集团在国际公司中的参与度有所提高。尽管各国情况存在差异（美国并不总是最先进的），但公司实践正在向全球最佳实践标准靠拢。先锋领航集团鼓励这种趋势，同时认识到公司、行业和国家在许多方面都存在差异。正如布莱姆解释的那样，"我们希望关注真正重要的事，而不是所有事情"。

先锋领航集团致力于为所有投资者发声，而不仅仅是那些依赖其作为投资管理机构的投资者。"如果更好的治理能够产生积极影响，有充分的证据表明确实如此，那么我们的工作将有助于推动所有投资者的结果向更好的方向发展。"

> "如果更好的治理能够产生积极影响，有充分的证据表明确实如此，那么我们的工作将有助于推动所有投资者的结果向更好的方向发展。"

布莱姆说，"我们希望通过我们的努力，让大家的投资表现更上一层楼。"[6]

代理事项有时是由特定事件（如合并）或主题（如性别多元化）驱动的，而一些议题则非常复杂，需要先锋领航集团与特定公司进行"战略合作"。由于大多数代理投票（2019年为168 786次）都是简单的例行公事，因此在关键或困难决策上的分歧看起来并不多。先锋领航集团的投票方式往往与国际股东服务公司等代表"公共利益"的顾问团体相同。当然，情况并非总是如此。例如，2019年，在国际股东服务公司主张赞成某项代理提案时，先锋领航集团有7%投了反对票；而在国际股东服务公司建议反对某项代理提案时，先锋领航集团有9%投了赞成票。表18-1是先锋领航集团在最近两个时期报告的代理投票情况。

第十八章 划定边界　　269

表 18-1　先锋领航集团在最近两个时期报告的代理投票情况

与我们原则一致的情况	提案类型	2020 年 提案数量（个）	2020 年 赞成比例（%）	2021 年 提案数量（个）	2021 年 赞成比例（%）
董事会构成与效能	管理层提案				
	选举董事	61 303	92	64 021	91
	其他与董事会相关的事项	12 285	91	13 134	88
	股东提案				
	与董事会相关的事项	4 034	84	3 869	87
高管薪酬	管理层提案				
	管理层对薪酬的意见	6 757	90	6 807	87
	其他与薪酬相关的事项	10 839	90	12 262	90
	股东提案				
	与薪酬相关的事项	113	50	99	57
战略与风险监督	管理层提案				
	任命审计师	10 354	99	10 812	99
	环境和社会			27	100
	股东提案				
	环境/社会	264	7	269	22
股东权益	管理层提案				
	与治理相关的事项	11 150	88	11 204	81
	股东提案				
	与治理相关的事项	335	40	292	38

续表

与我们原则一致的情况	提案类型	2020年 提案数量（个）	2020年 赞成比例（%）	2021年 提案数量（个）	2021年 赞成比例（%）
其他议题	管理层提案				
	资本化	30 794	98	26 444	98
	并购	8 474	98	7 643	97
	休会/其他事项	18 937	96	19 641	95
	股东提案				
	其他	1 063	85	783	83
合计		176 702	93	177 307	92

先锋领航集团向监管机构提出的建议是公开的，鼓励其他投资者也发表意见，并且其所有代理投票记录都被公之于众。此外，先锋领航集团的治理专家随时准备与任何希望了解建议简报的公司领导会面。然而，这并不能满足一部分假设性的学术担忧。

有两派人对指数基金和代理投票表示担忧，他们认为指数基金拥有的权力过大，但这两种观点显然是相互矛盾的。一方观点认为，指数基金经理在代理投票中会过分顺从管理层；而另一方观点则认为，指数基金经理会过度利用其大额持股所带来的对管理层的控制力。沃伦·巴菲特90多岁的合伙人查理·芒格，在2022年初就曾警告过这种权力的风险，当时他谈及贝莱德的首席执行官："我非常尊重拉里·芬克，但我不确定是否想让他成为我的皇帝。"[7]

两方人员都注意到指数基金持有股票的比例在过去有所增

加，并预计未来会继续增长。然而，他们都没有意识到，头部指数基金机构之间存在激烈的竞争，如果其中任何一家稍有不慎，其他机构就会迅速采取行动，媒体也会蜂拥而至。更重要的是，这两方人员都没有意识到"战略能力"和"战略意图"之间的区别。他们都倾向于从理论上进行推演，并对潜在的不当行为提出牵强的怀疑。

一项学术分析[8]错误地将相关性与因果关系混为一谈，并使用简单的数据挖掘而非严谨的统计分析，称由于指数基金持有多家航空公司的股票（就像它们在所有主要行业中所做的那样），这在某种程度上会导致航空公司在定价方面的合谋。另一个类似的奇怪担忧是，如果三大指数基金管理公司试图联合向企业管理层施压，要求他们采取特定的商业策略，这些公司可能会在合谋中滥用权力。2021年5月，先锋领航集团罕见地参与了一项颇具争议的公司投票，支持埃克森美孚公司新增两名行事积极的董事，他们承诺将推动这家石油巨头加速向可再生能源转型。其他大股东，包括另外两家大型指数基金公司也投了赞成票。

先锋领航集团此次不同寻常的投票意在影响埃克森美孚公司的长期战略，也反映出该公司未来的发展方向尚不明朗。当然，这一判断是机构间的共识，而不是许多持有相同观点的机构之间的"合谋"。先锋领航今大解释说："（我们投赞成票）主要是因为（我们认为）埃克森美孚需要将其气候战略更好地与全球同行的目标相协调，并与其公共政策努力保持一致……重要的是，先锋领航集团不会指导公司应该如何运营。相反，我们寻求理解董事会如何制定战略并监督管理可能影响公司长期价值的重大风险……（先锋领航集团的投票）旨在确保董事会最终对其风险管理流程负责,并增强董事会的构成和增加能源行业的经验。"随着指数基金和ETF的规模越来越大,先锋领航集团或许应该将合并、收购和战略调整等重大企业决策的投票权分散到两三个政策决策部门。

美国联邦贸易委员会就集中持股是否会抑制新产品的推出或客户竞争举行了听证会。贝莱德资深副主席芭芭拉·诺维克写道:"我们不会决定公司应该如何管理其资产负债表,也没有能力这样做。"

哈佛大学法学院教授约翰·C.科茨是一位著名的批评者。首先,他列举了指数基金和"准指数基金"的快速增长。其次,他关注到指数基金集中在少数几家大公司手中。再次,他创造了一个巧妙的术语"十二人问题",认为未来几年内,每个管理组织中决定如何投票的少数十几个人,能够以某种方式控制美国大多数上市公司。他用戏剧性的语言宣称,这是一个令人深感担忧的问题。"一小撮闭门造车、未经审查的代理人,对数百万人的生活产生了越来越大的影响。人们几乎不知道这些代理人的存在,更不用说知道他们的身份和意图了。"

科茨借鉴了反垄断经验中大型工业企业传递价格信号的案例,写道:"指数提供商可以强烈地感知到其他指数供应商对管理层表现及策略的看法。它们不需要明目张胆地合谋,就可以相互传递高度一致的信号,表明它们想要什么。"虽然他承认"指数提供商在利用其控制权方面的(财务)动机非常薄弱",但他警告说,"一旦主要的指数提供商宣布支持或不支持某个治理方案,就会给围绕这些问题进行辩论并形成投资界意见的代理投票服务机构带来更大的影响力"。

这听起来固然令人担忧，但是否只是虚惊一场？富有洞察力的观察家越来越多地表达了对"短期主义"（公司管理层过度强调季度业绩以提振股价）的担忧，指数基金经理正在相反的方向引领潮流，倡导长期思维。像先锋领航集团这样的指数基金管理人明确定义了其关注焦点：良好的长期治理。

科茨在最后一页清楚地阐述了他的核心关注点："除非法律改变，否则指数化的效应将颠覆'被动'投资的概念，并在我们有生之年形成高度集中的经济控制。"最后这几个字显然是为了吸引读者的注意。科茨宣称："由指数基金支持的激进分子可以威胁减少投资，或者导致裁员。"他随后庄重地总结道："这种权力带来了合法性和问责制方面的挑战。"①

另一位学者提出了完全不同的担忧，建议限制指数基金的代理投票权，因为它们没有足够的动力去充分了解代理问题，以至他们的投票将因信息不足而变得无效，可能会使决策背离良好的治理。但这正是指数基金专注于广泛的良好治理政策，而很少对其他商业决策表明立场的原因。

2017年7月，时任首席执行官的比尔·麦克纳布对一篇类似的学术文章做出了公开回应，该文章认为指数基金实际上应该放弃其投票权，麦克纳布表示："这个提议是草率且危险的误导。"他接着表明了先锋领航集团作为投资管理人在两方面的作

---

① 科茨于2021年在美国证券交易委员会任职8个月，其中4个月担任公司财务部代理主管，4个月担任法律总顾问。

用：（1）"我们高度关注公司治理问题"；（2）"我们在治理方面表现出色"。

当杰克·布伦南被问及，代理投票与先锋领航集团的养老基金管理业务之间是否存在任何冲突风险时，他立即明确表示："我们坚守原则，从未妥协。人生苦短，为了一点儿业务而违背原则是不值得的。我们从来没有（客户）说过：'如果你不按我们喜欢的方式投票，那就再见吧。'我们赢得了很多业务，也曾投下不受管理层欢迎的艰难选票。但优秀的公司明白，我们和它们一样，都是受托人。优秀公司的领导人都是有原则的，不会把员工退休储蓄这样重要的事情当作政治筹码。"

另一个担忧在 2016 年一篇论文的标题中得到了最生动鲜明的体现：被动投资比马克思主义更糟糕。[9] 该论文标题夸张，但论据不足，暗示当指数投资过于流行，并以某种方式驱逐主动投资时，"我们的市场乃至我们经济中的资本配置过程将会枯竭和消亡"。让我们简要地看一下现实：作为主动投资的积极参与者，超过 50 万甚至可能多达 100 万的专业人士享受着丰厚的收入。要想真正意义上削弱市场机制，这些专家中至少有一半，甚至可能 3/4 的人需要放弃世界上薪酬最高、最有趣、最具吸引力的工作之一。尽管 89% 的公募基金未能跑赢市场，但每年进入主动投资领域的人数仍超过离开的人数，因此，这种情况不会很快发生。（2019 年，专注于美国市场的指数基金在美国股市中的持股占比约为 14%，交易占比约为 5%。）[10]

几十年前，当先锋领航集团取消前端收费时，一位股东提起诉讼，声称由于他已经支付了销售费用，这项成本使他处于不

第十八章 划定边界

公平的劣势地位。先锋领航集团董事会中没有人认为这起诉讼有任何意义。但该诉讼耗费了大量时间和精力,有时占用了博格和里佩 90% 的时间。两人都有更重要的事情要做,以推动当时还很脆弱的先锋领航集团进一步发展。任何简单的成本效益分析都会得出同样的结论:捏着鼻子和那个浑蛋和解吧,即使这要花掉我们 5 000 美元。这是原告律师要求的和解金额。

博格态度坚决:"不!绝对不!"

这起诉讼又持续了一年,最终还是以 5 000 美元达成了和解。

1996 年 7 月的一天,先锋领航集团拒绝接受一个账户将 4 000 万美元投入海军上将短期投资组合,这是一只规模为 4.3 亿美元的债券基金。这让黑斯廷斯基金会的执行副总裁非常生气,他发送了一条全文为大写字母的消息,说他将"尽快"撤回所有投资,再也不会与先锋领航集团合作。

为什么会这样大动干戈呢?当被问及这笔资金在该基金中的预期投资时长时(该基金明确设计用于长期投资),黑斯廷斯基金会的答案是"大约两个月"。对先锋领航集团来说,这个时间太短了,投入基金近 10% 的资金然后撤回,将会推高基金的费用比率,这将损害所有其他投资者的利益。

先锋领航集团得到了媒体的支持。《华尔街日报》刊登了一篇引人注目的报道,标题为"先锋领航集团挂出禁停牌"。[11] 当然,博格对自己的拒绝决定很有把握。他有充分的理由,如果这 4 000 万美元只在 4.3 亿美元的基金中停留两个月,先锋领航集团将获得约 3 万美元的管理费,但买卖这么多短期国债(总计

8 000 万美元的交易）将使基金的其他投资者损失约 5 万美元。当先锋领航集团提出帮助黑斯廷斯基金会购买合适的短期国债或投资于规模更大的货币市场基金时，黑斯廷斯基金会拒绝了，因为另一只基金的收益率较低。

海军上将短期投资组合的募资说明书明确写道："本基金旨在进行长期投资，因此本基金保留拒绝任何特定购买的权利。"布伦南解释说："当你投资和撤资时，所有其他股东都要为一个股东的利益承担巨额交易成本。"因此，先锋领航集团选择不接受该账户的资金。当时在普信集团的吉姆·里佩在文章中说，将4 000 万美元这样一大笔钱投到 4.3 亿美元的基金中，而且只投资两个月，"简直是疯了"。再一次，先锋领航集团以客户的利益为重。

先锋领航集团的治理之道体现在方方面面，这一切都基于一个简单的理念：做正确的事。关于先锋领航集团关闭基金或限制新投资者投资的例子不胜枚举。先锋领航集团以毫不掩饰的家长式作风而闻名，会毫不留情地关闭基金，以限制那些追逐过往业绩的不成熟投资者进入。此外，先锋领航集团还坚持对市场热点领域发布风险警示，这一做法源于杰克·博格，现已成为公司建立信任的重要途径。先锋领航集团的领导者始终将公司视为一家投资机构，而非销售或营销机构。

大多数公募基金公司都以销售为导向，习惯于报喜不报忧。但博格坚持以投资者身份换位思考，要求公司以准确、坦诚的方式向投资者披露信息。这一政策由来已久。1991 年，当医疗保健类股票成为市场宠儿时，博格就曾发出警告：

近几个月来，医疗保健投资组合因其过往的出色表现吸引了大量关注。与此同时，数千名新老股东将大量资金投入该投资组合（过去3个月共计7600万美元）。鉴于媒体报道几乎完全聚焦于医疗保健投资组合（以及其他专注于该领域的公募基金）的强劲表现，我们希望通过这封信，确保我们的股东和潜在投资者对该投资组合的风险和潜在回报有一个全面综合的了解。

医疗保健投资组合的回报一直非常强劲。截至1991年2月28日，该组合过去1年、3年和5年的年化回报率分别为+39.7%、+24.5%和+20.4%（同期未经管理的标准普尔500股票价格指数的回报率分别为+14.7%、+15.1%和+13.9%）。然而，这种绝对回报率，甚至是该投资组合的相对业绩优势在未来都很难再现。经验表明，一个行业板块的超额收益不会无限期地持续下去。事实上，表现优异时期往往跟随着表现不佳时期。

博格接着警告投资者，不要过度集中投资于任何一个行业。2005年春季，先锋领航集团再次关闭了医疗保健基金，并保持关闭状态长达12年，直到2017年秋季才重新开放。（多年来，先锋领航集团还关闭了探险者基金、先锋Primecap基金、资本机会基金、贵金属基金和矿业基金。）医疗保健基金被重新开放后，也只针对希望增加持有份额的现有投资者。先锋领航集团重新开放该基金，是因为希望获得足够的增量资金以满足持有者适度的赎回需求，而不是被迫出售投资组合中的低成本股票，从而避免产生将由基金长期持有者承担的资本利得税。杰克·布伦南明确表示,该基金的重新开放并非先锋领航集团发出的"买入"信号。"我们认为自己代表了业界的良心。"布伦南说。

正如杰克·博格曾对先锋领航团队所说的:"坦诚的好处不言而喻。让投资者意识到风险不仅是道德上的必然要求,也体现了明智的股东关系和良好的公共关系。简言之,奇迹中的奇迹是,坦诚已被证明是先锋领航集团一项绝妙的商业策略。我们以直截了当而非咄咄逼人、低调坦诚而非夸大其词而著称。"

> "坦诚的好处不言而喻。让投资者意识到风险不仅是道德上的必然要求,也体现了明智的股东关系和良好的公共关系。简言之,奇迹中的奇迹是,坦诚已被证明是先锋领航集团一项绝妙的商业策略。我们以直截了当而非咄咄逼人、低调坦诚而非夸大其词而著称。"

2008年金融危机爆发,股市遭受重创,先锋领航集团意识到,由于资产规模大幅缩水,其成本运营模式将导致其不得不提高基金费率,以应对规模效应的减弱。先锋领航集团认为向投资者隐瞒这一点是错误的,于是恳请美国证券交易委员会允许其告知投资者即将发生的变化。但美国证券交易委员会不允许在基金招募说明书中包含"预测性"的费用信息。因此,先锋领航集团采取了一种非正式的方式,在定期发送给投资者的季度信函中加入了一条关于费率即将上调的说明,以传达同样的信息。这既符合美国证券交易委员会的规定,也体现了先锋领航集团所追求的坦诚精神。值得庆幸的是,晨星公司在一篇文章中高度赞扬了先锋领航集团的举动,引起了人们对这一举措的关注。

2015年，比尔·麦克纳布在《华尔街日报》上发表了一封致所有公募基金投资者的公开信。[12] 他在信的开头写道："自全球金融危机以来的这些年里，立法者和监管机构一直在努力稳定市场和经济。他们发现了金融体系的风险，并采取措施确保普通民众不会再次为华尔街的错误押注买单。但如今，监管机构可能会在没有任何确凿证据表明公募基金或其管理公司会引发另一场恐慌的情况下，将监管负担直接转嫁到普通的基金投资者身上。"美国金融稳定监督委员会（FSOC）和全球金融稳定委员会将公募基金公司视为与大型银行类似的系统重要性金融机构（SIFI），对它们及其9 000万投资者施加了同样的救助义务。麦克纳布写道，这将要求基金公司持有高达基金资产8%的资本准备金，显著降低了投资者的长期回报。

他解释说，公募基金不使用杠杆，也不进行保证金交易，而银行和证券交易商可以借入高达其股本资本30倍的资金。此外，即使在极端压力下，基金投资者"也从未集体赎回过"。最后，"即使基金退出市场（每年都有数百只基金退出），风险也是可控的。基金投资者承担任何损失的风险，就像他们只会从资本收益中获益一样。由于基金作为独立实体运营，与其管理公司和其他金融机构分离，因此金融系统其他部分不会存在损失风险，也不需要纳税人救助。决定一家机构风险水平的不是其规模，而是其杠杆的大小。公募基金很少或根本不使用杠杆。"监管机构最终明白了这一观点。

先锋领航集团谨慎地避免显得过于圣洁或激进。正如其在2019年的一份报告中所说："先锋领航集团理解，人们对人道主义、道德、环境和社会问题有着各种各样的深刻感受与关切，有些人可能希望将自己的信念反映在投资中。作为受托人，我们必须按照（所有）股东的最佳利益管理我们的基金，并有义务最大化回报，以帮助股东实现其财务目标。与其他投资管理公司一样，先锋领航集团也明白，有些人会仅根据社会问题和个人信仰来选择投资。为此，自2000年以来，我们推出了先锋富时社会指数基金。这只低成本、高度分散的基金旨在追踪一个基于社会、人权和环境标准筛选公司的基准指数。"

果然，先锋领航集团因为这只基金持有的某些公司不够"政治正确"而遭到批评。在接到首次投诉后，先锋领航集团发现其所追踪指数的供应商未能进行充分的尽职调查。指数供应商和先锋领航集团迅速采取行动解决问题，产品重新回到了正轨。（如前一章所述，未来可能会出现一种更加个性化的社会指数投资方法。）

指数投资基于严格的复制，而非主观判断或者创造，所以投资者不应对实际结果感到意外，尤其是负面结果。这就是为什么2002年的一次偏离促使杰克·布伦南更换了债券管理团队。

道琼斯公司的理查德·A.布拉沃这样描述当时的情况："在今年第二季度，债券市场和股票市场出现波动，指数基金的回报率差异很大，其中许多基金的表现都低于预期。"他的文章接着写道，先锋领航集团的全债券市场指数基金在一个季度内就落后了指数回报89个基点，相当于年化收益率低了3.6%！该文章指出，虽然一些偏差是可以理解的，但在指数债券基金中出现如此大的偏差简直"闻所未闻"。布拉沃指出，在过去的10年里，这只规模220亿美元的先锋领航基金扣除费用和支出后的回报率"一直紧跟"指数。其中，信用评级被下调的债券非常多，几乎是评级获得提升的债券数量的5倍。此外，基金中包含着未偿还债券规模达300亿美元的世通公司债券，其债券价格暴跌了2/3。最后，由于最受欢迎的债券指数包含了6 873只不同的债券，是标准普尔500指数成分股数量的13倍还多，"样本误差可能成为债券指数基金经理的潜在噩梦"[13]。

先锋领航集团对这一令人失望的业绩进行了坦诚的公开说明，表明基金的亏损与样本选择偏误、对电信和能源等遭受重创的行业配置过高、采用高质量公司债券替代美国国债的策略、运营支出等因素相关。在债券市场对信用风险几乎零容忍之际，先锋领航集团的投资组合却拥有较以往更大的信用风险敞口。虽然"公司债券替代"策略在过去几年里提高了回报率，但这一次却损害了回报率。这是一种解释，但肯定不是借口。这不符合投资者对债券指数基金的期望，也不符合先锋领航集团对投资者的承诺。

作为首席执行官，布伦南承担了全部责任，并以先锋领航集团一贯的坦诚态度与客户进行了沟通。他主动发起了大量的电话和访问，向机构投资者解释情况。他告诉投资者，他正在更换该基金的投资组合管理团队，并详细说明了将如何改变债券管理流程，以确保对指数进行严格的复制。从今往后，他将确保禁止这种"我比市场更聪明"的主观判断行为。

大多数机构都喜欢被首席执行官拜访，了解发生了什么，并钦佩布伦南"勇于承担责任"的态度。

第十九章
展望未来

CHAPTER 19

作为一家低成本、低利润的公司,先锋领航集团已经成长为一家战略性的金融巨擘,有能力筹集超过 50 亿美元的资金来支持重大项目。正如巴克利及其董事会和管理团队所展望的那样,先锋领航集团的"飞轮效应"可以产生巨大的财务资源。这些资源来自微小的费率,却能带来巨大的投资能力,用于开发新的能力、服务和产品。这种强大的财务实力将使先锋领航集团能够一次又一次地颠覆公募基金行业。

一个基点是非常微小的,仅为 1% 的百分之一。但即便是如此微小的东西,当乘以一个巨大的基数时,也可能变得相当庞大。先锋领航集团目前管理着超过 8 万亿美元的资产!因此,即便是微不足道的 1 个基点费率,每年也能产生 8 亿美元,这些资金可以被用于投资具有广泛影响力的新兴战略举措。先锋领航集团只需略微减少费率降低的幅度,或者提高一点点费率,就能轻松赚取这笔巨额资金。如果你是先锋领航集团,你会如何利用每年超过 8 亿美元的资金来开发新想法和新能力?

让我们来做一个思想实验：如果先锋领航集团决定从这8亿美元中拿出1亿美元，用于仔细搜集并严格分析其3 000万个人投资者过去的行为，它是否可能获得一种足以改变游戏规则的优势，在未来几年里以令人信服的方式为客户提供更好的服务？

只需花费这8亿美元年度预算中的一小部分，先锋领航集团就可以向1 000万投资者（所有者）提供适当的激励，让他们花半个小时完成一份精心设计的选择题调查问卷。这份调查可以包括：

- 描述自己的一些财务指标，如收入、年度退休储蓄、投资组合规模和主要投资目标。
- 回答一些关于投资行为的问题（例如，投资时间和兴趣、过去的投资行为以及退休保障、医疗保健费用、子女或孙子女教育、购房、代际遗产和慈善捐赠等问题）。
- 指出他们在一系列维度上最关心和最不关心的地方，如为子女上大学储蓄、购置家庭住宅、度假或退休等。
- 询问他们希望在过去10年中采取什么财务手段来改善目前的财务状况。
- 过去最令他们感到遗憾的投资失误是什么，比如交易过多、储蓄太少、试图择时交易或持有过多债券。
- 在未来1年、10年，他们打算采取什么不同的行动？

先锋领航集团可以按5个年龄段、5个主要收入水平和5个财富水平对答案进行划分和分析。假设有100万名参与者，如果将数据分为5个年龄组，每个年龄组再分为5个财富和收入类别，每个类别再分为 5 个"风险偏好"类别，那么每个"集群"的平均样本量仍然足够进行严谨的分析。

拥有这么大的样本量，先锋领航集团可以进行各种分析，特别是如果参与者同意重复参与调查。也许每两年一次，或者随着市场的涨跌和参与者经历不同的生活和财务阶段进行跟踪调查。先锋领航集团可以组织、分析这些数据并向投资者提供有价值的信息，也许还可以安排顾问进行后续电话沟通，以帮助投资者做出更少但是更好的财务规划和具体投资决策。

分析师能否发现一些重要的现实情况，帮助 30 岁（或 40 岁、50 岁）的人预见自己 10 年、20 年甚至 30 年后最有可能是什么样子，从而帮助他们现在做出更好的决策？先锋领航集团的投资者可以通过观察那些与他们情况相似但比他们年长 10 岁或 20 岁的投资者已经做了什么、正在做什么或没有做什么，他们希望自己当初做了哪些不同的事情，他们现在对自己的财务状况有什么感受，以及他们可能希望如何改进，从而静静地观察自己的"虚拟未来"。有了先锋领航集团的帮助，我看到了自己潜在的财务未来，我可以避免哪些错误？这项练习能帮助我做出更好的决定吗？它能帮助我避免错误吗？先锋领航集团能否给我一些有益的建议，让我做出对自己最有利的选择？如果先锋领航集团以适当的费用或免费向所有参与者提供这类研究结果，投资者是否会感到自己享受了很好的服务，从而对先锋领航集团更加忠诚，更倾向于使用先锋领航集团的服务？

如果先锋领航集团认为这种调查方式十分有效，它是否能够利用每年 8 亿美元中的其余资金，开发几种其他方式，以吸引投资者的兴趣并提高其忠诚度？因此，它是否有可能提高在现有投资者中的"钱包份额"？是否会吸引更多喜欢新服务的投资者？

或者，换个方向看，先锋领航集团能否决定投入几年的发展资金以拓展其他国家的业务，允许自己用 5 年甚至 10 年的时间收回先锋领航模式国际化的成本？

如果每年投资 8 亿美元的前景十分可观，但还不足以完成"一切"，那么先锋领航集团能否通过仅提高 2 个基点的费率，或者不降低 2 个基点的费率，来实现更多的投资？先锋领航集团每年将获得超过 16 亿美元的资金，可投资于开发专业知识和新兴技术，从而帮助客户（或通过帮助财务顾问的方式协助客户）获得定制的投资建议计划并"坚持到底"。

每年，先锋领航集团的领导层都处于有利位置，可以代表其背后数百万投资者，决定如何最好地利用飞轮加速产生的非凡力量。每年，先锋领航集团都可以投资于进一步降低费率，或者进一步增加价值，抑或两者兼顾。它能够加速飞轮效应，提高为每位投资者提供的服务价值，从而吸引更多的投资者资产，并继续以创新颠覆传统投资行业。

最近，投资顾问服务可能为先锋领航集团开辟了一个重大的市场，也许是未来全球最大的投资市场：中国。2019 年底，先锋领航集团和蚂蚁金服集团宣布建立合作伙伴关系，帮助中国投资者从蚂蚁金服平台目前提供的 5 700 只基金中选择公募基金。值得注意的是，蚂蚁金服的支付宝服务现在拥有 9 亿用户，这反映了其巨大的潜在业务规模。中国股票市场目前仍由业余投资者主导，虽然未来他们势必将像其他主要市场一样，让位于拥有卓越研究和技术能力的专业人士，但目前中国的主动管理型公募基金在扣除费用后的业绩表现仍可以超过指数基金，因此还能够收取高额费用。

尽管蚂蚁金服的公募基金业务受中央银行的监管，但先锋领航集团仍然致力于创建合资企业，该企业也受到中央银行的监管。[①]先锋领航集团表示："我们将继续投资于这家不断壮大的合资企业，该企业目前正为200多万中国投资者提供风险适当、多元化和高质量的公募基金投资组合。在短短一年多的运营时间里，已有200万客户从管理良好、长期导向的基金中受益，这清楚地证明了先锋领航集团改善全球投资者投资成果的使命。"

虽然近年来先锋领航集团的国际业务整体上有所增长，但也遭遇了各种挫折。2020年10月，它将210亿美元资金返还给机构客户，以专注于中国个人投资者领域，随后在2021年3月暂停了在中国推出公募基金的计划。此外，它正在从日本、中国香港、中国台湾及其他难以进入的市场中撤出。在全球范围内开展金融服务一直是一场艰难的游戏，只有少数公司取得了巨大成功。其中一个原因是，投资者对于将资产委托给"外国"管理人持显著的保留态度。另一个原因是，几乎所有市场的监管机构都在保护本地的金融服务机构，包括银行、保险、证券交易商和投资管理机构等。监管机构知道应该为本地市场的投资者做些什么，但做出实质性的改变在政治上可能十分棘手。

在为投资者服务方面，先锋领航集团已经落后于富达和嘉

[①] 2023年，先锋领航集团从该合资企业中退出。

信理财等主要竞争对手。落后的原因包括公司资产的爆炸性增长，早期对自动化的抵触情绪，再加上疫情期间许多员工远程办公带来的挑战。问题是多方面的：常规的服务请求可能需要几个小时而不是几分钟才能得到解决；错误时有发生；定制服务的请求可能会得到"我们不做这种事"的回应。这些问题并没有明显影响到业务增长，特别是在新账户的开设方面，而且广泛的补救措施已经显现出一些成效。虽然这是一个可以解决的问题，但任由其蔓延将会酿成严重的后果。

先锋领航集团和富达都在对未来进行重大投资，相信建立牢固的客户关系的成本将在长期内获得丰厚的回报。先锋领航集团引入了新的联络中心技术，重组了客户服务团队，并加快了重新设计和改进客户数字体验的步伐。一位女性发言人指出，最近的一项评估，即君迪 2021 年美国自主投资者满意度研究显示，先锋领航集团在寻求指导的自主投资者和自助投资者中的满意度排名第一。

富达一直在大幅扩大其员工队伍。2021 年 9 月，它宣布计划招聘 9 000 名新员工，使员工总数增加 22%，超过 6 万人。这是该公司一年内的第三次大规模招聘，旨在应对新的个人市场参与者的激增。在截至 2021 年 6 月的一年中，富达新增了 170 万个零售账户，其中 69.7 万个账户属于 35 岁以下人群。在富达预计招聘的 1.6 万名新员工中，近 80% 将从事面向客户的工作。富达也在扩大技术支持团队并增加新服务。[1] 富达提供各种服务，包括先锋领航集团已停止提供的账单代缴服务，其策略似乎集中在寻找增加新账户的方法上，其预期是新客户会决定在与富达建立的初始业务关系基础上不断增加更多的服务项目。

先锋领航集团预计，在未来的国际扩张中将更加重视顾问服务，并将重点关注包括英国和澳大利亚在内的 10 个市场，这些国家的市场潜力巨大且为保护当地银行而设置的限制较少。在国内外，投资顾问服务均未得到充分开发，有望迎来巨大变革。

与如今几乎所有投资管理公司一样，先锋领航集团的投资建议仅仅基于投资者的证券投资组合，包括现金、股票和债券。这种狭隘的视角似乎有所不足。它忽略了投资者所拥有的其他具有稳定价值的资产，例如房产、未来的社会保障金、未来收入和储蓄的现值，以及对某些人来说未来的遗产。所有这些在财务上都举足轻重。这种局限性虽然可以理解，但可能会产生严重的误导。

一个风险是过分强调固定收益投资，例如老套的"按你的年龄来决定债券投资比例"规则。按照这个规则，一位拥有稳定可观收入的 40 岁投资者应将证券投资组合中高达 40% 的资产用于配置债券，尽管这个投资组合在未来 25~30 年都不会被用于退休生活。投资顾问应该引导客户关注其整体财务状况的各个方面，而不仅仅是证券投资组合部分。

投资顾问业务由规模驱动。先锋领航集团目前可支配的大量投资可以为自动化领域的突破提供资金，使此前难以想象的个性化服务成为可能，从而增强对投资者的吸引力。在过去的几十年里，先锋领航集团引领了投资领域巨大的变革。在未来的几十年里，它必将再次创造辉煌。

后记　POSTSCRIPT

"查理，早上好！我只是想跟你打个招呼。"一位留着灰白色短发、有着漂亮佛罗里达日晒肤色的女士说道。她穿着一套优雅的羊毛套装，脸上挂着温暖灿烂的笑容，仿佛我们是老朋友一般。她似乎认识我，但我却略显尴尬，一时想不起来她是谁。

她继续说："我是琼·道林，我只是想感谢你的来信。"我立刻知道了她的身份。

几年前，我非常感谢先锋领航集团旗舰代表查克·道林多年来的卓越服务，于是请他告诉我他父母的邮寄地址，以便我写一封短信，祝贺他们养育了如此优秀的儿子。查克总是积极向上、专业精干且乐于助人，在任何情况下都能以堪称典范的方式提供出色的服务。正如我告诉查克的那样，我相信强烈的服务意识通常是在家中从父母那里学到的。作为格林威治联合公司的管理合伙人，我喜欢给新晋合伙人的父母写感谢信，现在也想给他的父母写一封。在我第三次请求后，他终于答应了。

现在，我第一次见到了琼·道林，并有机会当面向她道谢。

然后，她回答了我没有问出口的问题，即她为什么会在这里。"我曾是先锋领航集团的一员，在这里工作了 32 年。"

读者可能会好奇我们在哪里，以及为什么会在那里。2019 年 3 月，琼和其他 400 人齐聚一堂，庆祝先锋领航集团将园区内的雄伟大厦更名为杰克·博格大厦。作为本书研究的一部分，我在那里对先锋领航集团的高级管理团队进行了为期两天的引人入胜的采访。我很高兴能参加这场"家庭"庆典，与许多像琼一样在先锋领航集团工作超过 30 年的老员工欢聚一堂。

无论是作为一家专业公司的领导者，还是作为全球领先金融服务机构的战略顾问，或是作为杰出商业组织的研究者，卓越的企业组织一直是我漫长职业生涯的焦点。卓越从不会"自然而然"地发生。正如每个奥运会运动员所知，卓越始终是精心规划和不懈努力的结果。

> 正如每个奥运会运动员所知，卓越始终是精心规划和不懈努力的结果。

虽然大多数渴求卓越的人都未能达到顶峰，但他们知道，他们为追求卓越所付出的努力本身就已意义重大。并非所有奥运选手都能获得奖牌，但所有伟大的运动员都知道，为参加奥运会所付出的艰苦努力和自律是值得的，他们将在余生享受作为奥运选手的荣耀。

当我决定创立格林威治联合公司，提供基于专有研究的新型战略咨询服务时，我知道除了有效的商业模式，成功还取决于能否吸引、组织和留住那些致力于高标准的一流专业人才。在寻找有关如何领导和管理专业服务组织的书籍时，我惊讶地发现这类书籍少之又少。大多数都是像大卫·奥格威《一个广告人的自白》这样赞颂杰出人物的传记，或是枯燥无味的律师事务所简史。几乎没有哪本书试图解决我在现实生活中实际面临且急需回答的"怎么做？"问题。虽然一些严肃的杂志文章略有帮助，但它们大多数都侧重于报道时事，很少有解释性的历史或分析。

我唯一能接触和理解所需知识的方式就是自己进行原始研究，反复询问数百位各个专业领域头部公司的合伙人级别的专业人士，尤其是那些被公认为典范的公司。我会向认识或遇到的每一位律师、医生、顾问、会计师、投资银行家或投资经理询问同一个问题："在你们这个领域，哪些公司最出色，为什么？"如果对方要求我明确"最出色"的定义，我会回答："如果你面临一个重大难题，你最希望哪家公司站在你这边。或者，对你来说重要的人在你的领域寻求职业发展，除了你自己的公司，你最希望听到他们选择哪家公司。"

第一个令人惊讶的发现是，被提及最多的公司往往是相同的几家。在每个领域，最出色的公司都得到了同行的广泛认可：咨询领域的麦肯锡、法律领域的克拉瓦斯、医疗保健领域的梅奥诊所、金融领域的高盛、投资领域的美国资本集团。

第二个令人惊讶的发现（幸好很短暂）出现在我首次向这些入选公司的领导者提出进行严格比较分析的想法时。"这毫无意义，其他公司与我们完全不同。"对于只考虑同一领域其他公司的领导者来说，这的确是事实。但很快所有人都欣然同意，仔细比较每个领域的最佳公司可能会很有用，也很有趣。

第三个令人惊讶的发现出现在调查这些伟大的公司时，我想了解它们是如何以及为什么能够攀登至行业顶峰,并至少在三代领导层的更迭中始终保持领先地位的。(当然,将经历过至少三代领导层更迭作为入选伟大公司行列的标准确实有些主观,但这并非毫无道理。与从众多优秀公司中脱颖而出并最终成为行业翘楚相比,更为艰巨的挑战是,在领导层更迭、环境波动、竞争对手变化、客户需求改变、技术变革和法律法规调整的情况下,依然能够常年保持卓越。)随着时间的推移,每个组织都会面临诸多挑战,而其中的一些挑战,无论是来自内部还是外部,都可能造成严重损害。韧性体现了每个组织在识别、诊断和最终克服困难方面的能力,这对于保持卓越至关重要。所有伟大的公司都展现了非凡的自我诊断、自我纠正或自我更新的能力。众所周知,时间是对韧性与适应力的最佳检验,伟大的公司需要在漫长的时间周期中保持卓越。

第四个令人惊讶的发现在于,从一家伟大的公司到另一家伟大的公司,关键因素如此之少,而且如此一致,几乎完全相同。它们所在领域的具体情况各有不同,它们自身的实践方式也存在细节差异。但伟大公司的核心理念却惊人地相似:

- **企业使命**:拥有鼓舞人心的宏大目标。
- **客户至上**:始终致力于为客户提供比任何其他公司都更高效优质的服务。
- **组织文化**:对团队合作的"部落式"承诺,以便更好地为客户提供非比寻常的服务。
- **招贤纳士**:异常重视识别和吸引最具能力、最敬业且最渴望成功的个人。

- **人才培养**：对加速每位新员工的职业发展和个人教育做出异常坚定和持续的承诺。
- **鼓励创新**：无论是小事还是大事，都不断探索和寻找新方法，更有效地为客户服务。
- **领导能力**：将所有要素整合在一起，确保组织在全部重要维度上保持卓越。

当然，在所有 7 个要素上同时取得成功，对任何组织来说都是一项艰巨的任务，尤其是在长时间跨度内。但伟大的公司能够长年累月持续致力于服务客户，并在所有要素上都追求极致，这正是它们成为最终的赢家的原因。对它们来说，正如亚里士多德很久以前所说的那样，幸福来自追求卓越，而卓越是我们反复做的事情。这就是为什么这项关于先锋领航集团及其如何成为数百万投资者信赖的储蓄管理机构的研究如此值得深思。

读者可能会问："为什么最初的研究没有包含先锋领航集团？"答案很简单，为了确保成功是组织性的，而不是依靠一两位伟大的领导者，我们武断地设定了一个标准，即一家公司至少要经历三代领导者。而当我开始进行《最伟大公司的 7 个秘密》的研究时[1]，先锋领航集团只经历了两位领导者。当然，现在它已经经历了 4 位首席执行官。先锋领航集团已经证明，它在所有的 7 个维度上都制度化了对持续卓越的追求。

附录 1
交易所交易基金入门指南

APPENDIX 1

  交易所交易基金（ETF）的交易方式与普通股票相同，都是在证券交易所进行交易，持有股票、大宗商品或债券的投资组合，并利用套利机制确保其交易价格接近净资产价值。大多数ETF追踪股票指数或债券指数，具有成本低和税收优惠的特点。2008年，美国证券交易委员会开始授权批准主动管理型ETF。

  ETF的起源可以追溯到1989年的指数参与份额，这是一种在美国证券交易所和费城证券交易所交易的标准普尔500指数代理产品。然而，芝加哥商业交易所提起的一场诉讼成功地阻止了该产品在美国的销售。1990年，一种类似的产品，多伦多指数参与份额开始在多伦多证券交易所交易。这些份额跟踪多伦多证券交易所的TSE35指数和后来的TSE100指数，广受市场欢迎。这促使美国证券交易所尝试开发符合美国证券交易委员会监管规定的产品。在艾弗斯·赖利的指导下，内森·莫斯特和史蒂文·布卢姆设计并开发了标准普尔存托凭证（SPDR），并于1993年1月正式推出。这种SPDR产品又被称为"蜘蛛"，其中SPDR500

信托（代码：SPY）成为全球规模最大的 ETF 产品。

1996 年，巴克莱全球投资者公司与明晟公司作为承销商，联合推出了全球股票基准份额（WEBS），为投资者提供进入外国市场的便捷途径。1998 年，道富环球顾问公司推出了跟踪标准普尔 500 指数 9 个行业板块的 SPDR 产品。2000 年，巴克莱全球投资者公司大力推动 ETF 市场发展，重点加强投资者教育和产品分销，以吸引长期投资者。2002 年 7 月，iShares 推出了首只基于美国国债和公司债的债券指数基金。5 年内，iShares 的资产规模超过了任何 ETF 竞争对手。2009 年，巴克莱全球投资者公司被贝莱德收购。

先锋领航集团于 2001 年推出了其首只 ETF——先锋全股市 ETF（代码：VTI）。ETF 的优势包括：

- **成本较低**。ETF 的成本通常低于其他投资产品，因为大多数 ETF 并非主动管理型基金，并且不必承担因股东申购或赎回买卖证券所产生的成本。此外，ETF 也不收取 12b-1 费用。
- **交易灵活**。与公募基金和单位投资信托基金只能在交易日结束时买卖不同，ETF 可以在交易日的任何时间以当前市场价格进行买卖。作为公开交易的标的，ETF 还可以进行保证金交易和卖空交易。
- **税收优惠**。由于 ETF 的投资组合维持着较低的换手率，且采用实物赎回机制，其资本利得通常相对较低。
- **市场敞口和多元化**。ETF 为投资者提供了一种经济的方式来重新平衡投资组合配置，或通过快速投资将现金

"股票化"。

- **高透明度**。无论是基于指数基金还是基于主动管理型基金，ETF 的投资组合都具有高透明度，并且在交易日内会频繁定价。

ETF 分销商通常以"创设单位"（通常是以数万份起步的大宗份额）的形式，直接向授权市场参与者买入或卖出 ETF，并以实物方式与一篮子标的证券进行交换。公开市场上的做市商将创设单位与标的证券进行交换，为 ETF 提供流动性，并帮助确保其日内市场价格接近标的证券的净资产价值。其他投资者，如使用零售经纪商的个人投资者，则在二级市场上交易 ETF。

附录 2
布伦南的领导者指南

APPENDIX 2

做正确的事：先锋领航集团允许员工犯错，但绝对不允许他们犯道德错误。泄露客户信息机密，你就会出局。接受来自客户或供应商的贵重礼物，你就会出局。进行工作职责所禁止的投资，你就会出局。我们的政策是"没有如果，没有但是，没有例外"。这里没有灰色地带。我们对这种黑白分明的观点毫不避讳。

以身作则：我们杰出的领导者必须：

- 成为工作最勤奋的人。
- 成为最关注客户的人。
- 成为最渴望成功的人。
- 成为最有爱心和同情心的人。
- 成为最灵活的人。
- 成为最值得信赖的榜样，拥有毋庸置疑的正直品格。
- 成为最致力于追求卓越的人。

热爱我们的团队、公司以及事业：这是一家伟大的公司，从事着伟大的事业。在业内所有竞争对手中，这里是最受欢迎的工作场所。我们坚持做正确的事，善待我们的客户。我们永远不会在这些基本原则上妥协。

促进团队合作：为了践行这一理念，成功的先锋领航集团领导者需要"放下身段"。卓越的领导者会表现出谦逊的品质，这在投资管理行业至关重要，因为我们在金融市场这个不可预测的环境中开展业务，我们对结果的控制力非常有限。那些傲慢自大的投资公司往往会发现，骄傲将它们引入衰落。历史的垃圾堆里充斥着那些未能保持谦逊而走向失败的金融公司的案例。

拥抱悖论：为实现我们的使命，我们必须成为业内服务质量最高、运营成本最低的机构。在任何企业中，鲜有机构能同时实现这两个目标。因此，持续进步对我们保持当前和未来的竞争优势至关重要。

努力工作：为什么？有两个原因。首先，我从未见过，甚至从未听说过有哪个组织像我们这样，员工对领导者的效仿对企业的成功如此重要。我们希望我们的团队为客户竭尽全力。其次，坦率地说，我们希望拥有一个精简的领导团队，而精简的团队需要勤奋的领导者。

我们必须成为一家极致的利润驱动型组织，才能保持活力和持续成长。然而，我们的财务报表显示"收入等于支出"，这意味着没有利润。我们如何调和这两种说法？很简单。我们追求的是客户的利润，而不是公司的利润。

由于我们独特的结构，我们可以自由地从长期视角管理业务。然而，我们每天都受到服务水平标准的驱动，我们分分秒秒、时时刻刻、日复一日、周复一周地按照这一标准衡量自己。

保持平衡：领导者应该努力工作，但也应该享受平衡的生活。我们都知道，保持平衡是明智的投资建议和商业战略。它也是通往个人和职业成功的道路。勤勉工作，并保持生活平衡是先锋领航集团领导者面临的两难之一。

勇于竞争：无论是个人层面还是企业层面，对成功的渴望都是驱动我们取得成就的关键因素。多年前，在股市遭受10年来最严重单日暴跌后的第二天，一位同事对此表达了深刻的见解。那天结束时，我们出色地完成了客户服务，所有客户交易和请求都得到了妥善处理。我问道："这是怎么做到的？为什么业内只有我们能够将交易量激增、压力巨大的一天视作寻常甚至是愉快的一天？"她回答："杰克，你我都知道，我们是世界上最具竞争力的公司。我们绝对不允许在这样的日子里有人比我们做得更好。"

果断决策并承担责任：伟大的领导者会承担所有责任，分享所有荣誉。作为领导者本身就是一种无上的荣誉。果断决策，特别是建立在审慎判断基础上的果断决策，是我们资产负债表上看不到的宝贵资产，但它帮助我们克服了许多障碍，多年来一直引领着行业的发展。

珍视多元化：这是一项以人为本的事业，我们必须确保在所有岗位、所有地点、任何时候都有最优秀的人才为我们工作。如果我们中有人认为所有人都应该"像我一样"，那未免太愚蠢了。公司具有强大影响力的领导者明白，拥抱多元性可以为先锋领航集团带来力量。多元化对我们来说至关重要。首先，我从那些与我不同的人身上学到了很多东西，我认为与多元化团队共事是一个持续的绝佳学习机会。其次，这样的环境充满了乐趣。

设定高期望：当一位对团队具有更高期望的新领导者上任时，原本运作良好的部门就会变得更加出色。相反，当一个部门的相对表现下滑时，我们总是能将问题追溯到一位认为"差不多就行了"的领导者身上。我们可以从中吸取许多教训。这个组织的优秀领导者始终对自己抱有极高的期望。事实上，对领导者来说，高度的自我期望是必不可少的。

拥抱变化：多年来，我一直听到公司外部人士说，先锋领航集团这些年变化不大。"仍然以公募基金为主……仍然由客户持有……仍然聚焦于低成本……仍然不那么光鲜亮丽。"从表面上看确实如此，我们没有太大变化。但实际上，先锋领航集团一直在不断变革，正是那些拥抱变化的人引领我们走向成功并蓬勃发展。那些抗拒变化的人则阻碍了我们的发展，自然也损害了他们自己的职业生涯。

真诚待人：优秀的领导者和伟大的领导者之间的一个巨大区别在于，伟大的领导者更具人情味。所谓"人情味"，是指他们努力超越上级的角色，超越团队指导者的身份。先锋领航集团伟大的领导者会敞开心扉，他们乐于与员工分享个人生活、爱好、家庭、喜好和厌恶。反过来，我们最杰出的领导者也希望了解团队成员的生活，将他们视为鲜活的个体，而不仅仅是公司的员工。个人的情感不应该凌驾于职业之上，但它确实可以为职业发展增添光彩。我们希望团队中的每个人既能建立起职业关系，又能彼此关心，了解彼此的家庭。

保持积极：不得不承认，工作就是工作。大多数人并非出于热爱而工作，而是迫于生计。无论是在企业还是其他任何组织中，这都是生活的严峻现实。也就是说，领导者的职责是让工作充满挑战、乐趣和回报。而这一切都离不开积极向上的工作氛围。创造积极的环境对领导者提出了更高的要求。伟大的领导者都明白一个简单的道理：永远不能把负面情绪带到工作中。因为领导者的情绪会直接影响整个团队的士气。一旦团队士气低落，客户就会感受到消极情绪。

随机应变：伟大的领导者深知需要达成什么目标，并会竭尽全力完成任务。当遇到障碍或意外情况时，先锋领航集团的领导者会另辟蹊径。换言之，想要成功领导先锋领航集团的领导者需要具备一种与生俱来的内在能力，即在事情没达到预期时，能够不依赖他人且不偏离使命地完成任务。善于解决问题的领导者不会写备忘录解释为什么某事无法实现，他们只会想办法完成它。

培养后起之秀：我们都清楚谁是先锋领航集团优秀人才的伯乐。他们影响着整个公司，接触数百名员工。我们也能识别出那些奉行"一山不容二虎"理念的管理者。那些善于培养人才的领导者在先锋领航集团不断成长，而那些故步自封的管理者早已被公司淘汰。

珍视（并展现）忠诚：先锋领航集团珍视忠诚的客户和员工，因为这两者对公司的长期成功都至关重要。就像任何关系一样，忠诚必须是相互的。公司不能期望获得单方面的忠诚，除非它也以忠诚之心对待客户和员工。

保持沟通：我们最优秀的领导者都渴望了解自己的工作表现。他们希望得到上司、团队和客户的坦率反馈。他们积极寻求面对面的交流，因为他们明白，越是真诚地倾听，就越有可能获得有价值的反馈。

摒弃浮华：显然，低成本战略在商业中并不是最光鲜亮丽的定位。很少有公司会主动选择低成本战略，事实上，只有那些最终获胜的公司才会采用这种策略。我们曾听到有人说："在先锋领航集团工作是一种需要慢慢培养的后天品位。"我深以为然，并且引以为傲。我们优秀的领导者明白，低成本并不等同于廉价。先锋领航集团的领导者必须认同我们的低成本战略，接受我们"朴实无华"的企业文化。

杜绝政治：办公室政治在先锋领航集团从未有过立足之地。我们是一个以使命为导向的组织，我们只有一个服务对象，即先锋领航集团的客户。我们也只有一个终极目标，即为每一位客户争取最大化的投资回报。在为客户服务的过程中，我们不允许任何个人私利的滋生。

欢迎辩论：求同存异至关重要。敢于对同事说"你说得对"也是一种宝贵的品质。①

授人以渔：在先锋领航集团担任领导职务的一大特权就是有机会传道授业解惑。领导者可以通过多种方式实现这一点。那些仅仅将自己视为"管理者"的人缺乏教导团队的动力，而最优秀的领导者则乐此不疲。

放眼全球：随着全球化战略的推进，先锋领航集团正在发展成为一家更优秀的公司。来自不同国家和文化背景的员工为公

---

① 稍后在对这一点进行扩展时，布伦南毫不避讳地说："能够对同事说'那很愚蠢'（也）是至关重要的。"

司带来了多元化的视角，这是无比宝贵的财富。自公司成立以来，国际化的人才队伍不断增强先锋领航集团的文化底蕴，使我们在各个领域脱颖而出。这也是我们微妙的竞争优势之一。

在个人、知识和职业方面不断成长：那些成功应对新挑战的人之所以能够脱颖而出，是因为他们在整个职业生涯中都在为承担更多责任而做准备。

居安思危：先锋领航集团的成就令人注目，但我们应该时刻提醒自己，这些都是"过去时"了。真正重要的是未来我们如何继续为客户和员工创造价值。在一个成功的组织中，避免自满、居安思危需要个人和组织层面强大的自律意识，很少有组织能够真正做到这一点。我们自己的成绩单事实上并不完美。我希望我们能从每一次因自满而伤害客户和员工利益的事件中吸取教训。我们对持续改进的关注提供了避免重蹈覆辙的动力。在这个组织中，伟大的领导者肩负着重任，他们要带领团队保持专注，保持敏锐，并不断追求卓越。

享受乐趣：先锋领航集团的领导者工作十分勤奋。我们管理着数万亿美元的客户资产，而市场瞬息万变，风险无处不在。这是一项巨大的责任。我们无法控制最终的投资结果，这让我们始终保持谦卑。在这种背景下，卓越的领导者意识到，必须在工作中找到乐趣。我们的领导者不必是喜剧演员或表演者，但如果他们不能展现出人性化的一面和自嘲精神，团队成员就不太可能团结在他们周围，更不可能在困难时期追随他们。所以，享受工作中的乐趣吧！展现出轻松活泼的一面、幽默感以及不惧尴尬的勇气，这将会带来丰厚的回报。没有人愿意追随一个刻板僵硬的领导者。

致谢 ACKNOWLEDGMENTS

任何历史都取决于讲述者，正如我们从《罗生门》中学到的那样，每个讲故事的人都有自己的视角。我有幸获得了多方面的视角，以便准确地讲述先锋领航集团的故事。近60年来，我一直深入参与投资管理行业，既是一名从业者，也是许多世界级投资机构的顾问，还是一名作家、教师，以及许多顶尖公司优秀思想家和领导者的朋友。

我很幸运能够拥有如此广泛且深入的资源来了解精彩的投资世界。同样幸运的是，我有机会认识并与这个非凡故事中的许多重要参与者密切合作。同样重要的是，我有幸在过去多年中一直与这些重要的参与者保持联系。

我与杰克·博格和约翰·内夫于1966年相识，他们都是先锋领航集团发展的重要贡献者。杰克和我在许多问题上意见一致，特别是在低费率、指数投资、客户服务和诚信的重要性等方面。我们互相欣赏对方的著作，并建立了长久的友谊。为了这本书，杰克花了整整两天时间与我分享他的回忆。约翰邀请我为他的著作《约翰·内夫的成功投资》[1]（John Neff on Investing）撰写序言，他还定期参加我为顶级投资经理举办的研讨会，并担任格林威治联合公司董事。我们就他严谨的投资原则展开了多次讨论。

伯特·马尔基尔是先锋领航集团的资深董事，是投资管理公司的专家级观察者、参与者和监督者，也是我40多年来的挚友。他的著作《漫步华尔街》[2]广受欢迎。我们共同为新手投资者撰写了一本入门读物《投资的常识》[3]。作为耶鲁大学管理学院院长，伯特邀请我教授该学院的投资课程。我们曾在先锋领航集团董事会共事，伯特以极大的耐心和友善，慷慨地分享了他对先锋领航集团各个方面广泛而深刻的见解。

罗伯特·多兰是我50多年的好友，他让我对先锋领航集团和威灵顿投资管理公司之间的艰难对抗岁月有了深刻的洞见与理解。更重要的是，他还深入分享了两家企业重新建立联系的过程，这对它们取得伟大而持久的成功至关重要。多兰为人谦逊，是投资界杰出的服务型领导者之一，他的贡献惠及他的同事和数百万投资者。

20年前，杰克·布伦南邀请我加入先锋领航集团董事会。自沙特阿拉伯国王科技大学成立以来，我们一直在其投资委员会共事。该校的捐赠基金目前已超过400亿美元，是全球规模第二的教育捐赠基金。在我担任董事期间，我有幸观察到布伦南在应对各种挑战和机遇时的领导风范，以及他如何领导先锋领航集团向多个维度转型发展。

在比尔·麦克纳布为先锋领航集团建立401（k）计划业务期间，我曾代表格林威治联合公司担任先锋领航集团的战略顾问，并因此与他相互了解，至今已相识数年。

吉姆·里佩是我的老朋友，他慷慨地分享了他在先锋领航集团早年的经历和核心文件。

杰里·肯尼是华尔街伟大的商业战略家之一，他向我提供了对巴克莱全球投资者公司竞购过程的重要见解。写了巴克莱银行发展史的菲利普·奥格尔帮助我了解了巴克莱全球投资者公司的各个竞购者。

迪安·勒巴伦是我60多年的朋友。

在过去的几十年里，大多数为先锋领航集团的快速成长和稳步发展做出重要贡献的人物都在书中有所提及。他们慷慨地奉献了时间和见解，与我进行了一系列漫长而深入的访谈。每个人都审阅并确认了我对访谈内容的记录。

许多令人惊讶的巧合联系让我得以深入了解历史的某些特定方面。拉里·威尔逊和比尔·克罗泽是我在哈佛商学院的同学，萨姆·海斯是当时新加入的教员，我们共同度过了许多有趣的时光。

鲍勃·戴蒙德参加了我在耶鲁大学开设的商业伦理研讨会。

彼得·弗米利耶、哈罗德·纽曼和我都曾在帝杰证券共事，在此之前，彼得是我在摩根担保信托公司和道富银行的客户。

迪克·史密斯在我们相识时是美国证券交易委员会委员，后来他参加了我为帝杰证券举办的为期3天的投资研讨会。

保罗·米勒、杰伊·谢里夫、黑兹尔·桑格是我"在行业中的朋友"，比尔·希克斯和我是来自密西西比州格林伍德的世交。

先锋领航集团的埃林·帕森在很多方面为我提供了帮助，

她以稳健的风格巧妙地引导着整个过程。我们不仅建立了牢固的职业关系，还成为朋友。麦格劳－希尔教育集团的朱迪丝·纽林提供了宝贵的见解，并以敏锐的编辑视角为本书把关。本书的设计和文字编辑则得益于 THINK Book Works 的史蒂夫·斯特劳斯和理查德·坎普的专业技能。

威廉·S.鲁凯泽是一位卓越的编辑，在我将草稿章节转化为成书的过程中，他是我的合作伙伴、导师和朋友。他有时也会对我进行严肃指正，但始终和蔼可亲、技艺精湛。他仿佛施展魔法一般扮演了多重角色，既像治疗师，也像教师、教练、培训师、啦啦队长和牧师。我们在他创办《金钱》杂志时相识并展开合作，最终他将其打造成个人财务和投资领域最佳的消费者刊物。从讲述高盛如何崛起为全球顶尖证券公司的《高盛帝国》[4]开始，我们在十多年里合作了数本书。对于本书，我们也一如既往地密切合作。读者有很多理由感谢威廉，是他让先锋领航集团这个鼓舞人心的故事变得更加生动鲜明、简洁清晰、引人入胜。威廉是一位和蔼的职业完美主义者。我们在曼哈顿共进晚餐庆祝时，他本该为完成编辑工作而获得专业上的满足感，遗憾的是他于此前一个月英年早逝了。他是一位伟大的朋友。

在本书写作过程中，有几本书对我尤其有帮助，它们是罗伯特·斯莱特的《约翰·博格和先锋集团》[5]（*John Bogle and the Vanguard Experiment*），讲述了博格在先锋领航集团初创年代的故事；《约翰·内夫的成功投资》；以及博格关于投资和先锋领航集团的几本书。

当然，关于高盛和美国资本集团的书的撰写经历[6]，在哈佛大学和耶鲁大学教授投资管理课程的经历，以及在北美、欧洲和亚洲为投资公司和证券公司提供咨询的 30 年经验，都对我深入了解先锋领航大有帮助。

  坦诚地说，先锋领航集团是我亲爱的妻子、两个儿子、四个孙子、我们的教会以及我多年担任投资委员会主席的怀特黑德生物医学研究所的投资管理人。我不知道还有哪家投资管理机构能像先锋领航集团这样如此高效地专注于以低成本提供高价值服务。

注释

EXPLANATORY NOTE

第一章

1. 作者于 2017 年 4 月 26 日至 27 日在莫尔文对杰克·博格的访谈。

2. 同上。

3. 同上。

4. 同上。

5. Robert Slater, *John Bogle and the Vanguard Experiment*, Irwin Professional Publishing, 1996, p. 4.

6. 博格访谈，2017 年 4 月 26 日至 27 日。

7. 同注释 5，第 5 页。

8. McGraw-Hill, 1993.

9. 同上，第 6 页

10. 博格访谈，2017 年 4 月 26 日至 27 日。

11. 同上。

12. 作者于 2018 年夏季在普林斯顿对伯顿·马尔基尔的访谈。

第二章

1. 同第一章注释 5，第 15 页。

2. 博格访谈，2017 年 4 月 26 日至 27 日。

3. 同第一章注释 5，第 24 页。

4. 博格访谈，2017 年 4 月 26 日至 27 日。

5. 同上。

6. 作者于 2018 年春季在马萨诸塞州布鲁克林对罗伯特·多兰的访谈。

7.《机构投资者》杂志，日期不详。

8. 作者于 20 世纪 90 年代在百慕大对约翰·谢雷德的访谈。

9. 多兰访谈，2018 年春季。

10. 博格访谈，2017 年 4 月 26 日至 27 日。

11. 沃尔特·卡伯特从普特南加入公司，拥有 3% 的投票控制权，剩下的 29% 仍由外部投资者持有。

第三章

1. 同第一章注释5，第39页。

2. 同上，第35页。

3. 博格访谈，2017年4月26日至27日。

4. 罗伯特·沃登获得麻省理工学院四年全额奖学金，在金宝汤公司工作了几年，之后创办了一家非常成功的咨询公司，专门帮助二战后的欧洲公司实现美国子公司的现代化转型。

5. 多兰访谈，2018年春季。

6. 作者于2018年春季电话采访詹姆斯·沃尔特斯。

7. 同第一章注释5，第52页。

8. 作者于2020年5月8日电话采访吉姆·里佩。

9. 同上。

10. 多兰访谈，2018年春季。

11. 同第一章注释5，第63页。

第四章

1. 费城人对他们城市的自豪感常常让那些早有成见的外来人大吃一惊，这些外来人的印象还停留在费城市中心建筑物不能超过市政厅顶端威廉·佩恩雕像帽子的时代；他们会嘲笑像"二等奖是在费城待两周！"这样老掉牙的笑话；或者他们只在高速公路上或从纽约开往华盛顿的火车经过 30 街车站时才匆匆一瞥这座城市。

2. 多兰访谈，2020 年 5 月 8 日。

3. 里佩访谈，2020 年 5 月 8 日。

4. 多兰访谈，2020 年 5 月 8 日。

5. 作者于 2020 年 10 月 16 日电话采访吉姆·里佩。

6. 同第一章注释 5，第 84 页。

7. 寻求并获得联邦政府的批准并非易事。基金法律顾问菲尔·法恩与詹姆斯·沃尔特斯一起与美国证券交易委员会打交道。

8. John C. Bogle, "Lightning Strikes," *The Journal of Portfolio Management*, 40th anniversary issue, Fall 2014.

第五章

1. 博格访谈，2017 年 5 月 26 日至 27 日。

2. 作者于 2020 年 2 月 21 日电话采访迪安·勒巴伦。

3. https://www.investopedia.com/terms/g/greenmail.asp

4. Paul Samuelson, "Challenge to Judgement" in the inaugural issue of the *Journal of Portfolio Management*, October 10, 1974.

5. 博格访谈，2017 年 5 月 26 日至 27 日。

6. John C. Bogle, *Stay the Course*, Wiley, 2019. p. 46.

7. 博格访谈，2017 年 5 月 26 日至 27 日。

8. 多兰访谈，2018 年春季。

9. 同第一章注释 5，第 96 页。

10. 里佩电话采访，2019 年 10 月 16 日。

11. 博格访谈，2017 年 4 月 26 日至 27 日。

12. 最初美国证券交易委员会的行政法官驳回了先锋领航集团的提议。该民事诉讼也被驳回，先锋领航集团支付了 8.5 万美元的律师费和 3 869 美元的诉讼费，远低于所求的 110 万美元。

13. 先锋领航和博格一直是证券和公募基金行业许多其他法律和监管改革的受益者。1969 年，合同投资计划被法律禁止。1970 年《投资公司法》明确规定，基金管理公司是独立实体，因此应该有自己的员工，并且费用是基金董事会的具体责任。1974 年，《雇员退休收入保障法案》和受托责任标准成为法律。1975 年 5 月 1 日，华尔街开始采用协商佣金制度。

14. 作者于 2019 年 5 月 6 日在莫尔文对伊恩·麦金农的访谈。

第六章

1. Julie Roher, "Doing it Jack Bogle's Way," *Institutional Investor*, March 1988.

2. 麦金农访谈，2019 年 5 月 26 日。

3. 作者于 2019 年 5 月 7 日在莫尔文对杰克·布伦南的访谈。

4. 作者于 2020 年 4 月 10 日在莫尔文对格斯·索特的访谈。

5. 作者于 2020 年 5 月 5 日在新泽西州对 E. 斯奈德的访谈。

6. 作者于 2019 年 4 月 10 日在莫尔文对杰克·布伦南的访谈。

7. 同上。

8. 同上。

第七章

1. John Neff, S. L. Mintz, *John Neff on Investing*, John Wiley & Sons, 2001.

2. 伯顿·马尔基尔在福特总统经济顾问委员会任职期间，曾主持一个工作组，调查联邦政府内部专家小组使用数据的准确性；尼克松总统曾公开批评政府"出于政治目的操纵数据"。马尔基尔当时正在领导一项深奥的"内部研究"，他惊讶地发现，内夫比大多数实际参与这项研究的人都更了解研究结果。

3. 同注释 1，第 61 页。

4. 同上，第 64 页。

5. 同上，第 239 页。

6. 纽霍尔在威廉姆斯学院学习，在那里他享受到了优秀的棍网球和橄榄球教练带来的益处。他在防守和锋线位置上都有亮眼表现，在这些位置上，稳定性是成功的关键。在他大三和大四那两年，球队保持着不败的战绩。他曾短暂地教过学，随后在大通曼哈顿银行从事抵押贷款业务，然后在弗吉尼亚大学获得了工商管理硕士学位，在那里他感受到了投资的乐趣。他在先锋领航集团找到了一份暑期工作。1997年毕业后，他想从事投资行业（在获得了特许金融分析师资格并在达顿商学院学习了几门投资课程之后），并决定在剑桥联合公司从事资产咨询工作。近5年后，弗吉尼亚大学校友杰夫·莫利托将他引荐入先锋领航集团。

7. 作者于2019年7月10日在莫尔文对丹尼尔·纽霍尔的访谈。

8. 同上。

9. 作者于2019年春季在波士顿对阿卡迪亚公司联合创始人丘吉尔·富兰克林的访谈。

10. https：//www.morningstar.com/small-blend-funds.

11. 作者于2019年4月11日在莫尔文对格斯·索特的访谈。

12. 布伦南访谈，2019年5月7日。

13. 作者于2019年4月12日对米奇·米尔亚斯的访谈。

第八章

1. 罗德尼·科米吉斯是家中第一个上大学的孩子，他在宾夕法尼亚大学学习工程学，随后加入了海军预备役军官训练队，曾在核潜艇上服役，并精通六西格玛管理项目。

2. 作者于2019年5月7日在莫尔文对罗德尼·科米吉斯的访谈。

3. 2021年冬季电话采访科米吉斯。

4. 索特访谈，2019年4月11日。

5. 同上。

第九章

1. 作者于2019年春季在新泽西州普林斯顿对伯顿·马尔基尔的访谈。

2. 索特在达特茅斯学院读本科时，BASIC编程语言的发明者约翰·凯梅尼是该校校长。之后，索特在芝加哥大学师从几位指数投资的发明者。索特和布伦南是达特茅斯学院的同学和朋友，在他们毕业十周年返校聚会时，布伦南问索特的妻子，索特在俄亥俄州的银行做什么工作。索特的妻子回答说是量化投资。先锋领航集团正在量化领域谋求扩张，于是布伦南便让规划与发展部门主管杰里米·达菲尔德给索特致电。索特接受了这份工作邀约。索特习惯于每天工作12个小时，他从12岁起就用自己11岁时送报纸赚的钱买股票。

3. 索特访谈，2019年4月11日。

4. 与美国证券交易委员会接洽的大部分法律工作都是由格雷格·巴顿的内部律师团队完成的。"不过，说来也巧，"巴顿回忆道，"我1997年刚加入先锋领航集团的时候，招聘的第一个员工就是一位美国证券交易委员会的前工作人员，他以在监管问题上的技术专长和谨慎且富有创意的思考而闻名。他确实是先锋领航集团的秘密武器。这位律师在美国证券交易委员会工作时，曾被指派负责道富银行首个 ETF 产品 SPDR 的申请。没有人比他更适合与索特合作，帮助先锋领航集团通过审批。"

第十章

1. 作者于 2019 年 5 月 7 日至 8 日在莫尔文对詹姆斯·H. 盖特利的访谈。

2. 同上。

3. 同上。

4. 作者于 2019 年 4 月 21 日在普林斯顿对伯顿·马尔基尔的访谈。

5. Lewis Braham, *The House that Bogle Built: How John Bogle and Vanguard Reinvented the Mutual Fund Industry,* McGraw-Hill Education, 2011.

6. 博格访谈，2017 年 4 月 26 日至 27 日。

7. 2019 年夏季对迈克尔·米勒的电话采访。米勒从波士顿学院法学院毕业后，曾短暂地从事过律师工作，但他发现自己对企业管理更感兴趣。他接受了纽约州司法部长的邀请，接管了第一投资者公司，并帮助其摆脱了使其陷入破产边缘的高收益债务危机。当一半的销售人员和所有的投资管理人员离职后，他向威灵顿投资管理公司寻求帮助。在他看来，聘请威灵顿投资管理公司是他做过的最好的决定之一。他喜欢那里的人、他们的专业技能以及公司的文化。在3年多的时间里，米勒完成了他当初的重组承诺。然后，"老家伙们"（他们仍然持有大量股票）决定卷土重来。有人建议米勒："这是一场你不可能获胜却可能惨败的战斗，为什么不放弃呢？"于是他逐步退出了管理权斗争。他从中吸取了一个重要的个人经验：他喜欢管理，而且擅长管理，因此不能再回去做律师了。随着债券市场的兴起，米勒成功地与第一投资者公司的债权人达成一项"全面协议"。3年半后，他开始考虑下一步的职业发展方向。他广泛寻求机会，与威灵顿投资管理公司的管理合伙人帕姆·迪普尔和邓肯·麦克法兰讨论了各种可能性。迪普尔向布伦南推荐了米勒。在加入先锋领航集团后不久，米勒就接到了董事会的指示："你将负责管理从杰克·博格到杰克·布伦南的过渡工作。"

8. 布伦南访谈，2019年4月10日。

9. 2019年夏季电话采访米勒。

10. 同上。

第十一章

1. 作者于2019年春季电话采访贾森·茨威格。

2. 约翰威立国际出版集团，2006年。

第十二章

1. 彼得·弗米利耶在领导联合资产管理公司之前,曾是摩根担保信托公司大型企业养老基金业务的负责人,后来又领导道富研究与管理公司在同一市场取得了重大成功。

2. 作者于2018年电话采访理查德·詹雷特。

3. 投资管理公司 Standish,Ayer & Wood 是受邀参与竞争的第三家投资机构。

4. 作者于2019年4月7日在布鲁克林对罗伯特·W.多兰的访谈。

5. 作者于20世纪90年代对约翰·内夫的访谈。

6. 作者于20世纪80年代在亚特兰大对海泽尔·桑格的访谈。

7. 多兰访谈,2019年4月7日。

8. 作者于2019年11月13日电话采访詹姆斯·L.沃尔特斯。

9. 作者于2019年春季电话采访塞缪尔·海耶斯和威廉·P.克罗泽。

10. 威灵顿投资管理公司最初有27位合伙人,其中一位合伙人在合伙企业成立后不久就离开了,加入了在变更前刚刚离职的另一位合伙人新成立的公司。随着时间的推移,威灵顿投资管理公司的合伙人数量已增至150多位,来自公司的各个部门。该

注释 325

公司现在属于有限责任合伙制，这种形式在1979年还不存在，但所有的治理原则都没有改变。

第十三章

1. Hal Lux,"Can Vanguard Stay the Course?", *Institutional Investor*, August 1999, pp. 44—49.

2. 布伦南访谈，2019年4月10日。

3. 作者于2019年5月26日在莫尔文对杰克·布伦南的访谈。

4. 米勒访谈，2019年春季。

5. "The Vanguard Leader," fourth edition, April 14, 2014.

6. 布伦南访谈，2019年5月7日。

7. 同上。

8. 同上。

9. 同上。

第十四章

1. TIAA-CREF后来被基金公司Madison Dearborn以63亿美元的价格收购，并与资产管理公司Nuveen合并。

2. 作者于2017年7月5日在纽约市对杰瑞·肯尼的访谈。

3. 作者于2019年5月8日在莫尔文对格伦·里德的访谈。

4. 私募股权是一种远离公开市场的另类私人融资形式，基金和投资者直接投资于公司或参与此类公司的收购。

5. 同上。

6. 企鹅兰登书屋英国公司，2019 年。

7. 作者于 2015 年 7 月 24 日在伦敦对菲利普·奥格尔的访谈。

8. 作者于 2020 年 2 月 20 日在纽约市对阿尔弗雷德·兰金的访谈。

第十五章

1. 作者于 2019 年 5 月 24 日在莫尔文对比尔·麦克纳布的访谈。
2. 同上。
3. 同上。
4. 同上。
5. 同上。

6. Geoff Colvin, "C-Suite Strategies," *Fortune*, June 14, 2012, p. 60.

7. 同上。

8. 作者于 2019 年 4 月 10 日在莫尔文对凯茜·古巴尼奇的访谈。

9. 麦克纳布访谈，2019 年 5 月 24 日。

10. 同上。

11. 作者于2019年4月24日在莫尔文对全球首席信息官约翰·马尔坎特的访谈。

12. Dawn Lim, "Vanguard Hits Pause on Fund Ambitions in China," *Wall Street Journal*, March 16, 2021.

13. Julie Segal. "Vanguard Exports Its Low-Cost Model Around the World," *Institutional Investor*, April 3, 2015.

14. 麦克纳布访谈，2019年5月24日。

15. "William McNabb, Chief Executive of Fund Giant Vanguard, to Step Down," July 13, 2017.

第十六章

1. 作者在波士顿对安德烈·佩罗德的采访，并于2019年5月27日在莫尔文得到蒂姆·巴克利的证实。

2. 作者于2021年4月7日对蒂姆·巴克利的访谈。

3. Michelle Celarier, "Deal Book," *New York Times*, December 4, 2021.

4. 美国投资委员会，2021年9月。

5. 云计算是用户无须直接主动管理即可按需使用的计算机系统资源，特别是数据存储（云存储）和计算能力。该术语通常被用于描述通过互联网对多个用户开放的数据中心。

6. "Vanguard Rolls Back Plan to Cut Retiree Benefits," *Wall Street Journal*, October 11, 2021.

第十七章

1. https://www.ssa.gov/benefits/retirement/planner/delayret.html.

2. Jason Zweig, "The Huge Tax Bills That Came Out of Nowhere at Vanguard," *Wall Street Journal*, January 21, 2022; Talal Ansari, "Massachusetts Investigates Potential Target-Date Funds Tax Issue," *Wall Street Journal*, January 25, 2022; "Vanguard to Pay $6 Million to Investors Hit With Big Tax Bills," *Wall Street Journal*, July 7, 2022.

3. 布伦南访谈，2019 年 5 月 7 日。

4. 里西在维拉诺瓦大学获得了理学学士学位和工商管理硕士学位，并在太阳石油公司投资者关系部门工作两年后，于 1996 年加入先锋领航集团。她目前领导着规划与发展小组。

5. 作者于 2019 年 5 月 27 日在莫尔文对卡伦·里西的访谈。

第十八章

1. 作者于 2019 年 5 月 26 日至 27 日在莫尔文对海蒂·斯塔姆的采访。

2. 同上。

3. "Women Were 29% of U.S. Board Directors in 2020, Up From 19% in 2014," *Barron's*.

4. "Does Majority Voting Improve Board Accountability?", Harvard Law School Forum on Corporate Governance.

5. 格伦·布莱姆在先锋领航集团工作的前27年里一直从事基金财务管理工作，近年来则在法律总顾问办公室与安·鲁滨逊共事。布莱姆在宾夕法尼亚州莫尔文附近长大，在坦普尔大学学习金融和会计，后来完成了哈佛大学的高级管理课程。他听说过先锋领航集团，以为它是一家保险公司。1989年，先锋领航集团为每位成功入职的员工提供250美元奖金，他和他的妻子都收到了申请表。她问："格伦，你填好申请表了吗？"于是他就填写了申请表。毕业两周后，当他正在为一份房屋建筑工作进行薪酬谈判时，他接到了先锋领航集团的电话，邀请他去面试。2001年，布莱姆开始参与初级代理投票工作，重点关注安然和世通等非常规行为者。布莱姆的职业成长挑战并非轮换到一系列新职位，而是要跟上随着公司治理变得日益重要、日益多样化和日益国际化而不断扩大的责任范围。

6. 作者于2019年5月7日在莫尔文对格伦·布莱姆的访谈。

7. Editorial Board, "Calling Out 'Emperor' Larry Fink," *Wall Street Journal*, February 18, 2022.

8. John C. Coates, "The Problem of Twelve," draft, September

20, 2018.

9. 来自联博的伊尼戈·弗雷泽-詹金斯。

10. Dawn Lim, "Index Funds Are the New Kings of Wall Street," *Wall Street Journal*, September 18, 2019.

11. Ellen B. Schultz, *Wall Street Journal*, July 2, 1996.

12. "The Tax Threat to Your Mutual Fund," May 7, 2015, p. A15.

13. "Corporate Bonds Index Funds No Longer the Old Stalwarts," Dow Jones Capital Market Report, July 12, 2002.

第十九章

1. Justin Baer, "Fidelity to Add 9 000 More Jobs," *Wall Street Journal*, September 1, 2021, p. B1.

后记

1. Charles D. Ellis, *What It Takes: Seven Secrets of Success from the World's Greatest Professional Firms*, Wiley, 2013.

致谢

1. John Neff, S. L. Mintz, *John Neff on Investing*, John Wiley

& Sons, 2001.

2. Burton G. Malkiel, *A Random Walk Down Wall Street*, W. W. Norton & Company, 1973.

3. Burton G. Malkiel and Charles D. Ellis, *The Elements of Investing*, Wiley, 2010.

4. Charles D.Ellis, *The Partnership*, The Penguin Press, 2008.

5. Robert Slater, *John Bogle and the Vanguard Experiment*, Irwin Professional Publishing, 1996.

6. Charles D. Ellis, *Capital*, Wiley, 2005.